國土安全專論

陳明傳、蕭銘慶、曾偉文、駱平沂　著

◆2019最新版◆

五南圖書出版公司 印行

　　本書國土安全專論自2013年初版面市，至今已逾6年。期間全球恐怖主義與其組織之發展，以及恐怖攻擊之趨勢，均產生了相當大之轉變。作者等四人，有鑑於此種恐怖主義相關議題快速之新發展，幾經討論後深覺有必要將其更新，以便為讀者提供一個更新、更全面的研究與參考的平臺。

　　因此對於全球恐怖主義組織之發展，以及恐怖攻擊之趨勢，均儘量的搜尋最新的資料加以更新或者補充。對於全球在對應此恐怖主義迅速的發展之下的處理措施之上，亦竭盡所能的更新其反恐之策略與作為。據此，期望能給所有對國土安全議題有興趣的讀者或研究者，提供最新與即時之相關資訊。

　　然而，恐怖主義之演變非常的多變，其攻擊之形勢亦呈非常多樣化之發展；因此基礎設施（infrastructure）以及國土安全等等之維護策略，包括人為的破壞與自然災害等相關之國土安全管理議題，亦呈多元化的發展其對應之策略。因而作者們雖自覺力有未逮，然掛一漏萬之處必是難免。但亦盡己所能，將可能蒐集到的最新之相關資料，加以歸納、整理與闡述之。

　　本書能順利的再版，除了感謝三位共同合著作者之全力配合之外，也感謝出版單位五南圖書出版公司多年來的支持與配合，更要感恩所有專家、學者與讀者們，多年來的督促與鼓勵。此書之再版，期盼各位先進能一本過往愛護之情，繼續不吝的給予斧正與指教！

陳明傳　謹識

2019年初春

Preface
(Second Edition)

This book "the Monograph of Homeland Security" has been first released in 2013, and it is more than 6 years since it published. During this period, there has been a considerable shift in the development of global terrorism and its organization, as well as in the trend of terrorist attacks. This editor-in-Chief and the other three coauthors in view of the rapid development of these terrorism-related issues, and agreed that it is necessary to update the related data in order to provide readers with a more comprehensive information.

Therefore, owing to the new development of global terrorist organizations, as well as the trend of terrorist attacks, we are as far as possible to search for the latest data to update this 2nd edition of the book. The global response to the rapid development of the terrorism has also been updated to include the new counter-terrorism strategies and actions. Accordingly, it is expected that all readers or researchers interested in homeland security issues will be provided with up-to-date and timely information.

However, the evolution of terrorism is evolved very quickly, and its attacks are also very diverse, so the protection of infrastructure and homeland, including the terrorist attacks/natural disasters, also show a diversified developments of its corresponding strategies. Therefore, although the authors do our best to pay attention to all these issues, but the missing of some points must be inevitable. However, we also use our utmost capabilities to search and expound the latest relevant data that can be collected.

This book can be smoothly reprint, the appreciations have to go to the 3 coauthors for their full cooperation, and special thanks to the publishing company for their long term supports. Further, we are grateful to all experts, scholars and readers for over the years of your supervision and encouragement. Hopefully we expect all your continuous supports and generous advices!

Editor-in-Chief *Mark Ming-Chwang Chen*

　　本書主編前曾於民國100年版之「國土安全導論」一書中論及，國土安全乃為一門新興之學科，在全球的相關學術領域之發展中，實應以美國遭受911恐怖攻擊後，才漸次的形成其初創的體系。該「國土安全導論」一書乃以美國在此方面之最新發展狀態，介紹此一新學術領域之現狀與未來之可能發展。本次之新著乃接續此種研發之流程，審度國土安全之學術體系牽涉之學門與範疇甚為廣泛，因此再邀請消防救災專業與情報管理專業之學者，共同來參與並研究此學術體系之內涵。

　　故而，本次擬以專題研究之性質，從國土安全之新發展趨勢與策略、情報管理、消防救災及司法互助等面向作專題之探討，冀望能為我國國土安全之學術領域與實務對策之發展略盡棉薄。至於國土安全之新發展，則包含全球恐怖攻擊的新趨勢、恐怖主義之新見解、美國國土安全策略之新發展、司法互助以及國土安全警政（Homeland Security Policing）發展之新策略等。情報管理則包括我國國土安全情報體系、美國國土安全情報體系之整合以及我國情報體系之發展等。消防救災則可包括在國土安全架構之下，醫院緊急事故之應變運作模式以及相關之應變指揮系統等。其中第四、第五章由蕭銘慶先生主筆，第六章由曾偉文先生撰寫，第七章由駱平沂先生與主編共同編著，其餘各章則由主編執筆。

　　在對恐怖主義之新見解方面，則論及東西文化之衝突與全球之聖戰運動、恐怖主義與民主主義、長期分離運動之恐怖主義、民族恐怖主義與地方恐怖主義、二戰後的反殖民恐怖主義、革命與反革命以及宗教性恐怖主義等等。恐怖攻擊之新趨勢則可以有蜂擁攻擊戰術（swarming attack）、女性恐怖主義者與其恐怖之攻擊、科技化之新型恐怖攻擊、自殺人肉炸彈之攻擊以及本土型在地化的（home-grown terrorists）恐怖主義等。

　　在國土安全策略之新發展方面，例如有美國反恐政策的四年期之國土

安全審查與檢討（Quadrennial Homeland Security Review, QHSR））、愛國者法案之再授權（The USA PATRIOT Act Reauthorization）、多層次的情報溝通和分享、國土安全相關私部門產業的發展以及關鍵的東西方接觸等新發展策略，深值得研究、援引與在地化發展。

　　本次之國土安全專論，作者們盡本身之專業與資訊，期能提供給對此學術領域有興趣之研究者更多的相關資訊外，亦盼望對於我國之國土安全維護與未來之發展有些許之助益。作者們才疏學淺，謹以魯鈍之能力，不揣簡陋的蒐集相關資料歸納、整理，論述、分析並集印成冊，盼望各方賢達不吝斧正與指教。

陳明傳　謹識

中華民國101年11月1日

Preface

As this editor-in-chief had described on a former released publication, Introduction to Homeland Security, the homeland security is an emerging discipline. And the initiative of this new academic field all over the world should be after United States suffered the 911 terrorist attacks. The Introduction to Homeland Security, released in 2011, is a book to discuss this new academic development and practice, and the future trend and possible development of this new study area.

Continuation of this development process, this editor-in-chief strongly believes that the academic system of homeland security shall involve a wider academic discipline. With this integrated viewpoint in mind, therefore, this new publication invited fire prevention and disaster relief professional and intelligence and security management specialist to join the team as the coauthors.

Hence, the nature of this new publication consists of new trend and strategy of Homeland Security, intelligence and security management, fire prevention and disaster and mutual legal assistance in criminal matters. The Homeland Security's new developments include the new trend of global terrorist attacks, new homeland security strategies of the United States, mutual legal assistance, as well as new development of homeland security policing. The intelligence and security management includes homeland security intelligence system of ROC, homeland security and intelligence systems integration of United States and the recommendations for the development of intelligence system in our nation. Fire prevention and disaster relief includes emergency response and command system as well as institutions of hospital responses to the disaster and emergency matters.

By Dr. Hsiao, Ming-Ching says in chapter four and five, the sixth chapter written by Dr. Zeng,Wei-wen, chapter seven compiled jointly by Mr. Lou, Pin-yi and this editor-in-chief, and the remaining chapters conducted by this editor-in-chief. This new publication, thus, includes the new insights into the aspects of terrorism, conflicts between Eastern and Western cultures, the global jihad movement, long-term separation and anti-colonial terrorism, revolution and counter-revolution terrorism, as well as religious terrorism, and so on. As far as the new trends of attacks are concerned you can have swarming attack, female terrorists and their attacks, new technological terrorist attacks, suicide bomb attacks as well as home-grown terrorists.

For the new development of homeland security and counter terrorism strategies can be more sophisticated, such as the United States counterterrorism policy review and quadrennial homeland security review (Quadrennial Homeland Security Review, QHSR), the reauthorization of the Patriot Act (The USA PATRIOT Act Reauthorization), multiple levels of communication and the sharing of intelligence, the homeland security related private sector industrial development, as well as key contacts between Eastern and Western world, etc.

Based upon these authors multiple academic disciplines, hopefully this new publication of Specialized Studies for Homeland Security can provide the interested researchers more relevant information and also may offer some recommendations to the practitioners for developing the invaluable strategies to deal with the terrorist attacks. The authors have little talent and less learning but enthusiastically look forward to your generous advises and comments on this new publication.

Editor-in-Chief Mark Ming-Chwang Chen

第一章
國土安全的新發展

陳明傳

第一節　全球恐怖主義定義之演變

　　作為人類衝突的一種表現形式，恐怖活動有著悠久的歷史。細究起來，恐怖主義的發生並非始自今日，恐怖主義活動應可溯自古希臘和羅馬時期。古羅馬時期的凱撒大帝遇刺，中國古代的荊軻刺秦王等等都是著名的歷史上所謂之恐怖事件。美國總統甘迺迪被刺身亡，亦是當代歷史中的典型恐怖事件。公元一世紀，為反抗羅馬帝國入侵，猶太狂熱黨人就曾在羅馬帝國飲用的水中下過毒，暗殺與古羅馬人合作的猶太貴族。此與現在的某些恐怖主義有些許相似之處。

　　恐怖主義一詞最早出現在十八世紀法國大革命時期。為保衛新建立之政權，執政的Jacobin決定用「紅色恐怖主義」對付反革命分子。國民公會通過決議，對一切陰謀分子採取恐怖行動。由此，不難看出恐怖主義不是反映一般的、孤立的、偶然的恐怖行動，而是指一種有組織、有制度和有政治目的的恐怖活動。國際恐怖主義的真正形成是在第二次世界大戰之後，直到1960年代末期始完成的。在此期間，恐怖主義的活動熱點是在殖民地、附屬國或剛獨立的民族國家，這一時期的恐怖事件明顯增多，手段日趨多樣，劫機、爆炸、綁架與劫持人質都有，襲擊目標和活動範圍已經超出國界，愈來愈具有國際性，因而逐漸形成了國際恐怖活動。[1]

　　1970年代以後，恐怖主義組織已經形成一個較為鬆散的國際網絡。據美國研究機構「蘭德公司」（RAND Corporation）[2]有關資料顯示，80年代全世界共發生了近4,000起恐怖活動，比1970年代增加了30%，死亡人數則亦增加一倍之多。據有關專門研究國際恐怖活動的機構統計顯示，在1970年到1979年的9年之間，因遭恐怖活動喪命的人數多達4,000人，

1　維基百科：法國大革命。

2　The RAND Corporation is a nonprofit institution that helps improve policy and decision-making through research and analysis. RAND focuses on the issues that matter most such as health, education, national security, international affairs, law and business, the environment, and more. http://www.rand.org/.

年平均約400餘人；1988年國際恐怖活動發生了856起，死亡人數多達660人，其中中東地區因民族矛盾比較複雜，共發生313起，占全世界恐怖事件的36%，是恐怖活動的多發地區。

進入1990年代以後，恐怖活動有了明顯的變化，舊型態之恐怖組織開始逐步退出歷史舞台，新型態組織開始出現。從聯合國發表的一份關於「全球恐怖活動狀況」報告知悉，1997年全球恐怖活動再次增多，高達560起，死亡人數420人。報告指稱：「國際恐怖主義活動中死亡的人數增加了，因為恐怖活動日趨殘酷地襲擊無辜平民並使用爆炸力更大的炸藥或炸彈」。同時並強調：「恐怖行為更具隱蔽性和殺傷性」。這是1990年代國際恐怖主義的一個最為顯著的特點，因為他們發現保持神祕也是一種武器，其恐怖作用更高於以往的大肆聲張。[3]

長久以來，恐怖主義此一名詞引起許多激烈的討論，各學者間所持的觀點亦不同。Alex Schmidt則對此指出了一個中心議題，亦即恐怖主義並無一個具有可被測量、衡量與分析面向的具體之實體。它是社會建構的，換言之，恐怖主義此名詞，乃是那些在政治與社會現實擺盪中的某些人所界定出來的。因此，握有政治權力者，則往往會將其敵對者冠上恐怖主義的名號。試想，任何製造恐懼情況就是恐怖主義，則讓此名詞的定義有著許多無限可能的發展性。恐怖主義最大的問題在於難以去界定，但值得肯定的是當人們使用此名詞時，將其敵人之行動給予標籤化，亦即邪惡或缺乏人性。該名詞本身就具有貶抑的意味。然而，恐怖主義最簡易之界定或可包含三個部分，亦即：1.使用武力；2.施暴於無辜的民眾；3.具有政治上之目的。

至於恐怖主義之分類如表1-1所示，[4]可將其行為分為犯罪活動與政治活動兩大類，且如光譜一般由低的犯罪活動分布至高的政治活動行為。其行為又可用恐怖主義活動層級、活動類型以及回應類型等三種取向（orientation）加以區分。在其光譜之兩大區分中，歸納分析出不同之類

---

[3] 北京青年報（2005年3月23日）。

[4] White (2012: 15-19).

型與反恐回應之適當策略。如此分類可以有下列之諸多優點：1.恐怖主義由各式之活動所組成，無法靠單一行為來做界定，故恐怖主義分類可以依恐怖主義之活動範圍來做分類，而非僅靠定義；2.恐怖主義可能是具地方性的、國家性的或者國際性的，此分類可幫助確認何種的恐怖主義將被檢視；3.一旦恐怖主義的層級被界定，就可依不同之層級予以回應；4.透過暴力的活動類型以及對應之策略，或可避免再次對恐怖主義之意義做無謂的爭論。

表1-1　恐怖主義分類表

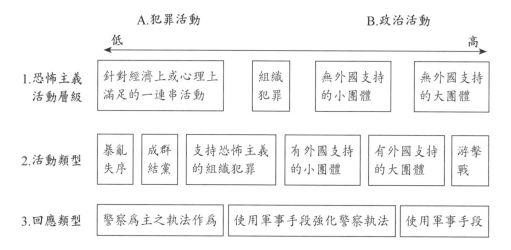

二戰後國際間衝突的規則一直在改變，國土安全亦在此背景下出現。未來美國所要面對的衝突光譜，乃是從小範圍衝突、短期的對抗恐怖主義行動到重要的軍事衝突，而在幫助那些較弱小的國家來對抗社會之失序時，更要理解衝突本質上的變遷。換言之，例如反殖民主義、意識形態或宗教性的恐怖主義，其衝突的本質都不太一樣。同時，戰爭的本質亦隨著時間而在改變。現在所謂的全面性的戰爭與早期的戰爭，其本質亦是大相逕庭，尤其是科技的改變所帶來的衝擊。同樣地，恐怖主義的界定也應在此國際衝突的脈絡下，思考其定義與未來之因應策略。因此，對於恐怖主義的不同界定，將會帶領著我們面對不一樣的未來。美國在政治暴力的

發展上，擁有相當長的一段歷史，但直至最近才有學者將它的特徵化爲所謂的恐怖主義。然而，亦有三位學者持不同的看法，其分別爲H. H. A. Cooper、Bowyer J. Bell以及Ted Robert Gurr，此三位學者在美國國內恐怖主義如火如荼地研究之前，就在此一領域鑽研許久。

Cooper等學者針對美國所謂之國內恐怖主義（domestic terrorism），提供了一個概念性的架構，並認爲針對恐怖主義所造成的緊急回應、籌備執法部門與其他支援性的機構是必須的。以Cooper爲主導的「失序與恐怖主義專案研究團隊」（Task Force on Disorders and Terrorism）的研究報告，雖然已經有三十年之久，但對於今日的反恐行動的規範仍舊有其效用，尤其是在911事件發生初期。該報告的重心主要是在於回應恐怖攻擊時警察的角色，以及概述了犯罪調查與反恐行動之間的差異性，並討論了關於資訊的蒐集、儲存以及分析的需求性。與Cooper不一樣的是，Bell是在歷史的脈絡中，觀察與研究恐怖主義；Gurr則認爲，恐怖主義是一種弱者用來嚇阻強者的一種策略。反過來說，也是強者用來壓迫弱者的一種方式。在美國的歷史上，充滿著恐怖主義之活動，不同的政治運動皆使用了某種形式的恐怖主義，以尋求政治上的利益。同時在歷史上，商業巨擘與擁有權力的人，亦使用恐怖主義之手段以維持對工人與團體的控制。

Bell與Gurr認爲，十九世紀的恐怖主義主要目標是在保護現狀與其經濟之環境。當時公司的安全警衛與私人企業的行動策略，在其本質上是具有恐怖主義的性質，因爲他們以其行動策略，來避免工人干擾產品的產出。然而相對的，勞工激進分子的行爲亦是具有暴力性的，十九世紀晚期的勞工運動即是充滿暴力性的。Bell與Gurr亦將這些行動稱做恐怖主義的一種形式。他們認爲，美國國內恐怖主義的特徵在1960年代開始改變，這樣的改變是植基於激進的政治、民族主義，以及國際恐怖主義的經驗。亦即，將恐怖主義當作策略，以維持社會秩序已經不被注意與研究，同時，國內的恐怖主義則僅被界定爲一種激進的現象而已。

因此，學者John Harris總結了聯邦調查局的觀點，並列出了在1980年代五種與美國所謂之國內恐怖主義有關的團體：1.白人左翼分子；2.波多黎各左翼分子；3.黑人好戰分子；4.右翼極端主義分子；5.猶太極端主

義分子。如同聯邦調查局針對國內恐怖主義的報告一般，Harris並未包含了涉及恐怖主義策略的犯罪事件，他把主題侷限在政治性恐怖主義的問題上。[5]然而，聯邦調查局的分類則更為務實，它以恐怖主義的起源為基礎，而劃分為兩大類別：一是國內恐怖主義；二是國際恐怖主義。前者包含暴力性政治極端主義分子、單一議題恐怖主義、單獨性的（孤狼）恐怖主義活動（Lone Wolf）；後者則界定為源自美國境外的恐怖活動與威脅。至於恐怖主義近年來之發展趨勢與其定義與對應之策略，則將繼續於下一節中援引論述之。

第二節　恐怖主義之類型與對恐怖主義之新見解

　　論者曾指出恐怖主義若加以類型化，則可以有下列之優點：[6]1.可確認恐怖活動之型態，即可區別其究為政治、社會、宗教、組織犯罪或個人之心理問題所造成者；2.可區別問題之層次與影響之層級，即其究屬於都會、鄉村、中央、地方或國際之問題；3.因應如何反應之程度、決策與層級；4.增進對恐怖主義之瞭解，進一步能得到共識，並齊一對策。

　　亦有論者將目前國際恐怖主義組織，大約區分成下列五類：[7]

一、**民族主義型**：例如北愛爾蘭共和軍、西班牙埃塔組織、法國科西嘉民族解放陣線、巴勒斯坦解放組織、斯里蘭卡泰米爾之虎與車臣分離游擊隊等。

二、**宗教極端主義型**：例如伊斯蘭宗教基本主義、猶太教基本主義、美國基督教新右派極端分子、印度教基本主義。

三、**極右意識形態型**：例如義大利極右組織、德國極右組織、英國極右組織、法國極右組織、美國極右組織。

5　White, op.cit. (2012: 427-434).

6　林煒翔、林燦璋（民97：43）。

7　蘇顯星（民96：11）。

四、**極左意識形態型**：例如德國紅軍旅、義大利赤軍旅、日本赤軍旅、法國直接行動、秘魯光明之路、美國氣象地下組織與黑人解放軍。

五、**現代科技型**：當代新恐怖主義大量利用資訊網絡，從事網絡作戰；進一步並可能採取大規模殺傷性武器，例如生化武器、毒氣、細菌戰，或是核子武器，從事恐怖活動與威脅。

1970年代，美國Edward Mickolus則認為恐怖主義應可分為四種型態：[8]

一、**國際型**：即由一個以上之國家牽涉，並由相關政府所主導之恐怖活動。

二、**跨國型**：即由一個以上之國家所牽涉之恐怖活動，但並非由政府直接主導或執行之活動。

三、**國家型**：即在其國內由政府所執行之恐怖活動；如德國納粹之恐怖活動。

四、**國內型**：即在其國內，且非由該國政府執行之恐怖活動。

精神病學家Fredrick Hacker則將恐怖主義之類型定位為下列三者：[9]

一、**聖戰士**：即為了一個更高、更神聖之目標而進行活動，而欲期達成此更高遠之目的。

二、**犯罪者**：即以個人之目的或利益，而進行之恐怖活動。

三、**瘋狂者**：即心理或情緒上之因素，而以恐怖活動來發洩。

我國學者張中勇先生亦表示，恐怖主義活動或許在形式和規模上有所不同，但其策略和最大目的在根本上是相似的。即，企圖使用有系統、有計畫或預謀性之恐怖暴力，目的在製造社會失控與脫序之混亂情勢，引發民眾之不安與驚恐之心理反應，進而要脅權力當局改變政策，並屈服其條件下，甚至藉由毀滅性之恐怖攻擊活動，以滿足其信念與意識目標之追求。

1974年英國「預防恐怖主義法」規定，將恐怖主義定義為：「為了

8　陳明傳（民94：120）。

9　同前註。

政治的目的使用暴力，包括任何為了使公眾或其任何部門陷入恐怖而使用暴力。」此一簡短的定義，主要提及三點內容：「使用暴力；為了政治的目的；使公眾陷於恐怖。」但此一定義顯然並非周全，尤其是未指出使用暴力的目標。英國於2001年2月19日通過新的反恐怖行動法，新的法律取代1974年「預防恐怖主義法」，該法律賦予執法人員更大的權力，鎮壓利用英國作為恐怖活動基地的團體。這項法案還改變了英國以前對恐怖分子的定義，那些有暴力企圖或嚴重危害社會安全的人也將被包括在內，並且賦予警察更大的權利沒收財產、逮捕嫌疑分子。[10]

美國國防部則將恐怖主義將定義為：「企圖脅迫、威脅政府或社會，而對個人或者財產非法使用或者威脅使用武力或者暴力，以達政治、宗教或者意識形態目的。」另外，美國國務院在「2002年全球恐怖主義形式之報告」（Patterns of Global Terrorism 2002）以及2003年報告中，有關恐怖主義議題則引用《美國法典》做出功能性之定義。它所引用《美國法典》第22篇第2656f(d)節有關恐怖主義的定義，是指由次國家之組織或祕密行動者，對非戰鬥目標採取有預謀、有政治意圖的暴力行動，通常此意圖旨在施加某種影響。而國際恐怖主義則是指涉及一個以上國家的公民或領土的恐怖主義；而恐怖主義組織，則是指任何從事國際恐怖主義活動，或有相當數量所屬組織從事此類活動之組織。[11]

以上各種對恐怖主義之分類，乃傳統之恐怖主義研究學者對於恐怖主義之一般見解，惟恐怖主義亦更可從下列幾個角度，來做更為深入與全面性之分析與瞭解。

壹、東西文化之衝突與全球性聖戰運動概述

恐怖主義之產生亦可視為一種宗教發展或社會文化的演化過程。若以人類學和社會學之方法觀之，傳統宗教取向之知識，在現代社會應該會導

---

[10] 文上賢（民97：253-254）。

[11] US Department of state, Patterns of Global Terrorism 2002.

致宗教認同的下降，但事實上似乎是相反的。從人類的歷史以觀，宗教一直是個重要因素，它不會因爲科技的演進而消失。若個人加入一個以宗教爲號召的團體，他們亦往往深信自己將會被視爲全民的聖戰英雄，故而強調自我犧牲，甚至殉道。因此，許多宗教性的恐怖分子找尋一條殉難的道路，有時必須以自殺的方式來破壞對手。

　　早期的研究發現，通常恐怖分子是已被主流社會所不接受，但卻和志同道合的人不謀而合，它說明了恐怖組織所展現的與眾不同之處。因此，恐怖組織在組織內所展現出的影響力，乃是不斷強化其反社會或文化之行爲。當個人被主流社會所拒絕時，唯一的希望是被其他社會和組織所接受，他們視之爲一種被鼓勵的行爲。因之，若以更寬廣的模式來探究恐怖主義形成之原因與底蘊，則潛在的恐怖分子將會有動機，透過宗教、種族、民族主義或意識形態等因素之影響而加入恐怖團體。總而言之，恐怖主義可視爲是社會化的一個演化過程。而探究恐怖主義之過程，包括研究以恐怖主義者之人格屬性，來解釋其恐怖之行爲。另一種探究方法乃以研究其社會化之進程，也就是研究其社會組織以及恐怖主義之結構。Samuel Huntington則認爲，全球冷戰後的主要衝突，應被認定爲躋身世界八大文明的互相競爭與衝突。各種文明都被定義爲文化，然而宗教是文化的主要型塑力量之一。某些學者認爲，恐怖主義之行爲很難被剖繪，因爲其受歷史、政治和社會環境等因素所左右。本諸此種見解，則激進分子都有一些可預見的或常見的行爲模式。[12]而若能認識和瞭解這些共同點，則可能有助於防止其參加恐怖組織，或協助其選擇離開恐怖組織。尤有進者，亦可從其社會、文化、宗教之內涵之認知與理解，而達到和平共生、共存共榮的和平境界。

　　至於東西文化主要的衝突問題，則例如從十一世紀到十三世紀，西歐的基督教強權向回教集團發動了一系列戰爭，雙方搶奪耶路撒冷聖地，此即西洋史上著名的「十字軍東征」。自1095年第一次東征至1291年最後

---

[12] White (2012: 30-62).

一次東征，其間雖征戰多次，但一般史學家認爲主要東征只有八次，基督徒最後被趕出敘利亞。因之，回教徒和回教文化在中世紀有過燦爛輝煌的日子，今天的回教徒每當重溫歷史，總會產生「不勝唏噓」的傷感。包括2011年被美軍擊斃的基地組織首腦賓拉登先生在內的回教基本教義派和極端主義分子，都認爲今天回教文化和回教國家的沒落與衰敗，西方帝國主義與資本主義要負最大的責任，這也是促成賓拉登和其他偏激組織採取恐怖手段進行聖戰的主要原因。

十字軍東征落幕之後，十三世紀又出現了一個強有力的回教國家，這就是歷史上有名的鄂圖曼帝國（或稱奧托曼土耳其帝國，Ottoman Empire）。由土耳其人建立的鄂圖曼帝國，以聖戰打天下。[13]在鄂圖曼帝國600多年的控制下，整個歐洲一直在回教的陰影和聖戰的威脅之中。在那個時期，西方世界的存活與否，相當程度的要看回教徒所建立的鄂圖曼帝國的臉色。鄂圖曼帝國在第一次世界大戰後分崩離析，全盛時代的版圖囊括歐洲東南部、歐洲西南部及北非。鄂圖曼帝國的垮臺，象徵了回教勢力淡出歷史舞臺的濫觴，若非中東一些回教國家擁有取之不盡的地下原油，則回教國家的處境將更加險惡。鄂圖曼帝國之崩潰和近代帝國主義興起後，除了在巴爾幹半島及部分歐洲出現一些新國家之外，最重要的是，回教陣營逐漸變成落後、守舊、保守、貧弱和動亂的代名詞。

第一次世界大戰結束時，英國、法國和義大利對鄂圖曼帝國施出致命一擊，分食鄂圖曼土地，因此帝國只剩土耳其。二次大戰後，西方帝國主義沒落，新興獨立國家普遍興起，其中包括不少回教國家，然而並無一個如鄂圖曼帝國如此完整與強大之大帝國來節制與管控之下，群雄並起、紛紛擾擾的中東地區遂永無寧日。因而於此後殖民時代，回教民族在追求國家獨立、領土完整以及文化與宗教尊嚴的大纛下，不斷發動聖戰。至冷戰時代，回教國家之間以及與非回教國家多所衝突，其中有大有小，也有聖戰與非聖戰。聖戰起因涉及宗教、政治、文化、經濟和土地，例如巴勒斯

---

[13] Ibid. (2012: 269-270).

坦人民向以色列發動的聖戰,歷時最久亦最複雜,迄今仍陷膠著,巴勒斯坦人民在聖戰中亦犧牲無數。

綜上所述,伊斯蘭文明在經歷數個世紀的宗教盛世後,逐進入了一段長期的政治、文化衰退期,所以產生宗教復興運動浪潮,以檢視這種衰退現象,並企圖恢復昔日的伊斯蘭榮耀。而所謂的「原教旨主義之聖戰運動」(Salafi Jihad)係一種宗教復興運動,一方面以改革社會現況自居,反對西方現代化所帶來的社會腐化與政經侵略;另一方面又以恢復伊斯蘭傳統為號召,企圖以可蘭經、聖訓教義與經典,作為維持社會秩序與國家發展的依據,進一步為達成其宗教神聖性目的,不惜採取激烈的武力手段,以聖戰為號召,進而演變成為宗教極端主義與恐怖主義。[14]

2001年911事件之後,也揭開美國反恐戰爭的序幕。當時布希總統授權採取任何必要手段,狙殺賓拉登(Osama bin Laden)。但是,美國以反恐戰爭為名所發動的阿富汗與伊拉克兩場戰爭,讓美國付出沉痛的代價,一直到現在還無法脫身。然而於2011年5月2日,當時的美國總統歐巴馬於當天深夜宣告,美國緝拿的國際頭號恐怖要犯,也是911事件首謀的賓拉登,已經在巴基斯坦遭到美軍狙殺。歐巴馬說,美國掌握賓拉登的行蹤已經有一段時間,得知他藏匿在巴基斯坦境內。歐巴馬在臨時舉行的電視演說中,宣布了2001年9月11日紐約和華府恐怖攻擊事件幕後元凶賓拉登的死訊。賓拉登之死,至少證明小布希的全球反恐戰爭並非完全荒謬,終其任內,他在高舉反恐大纛時,至少做到下列幾點:第一,他派軍在巴基斯坦及阿富汗境內圍剿蓋達基地組織(Al Qaeda)領袖,讓他們因成天遭受美軍的轟炸而疲於奔命,無暇發動大規模恐怖攻擊事件。第二,直到其任內最後一天,他未讓大規模恐怖攻擊在美國境內再度發生。第三,至少就表面而言,小布希成功地阻絕了中東、南亞及東南亞各地之間的恐怖主義集團進行大規模的串聯,而未讓前述已故哈佛大學教授Huntington所說的「文明的衝突」夢魘成真。儘管伊拉克戰爭因偽造情報而遭受到國內外的

---

[14] 巨克毅(民97),全球化時代的文化衝突與對治初探—從Jihad vs. McWorld之論述談起,台中市,博學雜誌,7期,頁28。

嚴重非議，但美國前總統小布希在全球反恐戰爭中的建樹，倒也很難一筆抹殺。雖說「前人種樹，後人乘涼」，但是歐巴馬承接此一全球反恐戰爭的果實之際，卻也必須戒愼恐懼地扛起未來日益艱難的反恐大業。他對新任務的理解，可以從他下令美國各地使領館、機場、港口及全球美軍基地升高警戒狀態，以防止遭遇蓋達基地組織的恐怖攻擊略窺梗概。從美國的全球戰略布局來看，賓拉登之死將使歐巴馬政府，更有理由堂而皇之地從阿富汗與伊拉克境內逐步撤出，而使美國在全球軍事部署上有更大的自由度與彈性。然而，歐巴馬政府在處理東西方文化衝突與宗教之差異方面，亦採取較溫和與協調之態度，如此或許能將文化與宗教的衝突降至最低，並達成某種程度的尊重與共存共榮。惟其亦招致反對黨或反對人士之抨擊爲失去美國過往被奉爲所謂世界強權或世界警察的角色與功能。例如，2011年在處理鐵腕統治利比亞42年，被西方國家視爲眼中釘的格達費事件時，即由法國所先導之歐盟部隊爲主，美國就只站在第二線協助，就可看出端倪。當時美國國防部長Robert Gates表示，美國不會在干預利比亞的軍事行動中扮演「領導角色」，未來幾天就會把在利比亞領空實施「禁航區」的「主要責任」交出，由法國、英國或北約扛起指揮權，並由法國戰機率先空襲利比亞。[15]

　　然而時序進入2017年，「美國優先」（America First）乃是川普（Donald Trump）在總統競選期間的主要和最重要的主題，其並提倡民族主義、不干涉主義（Non-interventionism）立場。[16]在其當選成爲總統後，「美國優先」已成爲其政府的官方外交政策原則。在此種民族主義與不干涉主義的影響之下，川普在2017年就職之後，一連串的移民禁令直指向恐怖主義經常發生的國家。儘管川普採用了布希前總統的部分措施，也

15　維基百科，利比亞內戰。

16　不干涉主義是一項外交政策，它認爲政治統治者應該儘量減少與其他國家的關係，但仍然保留著與他國之外交和貿易，同時應避免戰爭，除非與國家自衛有關。又有定義稱，不干涉是一種政策，其特點是：「一個或多個國家未經另一國同意的情況下干涉其內政」。Wikipedia, Non-interventionism.

採納了歐巴馬前總統非直接式的強化恐怖主義組織盛行的國家之政治、軍事權力，使其有能力消滅境內恐怖主義勢力。不過，有別於兩者的是，他對與這些國家建立良好的關係，或者是與其他歐盟國家合作進行反恐等議題毫無興趣。雖然他亦曾多次聲明，伊斯蘭極端恐怖團體都應該被徹底消滅，而這種立場比起布希與只聚焦在蓋達恐怖主義伊斯蘭國組織的歐巴馬都還要來得強烈。然而，這樣的聲明是否有助於抑制恐怖主義的發展，則尚有許多疑慮。如果川普只願意提升協助這些恐怖主義盛行的國家，關於軍事武力方面的增進，而不重視政治、法律或經濟的改善，則獲得贊助的國家，必須自己處理其內部的恐怖主義的問題。[17]此種政策，乃由於已經敘明之民族主義與不干涉主義之主張，加上本來企業經營為專長的川普之人格特性，其必然會形成此種立場之反恐主張。亦即，美國可以在武器裝備上提供並販售給他國，但該國必須處理自己的問題，因為美國優先是其最高反恐與國際政治的指導原則。

貳、恐怖主義與啟蒙運動（民主主義運動）及國家主義

　　恐怖主義是一種威脅，但反應過度也威脅到了民主主義之運動。例如，1783年美國革命的成功被認為是一個保守的革命，然而美國人創造了一個共和國的代議制民主。美國的誕生亦型塑一個民主啟蒙的典範，也被視為是英國的失敗。然而民主啟蒙與新興國家的誕生，和民主價值間產生了兩個衝突的意涵。因為它涉及了民主主義運動與恐怖主義之間微妙的關聯性，其乃因為啟蒙之民主運動，有時會變調而演變成暴力行動。另者，因為恐怖分子的襲擊，在崇尚民主主義之國家中，往往比實行其他制度的國家更頻繁地發生。因此，過度的追求民主或許會縱容恐怖之活動，然而也因此新興的民主國家亦容易於焉誕生。[18]

　　例如，1799年法國大革命結束，拿破崙乃一個中產階級之將領，從

---

17 臺灣新社會智庫，全球恐怖主義與川普的反恐政策。

18 White, op.cit. (2012: 161-173).

遠征之埃及返國並接管政府。然而從1794年至1795年，法國政府進行了17,000個合法的處決。所有法國貴族、家庭成員和同情者等，都被稱為恐怖分子。又如，無政府主義者關注其上層之管理階級對於財富分配的不均，因此無政府主義之主張者，已經把社會主義與恐怖主義連結在一起。其中，如Pierre Joseph Proudhon是一個鼓吹現代化、和平之無政府主義倡導者。其於1800年代見證了無政府主義的成長，然其亦在西方的民主主義運動之社會氛圍下而茁壯。在整個歐洲開始有許多民主主義運動之組織要求自治權，其亦援用暴力的無政府主義者之模式，亦即使用炸彈的模式，來反對占領他們土地的外國列強。然而，現代之以建國為主軸的國家主義（Nationalism）運動之團體，亦不認為自己是恐怖分子，他們認為是為他們的國家而戰，例如愛爾蘭共和軍（Irish Republican Army, IRA），其與追求民權或無政府主張之啟蒙運動（Enlightenment）雖有相近似之處，但民主主義之運動乃非以建立一個新的國家為主要之目標。

　　總而言之，1700年之後對作為西方民主主義的催化劑之民主啟蒙思維，反而激起革命性的恐怖主義在自由民主主義之下快速的增長。美國獨立戰爭導致政治權力的轉移，從倫敦一直影響到費城。而法國大革命則是一個反抗獨裁威權的關鍵發展，亦即中下階層為爭取權力對上層階級鬥爭。現代恐怖主義一詞亦源自於1794年至1795年的法國革命之行動，而法國政府執行處決對手的行動，被稱為恐怖統治之時期。然而，當法國人稱西班牙某些爭取獨立自主之游擊隊為恐怖分子之時，其對恐怖主義的意涵，也因此被巧妙地轉移了。在1848年，大多數主要歐洲國家的首都經歷不同形式的革命，雖然革命黨人失敗，西方國家之政府開始害怕社會主義者、共產主義者和無政府主義者。許多政治家、新聞記者、工業領袖和中產階級認為，一切形式的社會主義均是暴力革命。這亦促使了學術上之辯論，某些學者認為，十九世紀的恐怖主義和現代恐怖分子用的方法是有差異。然而亦有部分學者認為，現今混亂的恐怖主義乃為歐、美早期民主發展的必然結果。然而，自從蘇聯的崩潰，俄羅斯的革命被看成是一道新的曙光，它啟發在二十世紀的革命家和恐怖分子。西方國家則亦擔心共產主義通過恐怖主義擴張其影響。早期革命者亦期望西方社會能有著這種恐懼

的感覺，以便達到嚇阻西方社會不斷擴張其影響力之效果。因此，民主發展與恐怖主義似乎是相應相生、互為影響之兩難的人類發展演進之過程。因此，如能以平常心與同理心，相互的瞭解、體諒與互助共生，或許為處理恐怖主義較佳的抉擇。

參、長期分離運動之恐怖主義

　　種族（ethnic）與國家主義分離運動，亦可能形成現代某種類型之恐怖主義。這類戰爭是由分離主義的小團體來對抗較龐大的政府力量，即所謂不對稱作戰的恐怖主義。自從種族與國家主義分離分子，使用同樣的意識形態與策略，大部分的專家和決策者，即以同類的方式來探討這兩種形式的恐怖主義。不同於宗教恐怖分子，分離主義分子通常有一個明確可及的目標，而較沒有根深蒂固的意識形態。例如，愛爾蘭共和軍之建國、巴斯克民族脫離西班牙獨立運動、斯里蘭卡東北部地區的泰米爾獨立猛虎解放組織等。根據最近美國之蘭德研究機構的研究，政治和解是結束此類恐怖分子活動最有效的方法，這表示有一個政治協商解決此類恐怖主義問題的機會。[19]

　　分離主義者比其他類型的恐怖分子是較為理性的，且他們的目標並非絕對不可改變的。例如，要跟像是哈瑪斯（Hamas）[20]或巴勒斯坦解放組織（Palestine Liberation Organization，簡稱巴解、PLO）談判會比蓋達基地組織容易。儘管宣稱以宗教為其號召之口號，然而其是有非宗教上的政治目標，以及透過選舉來達成要求。其運作就如同國家主義分子，能透過政治上的協商來解決。很多恐怖分子之團體並非主張採取暴力之行動，然而他們看到暴力能有效地達到其所要求的目標，因而運用之。因此假如此

---

[19] White ibid. (2012: 183-218).

[20] 哈馬斯（阿拉伯語）是伊斯蘭抵抗運動組織的簡稱，成立於1987年，是巴勒斯坦的一個伊斯蘭運動之組織和政黨。其主要目標就是將以色列從地圖上消除，並在現以色列、約旦河西岸以及加薩走廊等地區建立伊斯蘭神權國家。

類團體瞭解暴力行動在效果上有所侷限，也許會展開政治之妥協。而政府必須要瞭解該團體控制其成員的能力，如果其內部分裂就無法達成有效之協商。政府不能對協商太急，不然會有反效果，正式的協商必須是在彼此都同意停火的情況下。協商要透過兩個途徑：一個是政治上的解決；另一個是滿足恐怖分子利益的考量。

肆、民族恐怖主義與地方恐怖主義

民族及國家主義的恐怖主義出現在全球各地，這對二戰後遭殖民地拒絕施行其統治的歐洲帝國強權來說，是特別真實的。明智的恐怖分子領袖，尋求來自國際間及國內反帝國者的同情與支持。在冷戰期間發生的殖民地反叛，都被視為是美、蘇間的對抗。「有限戰爭」（limiting the war）的不成文規定，使得當時之兩個超級強權不致發生直接的戰鬥。之後蘇聯的瓦解，使得其原本統治的國家或地區，歷經了民族主義的改革風潮，這也給了恐怖主義者一個發揮的環境。

另者，除了中東地區與東歐之反殖民之抗爭之外，所謂第三種的民族恐怖主義（Nationalistic）亦在非洲萌生。在撒哈拉以南地方性之恐怖主義活動，並無法適用於絕大多數分離運動的都市或鄉村型之恐怖活動模式，但它卻是致命的。地方性的恐怖主義起因於某些分析家所稱的「非洲的帝國主義之大屠殺」（a dying imperialism），那是數以百萬的人民，在歐洲普遍的撤離非洲時受難甚而死亡。撒哈拉以南的地方性之恐怖主義攻擊，卻無法以正規的情報及執法作戰方式來加以對抗。可悲的是，絕大多數的西方人士甚至是忽視或不予處理此種可怕的恐怖暴力行為。[21]

伍、二戰後的反殖民恐怖主義

研究恐怖主義之學者Bruce Hoffman，把二十世紀反殖民革命的政治

---

[21] White ibid. (2012: 220-254).

發展，視為現代恐怖主義的主要肇因。在二戰後的全球動亂中，殖民者與被殖民地都深信自己擁有實際上之權力。其中賽普勒斯之於英國、阿爾及利亞之於法國，以及毛毛黨（Mau Mau）之於英國等這三個案例中、都藉由複雜的談判來達成雙方之協議；亦即藉由一方以軍事力量來擊敗另一方之暴力行動，並無法終結其衝突。解決之方法，應該是由雙方坐下來互相談判。雖然一方可能掌握有合理之制高點，而另一方儘管是完全的無理，對掌握道德的制高點的一方來說，也不太可能有一個完全正確的立場。即便是狂熱的軍事鎮壓支持者，也會主張「知彼知己，百戰不殆」是必要的，但是每個案例都揭示了複雜的政治及道德的議題，以至於需要複雜的處置手段。因此，空喊口號是無法止歇此類恐怖主義之遂行。

　　若以賽普勒斯為例，從一戰起，迄二戰結束止，大英帝國宣稱賽普勒斯為其殖民地，希臘裔的賽普勒斯人卻深感不滿。一個打過希土戰爭的希臘陸軍軍官Georgios Grivas認為，大英帝國占領賽普勒斯與德國併吞希臘領土的方法是相同的。他成立了一個名為埃奧卡（EOKA, Greek for National Organization of Cypriot Fighters）的組織來推翻大英帝國的統治。然而Grivas並不尋求直接的軍事勝利，因為大英帝國的軍事力量比較強。所以他使用了雙重策略，亦即，第一是由國際處理上著手，尤其是將西方的目光吸引到這個被占領的小島之上。他相信國際的同情會促成賽普勒斯的獨立；第二是因為大英帝國的軍事力量較為強大，所以他要把英國的軍隊牽絆在都市之中。埃奧卡使用城市戰略，以至於僅使用了少數的恐怖分子去對抗40,000名大英帝國士兵。他們的努力使得國際注意到賽普勒斯，並為他們的獨立爭取到了國際支持。以至於最後這場衝突，是藉由談判來作為終結。

　　又如同埃奧卡一般，阿爾及利亞民族解放陣線（FLN, The Algerian National Liberation Front）著重於都市區域，並利用恐怖分子去吸引國際的注意。但不像賽普勒斯的狀況，大部分的法國人民堅信北阿爾及利亞是法國的一部分，所以他們把這場分離運動視為一場國內的暴動，而非反抗殖民的起義。結果，民族解放陣線及法國的安全部隊都僱用恐怖分子來互相攻擊。

另外，在肯亞毛毛黨的活動，代表另一種戰後殖民地起義的形式，但它又不同於在賽普勒斯及阿爾及利亞的城市恐怖主義。它是由殖民地務農的警察，從部落裡所發起的鄉村抗戰運動。毛毛黨被大英帝國的鎮壓所打敗，但肯亞最後還是獨立了，因為大英帝國的民眾拒絕再使用不人道的手段，來處理此類之國際衝突。[22]

陸、以色列與巴勒斯坦的恐怖主義

1959年，巴解組織—法塔赫（Fatah，反對以色列的游擊隊組織運動）是一個由阿拉法特（Yasir Arafat）成立的組織。[23]1967年6月「六日戰爭」後，阿拉法特的法塔赫組織使用的戰士被稱為「敢死隊」（Fedayeen）開始攻擊以色列。法塔赫的襲擊造成巴解組織的地位上升，最初的媒體報導使法塔赫運動成為整個阿拉伯世界的主導。

1988年阿拉法特宣布，巴解組織是巴勒斯坦之國際代表，並否定其為恐怖主義。美國與巴解組織開始對話，並導致1993年奧斯陸（Oslo）協議而形成的巴勒斯坦國。其他巴勒斯坦組織拒絕了奧斯陸協議，而在無法控制不同的團體之下，雙方之衝突亦一時無法停歇。然而，猶太團體也參與了中東的恐怖暴力行動。激進的猶太教是基於聖經裡的概念，即上帝承諾恢復以色列國。他們也成立了好幾個暴力組織進行恐怖攻擊之行動。

總之，巴解組織出現在1964年，從1967年「六日戰爭」後成為權力的中心。法塔赫是它的主要軍事派別，但它不斷的在分裂中。1982年入侵黎巴嫩後，巴解組織撤退到北非。儘管如此，還是支持恐怖主義，但法塔赫的活動卻逐漸黯然失色。巴解組織中出現好幾個組織，有些組織也擺脫

---

[22] White, ibid. (2012: 221-246).

[23] 巴解組織內部或它所聯繫的主要各派有：法塔赫、巴勒斯坦人民解放陣線（Popular Front for the Liberation of Palestine, PFLP）及巴勒斯坦民主人民解放陣線（Popular Democratic Front for the Liberation of Palestine, PDFLP）。與巴解組織有聯繫的恐怖主義組織有法塔赫的黑九月（Black September）小組和巴勒斯坦人民解放陣線—總指揮部（PLFP-General Command）。

了以色列和巴勒斯坦的衝突。一些激進的猶太團體，都呼籲消除非猶太人在猶太傳統的土地上。他們認為，聖經裡所記載，乃是神給以色列王國的文字和地域的禮物。以色列回應巴解組織等所謂之恐怖主義之政策，亦有其爭議性。這些措施包括入侵黎巴嫩，構建了一個牆來隔離以色列人和巴勒斯坦人，或者選擇性暗殺等等。

柒、革命與反革命以及宗教性恐怖主義

革命型恐怖主義意指計畫推翻、取代既有政治系統之行動。第二次世界大戰以後，這些活動多由左派人士和馬克斯主義者推動；右派人士則亦仿效了這樣的模式。某些革命組織的行動是由民族國家的贊助支持。其中，例如烏拉圭的圖帕馬羅游擊隊（The Tupamaros）乃誕生於蒙特維多（Montevideo，烏拉圭首都）的一次都市型左派運動。這個組織在Raul Sendic的帶領之下，奉行Carlos Marighella的革命思想。圖帕馬羅游擊隊屬於都市型恐怖組織。其活躍分子透過搶劫、綁架、攻擊象徵性目標等方式進行恐怖行動，希望吸引支持者興起革命浪潮。

圖帕馬羅游擊隊的戰略於戰術層面甚為成功，但是在蒙特維多警方與維安部隊的壓制，以及都市貧民極其有限的支持下，其恐怖行動在兩項策略性失誤後落幕，亦即對一名美國執法機構之諮詢顧問進行綁架並且撕票，以及高估了選舉的感染力。圖帕馬羅游擊隊對1960年至1970年代歐洲與美洲的都市型左派運動產生極大的影響力，並且間接影響了1980年代中期至1990年代中期的美國右派勢力。現代恐怖主義之網絡（network）與單元（cellular）的恐怖組織之概念，即源於圖帕馬羅游擊隊的組織架構。[24]

又例如，「哥倫比亞革命武裝部隊」（Fuerzas Armadas Revolucionarias de Colombia, FARC）與「民族解放軍」（Ejercito de Liberacion Nacional, ELN）是左派游擊隊，在哥國貧富差距極大之下，所

---

[24] White, ibid. (2012: 372-373).

順勢成立的革命組織。他們與販毒集團結盟，影響遍及哥倫比亞境內。雖然目前仍在運作，但一般普遍認為其影響力已經降低。至於歐洲的革命浪潮又發生於1965年至1990年間，多數革命組織因前蘇聯瓦解後便走向衰亡。雖然，單一議題的組織可能取而代之，種族恐怖主義乃繼之，成為是最有可能帶來威脅的群體。

其他全球之革命與反革命性的恐怖主義行動，則仍有下列數項：1.伊朗人民聖戰組織（MeK）[25]是一個與伊朗革命政府交戰的組織，其運作與財務偶爾會受到伊拉克的控制；2.中國之毛澤東式運動，則與革命型恐怖主義相似，都是以推翻政府為目的。毛澤東式運動透過強迫農民與勞工群體支持其革命，並在他們拒絕時進行恐怖行動報復；3.秘魯的光輝道路游擊隊（The Shining Path）於1980年在秘魯發動了一場長達二十年的恐怖活動，這是一支鄉村型毛澤東式恐怖組織，其活動招致政府殘酷的鎮壓。農民在這項活動被夾在政府和恐怖組織中間。光輝道路游擊隊於2007年捲土重來，其主要目的則是獲得毒品交易的控制權；4.尼泊爾的毛澤東主義叛亂始於1995年，並且演變成民眾起義，同年簽訂的暫時性和平條約使尼泊爾共產黨獲得政權，該國的君主制度從此走入歷史；5.印度的納薩爾派是一個極左的共產主義者團體，擁護毛澤東思想。納薩爾派得名於Naxalbari村，該村位於西孟加拉邦，納薩爾派運動即起源於此處。納薩爾革命運動（The Naxalite Rebellion）於1967年在西孟加拉發跡，一開始是以農業改革與農民權利為主題，亦即零星的共產運動。首次叛亂受到軍警鎮壓後，納薩爾派人士隨即在印度中部組織建立「紅色走廊」（Red Corridor）的恐怖組織。最後，其兩個主要的次級組織於2004年聯合一氣並發動公開的叛變；6.日本內部亦存在兩個恐怖組織，其一為分裂的激進政治團體；另一個則是企圖屠殺上千人的所謂宗教狂熱團體（religious cult）。最近，日本則因為援助美國政策，而受到蓋達組織的威脅。

綜上所述，恐怖主義之定義與其類型，有其地域性、時代性與社

---

[25] 伊朗人民聖戰組織在1965年由一批伊朗大學生成立，作為一個伊斯蘭政治運動組織。其主張推翻伊朗現在之政權─伊朗伊斯蘭共和國的一個宗教左翼組織。

會、文化、宗教等背景形成因素上的差異與多樣性。研究者必須瞭解與認知其之差異與多元性特質，才能從治標與治本之上做出全方位的對應策略。否則因為偏執或短視，不但不能化干戈為玉帛，極其可能造成更大的衝突與誤解，殷鑑不遠反恐之痛苦經驗班班可考。因此，若能從不同之民族或國家之發展，以及社會、文化與宗教的特色著手研究恐怖主義，或許為全球之秩序與整體的安全，創造一個更圓滿與美好之氛圍與園地，若然則恐怖主義或能因為相互的容忍、理解與協議、談判而漸次的趨緩甚或消弭於無形。

第三節　恐怖攻擊之新趨勢

恐怖主義未來採取的行動愈來愈多元化，從組織戰到游擊戰，網路戰到人肉炸彈，戰術也更加靈活及令人不可預測。至其隨時代之演進，而新形成之攻擊戰術可略為分述如下。

壹、化整為零之小型多點及蜂擁攻擊戰術

此類新的攻擊戰術，乃因為自2001年911美國遭受攻擊之後，所新產生之反恐與國土安全之策略與防範措施，遂使得911大型攻擊較不易進行，因此演變成為化整為零、小型多點及蜂擁之新攻擊戰術（Swarming and multiple attacks）。因為此新恐怖攻擊之模式不易防範，而且一旦發生則治安人員疲於奔命，較無法從事有效之處置。例如表1-2所示，其攻擊之主謀乃巴基斯坦好戰組織—巴國恐怖組織虔誠軍（Lashkar-e-Taiba, LET）於2008年孟買（Mumbai）小型多點及蜂擁連環恐怖之襲擊。其乃發生於2008年11月26日，印度金融中心孟買等地，至少11個點遭受連環多點及蜂擁之恐怖襲擊，造成174人，包括至少6名非印度籍公民死亡，327

人受傷，另有11名警察殉職。[26]而警務人員處置上因為人力分散，造成救援與處置的捉襟見肘、緩不濟急之窘境，因此必須發展出新的因應新策略與措施。

表1-2　小型多點及蜂擁連環恐怖襲擊

地點	襲擊方式
1. 希瓦吉火車站	槍擊、手榴彈
2. 孟買南區警察總部	槍擊
3. 里奧帕德咖啡館	槍擊
4. 泰姬陵酒店	槍擊、六次爆炸、頂層縱火、人質挾持
5. 奧布羅伊酒店	槍擊、爆炸、縱火、人質挾持
6. 瑪扎加恩島碼頭	爆炸、挾持船隻
7. 卡馬醫院	槍擊、人質挾持
8. 納瑞曼酒店	圍困、槍擊、人質挾持
9. Vile Parle郊區（孟買北區）	汽車炸彈襲擊
10. Girgaum Chowpatty 地區	兩名恐怖分子被逮捕
11. Tardeo地區	兩名恐怖分子被逮捕

資料來源：維基百科，2008年孟買連環恐怖襲擊。

　　小型多點及蜂擁連環恐怖之襲擊，則又如法國巴黎在2015年11月13日星期五晚間，在巴塔克蘭劇院、法蘭西體育場等多處地點，發生連續攻擊事件，造成數百人死傷，這是二戰以來最嚴重的攻擊事件。[27]2015年11月13日與14日凌晨發生於法國巴黎及其北郊聖但尼的連續恐怖襲擊事件，共造成來自26個國家的127人當場罹難，3人到院後不治身亡，99人重傷，368人受傷。死亡名單中包括美、英、比利時、羅馬尼亞、西班牙、葡萄

---

[26] White (2012: 575)，又見維基百科，2008年孟買連環恐怖襲擊。

[27] 蘋果即時新聞中心「恐攻大屠殺巴黎129死慘案」懶人包。

牙、突尼西亞、瑞典、智利、摩洛哥等國籍人士，恐怖分子全部穿同一種
自殺式炸彈背心，分三批展開攻擊。其中，巴塔克蘭劇院的觀眾被恐怖分
子挾持爲人質，造成89人死亡。另外案發當時，有7名襲擊者拒捕並以炸
彈自殺，法國政府隨後繼續開展追查幫凶的行動。

貳、女性恐怖主義者角色的加重與恐怖之攻擊

關於恐怖主義中的女性角色，學者Margaret Gonzalez-Perez發現在恐
怖分子攻擊的角色與任務方面有下列三種演變：[28]

一、女性在恐怖主義裡所扮演的角色是受到該團體的政治傾向所左右。換
　　言之，政治與社會上的意識形態對恐怖主義團體中女性角色的扮演，
　　有其關聯與影響。從父之思想、宗教傳統以及政治傾向，在對女性之
　　恐怖主義者具有主導之影響力。

二、相較於國際性的恐怖主義團體，女性更容易被吸引至國內之團體。其
　　理由在於國內組織主要訴求是革命與社會改革，因爲在此訴求下，女
　　性有機會重新界定她們的角色，又因爲希望擁有相同的社會改革，故
　　在恐怖主義團體裡男性與女性皆受歡迎。然而對國際性團體而言，因
　　爲他們所要對抗的是外在之壓力，諸如資本主義與帝國主義的影響，
　　而嘗試捍衛其本身的傳統文化與價值，故女性在國際性團體中的角色
　　較容易受到忽視。

三、檢視美洲、非洲、中東、亞洲與歐洲的國內與國際恐怖主義後發現，
　　國際恐怖主義傾向將女性運用爲支持者、同情者，以及間諜等角色，
　　反而較少能接受女性成爲聖戰士或者領導者的角色，同時這種模式在
　　以男性爲主導的穆斯林社會體系裡，女性角色依舊不會改變。

學者Cindy Ness檢視在一般性與宗教性的恐怖主義團體裡的女性行爲
後，也提供了相似的論點，亦即宗教性的恐怖主義裡的女性，多屬於支持
性和服務性的角色，而在一般世俗性的恐怖組織裡，女性容易發展成爲

---

[28] White, op. cit. (2012: 129-158).

戰士以及領導者。例如，德國赤軍聯（Red Army Faction, RAF）的Ulricke Meinhof女士和屬於巴勒斯坦解放運動（Popular Front for the Liberation of Palestine, PFLP）之Leila Khalid女士，這兩位女性之恐怖主義者，其不僅具有戰士身分同時也是領導者。該學者更進一步批評，多數研究恐怖主義的學者，忽略了女性恐怖主義分子的研究。

學者Alisa Stack-O'Conner認為，女性恐怖主義分子往往基於一項原因被忽略，即研究者不會將女性視為恐怖主義分子或犯罪者，當這些研究者在看女性時，通常將其視為受害者。另外，執法人員也傾向不逮捕女性。然而，由於女性恐怖主義分子，特別是炸彈自殺客，有其獨特的宣傳價值，同時也由於警方與軍方往往不會立即地對女性採取行動，反而給了恐怖主義分子另一種策略上的選擇。其中，二十世紀的以色列女兵，確實遂行了此種女性為主之攻擊之新思維。尤其甚者，二十一世紀俄羅斯車臣的黑寡婦自殺攻擊隊同樣證實了此種想法。又例如，2005年9月28日在伊拉克西北部Tall Afar的士兵招募中心，遭到自殺式恐怖攻擊，造成近60人受傷以及8人死亡。對於整個中東地區，自殺式恐怖攻擊行動似乎是一件再平常不過的事情。然而，這一次的恐怖攻擊行動卻讓伊拉克政府及美國特別感到憂慮，那就是這位自殺客是一位女性。在伊拉克，這是頭一次由女性進行的自殺式恐怖攻擊行動。近年來，恐怖自殺行動的女性化，已經引起主要受到恐怖攻擊國家的警覺與重視。從俄羅斯、斯里蘭卡到以色列，女性的自殺式恐怖攻擊已經不是第一次。因此，美國、英國與法國均非常擔憂這樣的行為會大量被學習與擴散，造成恐怖攻擊行動更加難以預防。根據研究，女性第一次被當作人肉炸彈是在1985年。當時一位屬於敘利亞國家人民黨的女黨員，駕駛一輛炸彈車去衝撞在黎巴嫩的以色列軍事運輸團隊。[29]

最著名的女性參與恐怖攻擊行動則是在俄羅斯被稱為「黑寡婦」的車臣女恐怖分子集團。這些在俄羅斯攻擊車臣的戰爭中，失去丈夫、父親、

---

[29] 吳志中（民94）。

兒子或者兄弟的女性，誓言對俄羅斯進行報復。2002年10月，車臣的50多名恐怖分子與黑寡婦，劫持莫斯科附近戲劇院的700名人質，要求俄羅斯立即從車臣撤軍，最後在10月25日晚間與俄羅斯特種部隊玉石俱焚。2004年，黑寡婦再度劫持引爆俄羅斯客機，造成90人死亡。同年，另外一名黑寡婦則在莫斯科地鐵自我引爆，進行自殺式攻擊。

因而，當學者認為女性會被忽略乃基於普遍性的假設，即恐怖主義是一種暴力的男性職業（terrorism is a violent male occupation），美國人卻將女性恐怖主義分子視為一非常規的現象（aberration），美國的大眾文化並不接受女性是恐怖主義的說法。然而，當女性被利用為攻擊者或者炸彈自殺客時，Katharina von Knop相信，這些女性恐怖主義分子乃是依循男性的模式來執行其任務，而非以自身所界定的角色採取恐怖作為。

學者Sjoberg則有不同看法，她認為女性在恐怖主義裡，的確擁有特別的地位，而專家學者們之所以不願研究女性的政治和犯罪暴力，是因為這破壞了女性特質的理想化定義（idealized notions of womanhood）。她們的行為，應該從各種不同的女性主義觀點來研究。不同的團體對於女性的利用方式各異；民族主義式的或種族式的團體，女性角色只是輔助性的；而革命式的團體，女性反而有可能以戰士或領導者的角色出現。觀諸整個現代恐怖主義的歷史，一直都有女性涉入恐怖主義團體，但其角色卻一直被忽略。許多的研究者與一般大眾都很難相信，女性會成為恐怖主義分子。在研究恐怖主義活動時，更為廣泛的性別研究，將會增加對恐怖主義的理解與較精確的規劃出對應之策略。

參、科技化之新型恐怖攻擊

科技化之恐怖攻擊亦為近年來新型的恐怖攻擊方式之一，其又可能有下列數種恐怖攻擊之方式。

一、網路恐怖主義

網路恐怖主義指的是，使用電腦攻擊科技目標或者攻擊電腦網絡。

電腦恐怖主義不同於駭客，因為其目的乃是基於政治上的目的，而做系統性的攻擊，最常見的策略是網頁換置（defacement of Web site）。Michael Whine則宣稱，電腦技術對於恐怖主義之所以具有吸引力，乃基於下列幾點理由：1.電腦讓他們相互的保持聯繫；2.提供祕密討論恐怖活動的管道；3.電腦網絡之隱密與安全性，相較於傳統之維持恐怖主義的祕密基礎設施，成本低且工作負荷量較低。例如，蓋達組織葉門分支的首領Anwar al-Awlaki，乃是一名在美國出生的葉門裔伊斯蘭教士。Awlaki因為涉及恐怖襲擊，被美國和葉門政府通緝。他被指涉及2009年12月企圖炸毀一架飛往底特律的航機，以及2009年11月美軍在德克薩斯州胡德堡軍事基地開槍打死13人的案件。2011年9月30日，美國一架無人飛機在葉門發射導彈，擊斃Awlaki。[30]美國情報機關判定稱，Awlaki是蓋達組織在葉門分支的外勤行動主導者，他能熟悉並運用網路為蓋達組織之理想做宣傳，並以網路聯繫與進行恐怖之攻擊。而此類發展，或許為恐怖主義攻擊演進之新模式，此種新模式往往較難偵查，且其破壞之快速、直接與行動之藏於無形，很值得研究、觀察與注意。

二、大規模毀滅性武器之一：生物武器

生物武器已被使用了數世紀之久，現代武器包含了細菌武器與病毒武器，即透過微生物的培養、提煉或者武器化，用以增加其殺傷力。其之四種主要形式：1.未經人為提煉的自然毒物；2.病毒；3.細菌；4.瘟疫。

三、大規模毀滅性武器之二：化學與放射性武器

通常化學武器較生物武器容易運送，放射性武器較化學性武器能抵抗熱。故炸彈或其他會產生熱的裝置，可以被使用來散布具有放射性的物質。其之四種主要化學武器：1.神經武器；2.血液武器；3.窒息性武器；4.高熱武器。

---

[30] 維基百科，安瓦爾‧奧拉基。

四、核子恐怖主義

舉凡恐怖主義分子都希望能得到威脅與影響力強大的核子彈頭，不過要獲得它，以及引爆核子武器都有其困難度。從事核子恐怖主義有兩種方式，其乃自製裝置，或者獲得既有裝置的控制權。某些學者與分析家相信這都不會發生，然而有部分學者則持相反之看法。

至於克服大眾對於核子恐怖主義的錯誤概念方面，Michael Levi認為，針對核子恐怖主義的幾點迷思，有必要進一步釐清與理解：1.並非所有之安全措施均是百分之百有效果，對於核子武器之防治亦復如此；2.核子黑市並不存在；3.製造核彈並不是簡單的過程；4.核子防衛應立基於實際且全面性的防衛措施；5.應對恐怖主義團體，建立全面性的情報圖像，以便掌握其行動；6.全面性的防護是不可能的，但我們可以運用較有利的處置模式，以便扭轉情勢。

肆、經濟目標、大型活動場合之跨國攻擊

阿拉伯半島蓋達組織所發行之英文《激勵》（*Inspire*）雜誌，鼓勵「孤狼」隨時準備好去攻擊擁擠的運動場館、節日慶祝的舉辦地點，也呼籲各國的支持者去攻擊人口聚集的地方，並建議可以藉由汽車炸彈等方式去攻擊。[31]蓋達組織所擁有之《阿富汗聖戰百科全書》亦要求必須有完善的計畫，而能攻擊人群所聚集的建築物，這些目標需要識別並慎重選擇，包括了大型的集會與公開活動場所，才能達成最大傷亡的效果。[32]因此，經濟目標、大型活動場合之跨國攻擊，亦為近年來新型的恐怖攻擊方式之一，其又可有下列四種主要的跨國攻擊方式：

一、**旅遊業**：恐怖主義所影響的旅遊業不僅僅是國內旅遊而已，影響最大的是跨國的國際旅遊。特別是某一國家的恐怖主義事件成為媒體所矚目之焦點，其旅遊業可能會下降，並造成損失。

---

[31] News新華網，911以來最嚴重襲擊事件暴露美國反恐新困局。

[32] 自由電子新聞網，美阿戰爭危機特別報導聖戰百科全書致命攻擊手冊。

二、**能源**：石化燃料基於兩個理由而易成為攻擊標的：1.石油呈現出的是工業化國家的力量與優勢；2.攻擊煉油廠與運輸設備對西方國家而言，易造成經濟上的損失與衝擊。

三、**運輸**：運輸系統成為恐怖主義分子欲攻擊的經濟標的，乃是因為他們可以用最小的成本造成大規模的傷亡。另一個容易受到攻擊的原因在於，要保護這些運輸系統的成本太大。

四、**大型活動場合之攻擊**：攻擊大型的集會與公開活動場所，以便達成最大傷亡的效果，造成對不特定多數人的心理恐慌之效果。

　　此類之攻擊方式，例如，2016年7月14日在法國南部蔚藍海岸之旅遊勝地尼斯的恐怖襲擊事件。[33]突尼西亞裔法國人穆罕默德‧拉豪傑‧布哈勒蓄意駕駛一輛貨車，撞向在法國尼斯英格魯街慶祝法國國慶日的人群，隨後又向民眾開槍，造成至少86人死亡。襲擊者一邊以Z字形駕駛貨車向人群衝撞，一邊高喊「真主至大」，最終他被警方擊斃。總之，透過跨國經濟標的之選擇，恐怖主義的力量可以被加乘。旅遊業、能源業以及運輸業，皆增加了恐怖主義可能衝擊經濟威脅之可能性與機會。

　　又例如2013年波士頓馬拉松爆炸案，發生於2013年4月15日北美東部時間下午2時50分，地點位在美國麻薩諸塞州波士頓科普里廣場。有兩枚炸彈分別於終點線附近觀眾區及一家體育用品店先後引爆，第一枚炸彈在美國東部時間下午2時49分12秒引爆。此次爆炸造成3人死亡，183人受傷，當中17人情況一度危急。2013年4月18日警方發布了由馬拉松賽事沿途攝影機截錄下來的嫌疑犯照片，其中包括嫌疑犯正面的清晰影像，並根據目擊者的指認，宣布嫌疑犯為26歲的塔米爾南‧沙尼耶夫（Tamerlan Tsarnaev）和19歲的喬卡‧沙尼耶夫（Dzhokhar A. Tsarnaev）兄弟檔。[34]當天晚上隨即在麻省理工學院發生了槍擊案，一名校警殉職，追捕行動展開，並確認槍擊案主嫌同為沙尼耶夫兄弟。兩人在附近街道劫持車輛逃逸，途中向追逐的警方投擲了數項爆裂物，4月19日凌晨在水鎮

---

[33] 中央廣播電臺，回顧2015年以來針對民眾的重大攻擊。

[34] 維基百科，2013年波士頓馬拉松爆炸案。

（Watertown）與警方發生槍戰，哥哥塔米爾南‧沙尼耶夫在過程中受重傷經送醫不治，其弟喬卡‧沙尼耶夫趁亂逃脫。麻薩諸塞州州長宣布波士頓地區公共運輸系統停駛，並建議居民留在家中，以協助追捕嫌犯。19日晚間水鎮一名居民向警方報案，發現有血跡通往家裡後院。在與警方對峙數小時後，弟弟喬卡‧沙尼耶夫遭捕，追捕行動結束。喬卡‧沙尼耶夫後來被起訴多項控罪，於2015年4月8日被裁定所有控罪成立，5月被判處死刑。

伍、自殺攻擊

自殺式之恐怖攻擊，亦為近年來新型的恐怖攻擊方式之一。Diego Gambetta追溯了自二戰以來所發生的自殺策略與攻擊事件，透過這些歷史文獻他發展出三種自殺攻擊的類型：1.戰爭時的自殺（suicide in warfare）；2.不殺害其他人，自殺乃為了表達對於某一個原則堅持（suicide for a principle without killing others）；3.自殺式的恐怖主義（suicidal terrorism）。

某些研究自殺攻擊的學者認為，自殺並非只是簡單的方式選擇而已，自殺具有社會與心理上的意義，其往往乃以犧牲自我來滿足其所屬團體之利益。此即所謂的利他的自殺（altruistic suicide）。恐怖主義者不論是抱持何種想法或身分，自殺者都有一個普遍性的想法，即是為了更大的善或者達成宗教上更為至高無上之原則，而以犧牲自己的生命來完成，因而經常被其回教團體尊稱為聖戰士（Crusader or Jihadist）。

然而，模式化或剖繪自殺式的恐怖主義攻擊者，確實有其困難度，因為至目前為止並未蒐集齊全對於單一的團體或者自殺攻擊者的剖繪相關之資料。因此，不同的自殺恐怖攻擊團體，運用不同的方式執行攻擊。而且自殺炸彈客的背景來源亦具有其多樣性，均造成剖繪自殺式的恐怖主義之困難度。不過，美國從2009年開始就發現「人肉炸彈」式攻擊的可能性。同年8月，伊布拉欣‧哈森‧阿西里的兄弟企圖刺殺沙國納耶夫親王，當局懷疑他將炸彈藏在肛門內。不久後，一名曾待過葉門的奈及利亞

炸彈客，企圖在耶誕節當天以相同手法炸毀飛往底特律之班機。雖然這2起事件使用的炸彈，都被發現藏在炸彈客的內衣褲而非人體內，但美國與西方反恐單位卻警覺，若將炸彈植入人體或許可能逃避機場X光機和金屬探測器。美國國土安全部長Janet Napolitano告訴媒體稱，敵人想盡辦法將爆裂物帶上飛機，「內衣炸彈客」Umar Farouk Abdulmutallab就是一個例子。Napolitano部長進一步強調，雖然沒有證據顯示「人肉炸彈」（body-bomb）的立即威脅，但恐怖攻擊手法千變萬化，是為安全人員必須力抗的狀況之一。[35]

陸、本土型的恐怖主義之新發展趨勢

一般人認為恐怖攻擊者，大部分以居住或活動於回教為主之國家或地區的恐怖主義者為最大宗，惟自二十一世紀前後，反恐學者逐漸發現已有往歐、美、澳洲等西方社會移動其活動範圍之趨勢，即所謂之本土型、在地化的恐怖主義（home-grown terrorists）之新發展。2009年5月至2011年10月美國恐怖活動中，逮捕32起由美國公民或美國合法永久居民之「本土成長型」聖戰組織，所發起之恐怖攻擊活動明顯的升高。[36]所謂「本土成長型」或「國內型」恐怖攻擊，乃形容激進主義者主要為美國公民、合法永久居民者或遊客，在美國境內或者在國外犯下之恐怖攻擊活動。

2010年5月反恐專家Bruce Hoffman在美國國會證詞中強調：「過去一年間平均每月所被揭發的陰謀是難以沾沾自喜，因為這些陰謀或許正在演變成長之中，我們仍然無法全然掌握。」[37]然而由美國國家司法研究機構，針對美國國內穆斯林激進化情形之實證調查研究中發現，911恐怖攻擊之後雖然有較少的美國穆斯林走向激進暴力極端主義，然截至2009年該調查研究為止，有139例美國籍之穆斯林犯下了暴力的恐怖攻擊相關之暴

---

[35] 今日新聞網NOWnews.com，恐怖分子新招數？美密切監控「人肉炸彈客」。

[36] Bjelopera (2012).

[37] Hoffman (2010: 2).

力犯行。也就是說，每年平均約17例此類犯行，雖不會比其他類之暴力犯罪高，然而並不能夠認爲其不重要或不該注意關注。所以結論是，本土型之恐怖攻擊確實是嚴重的，但是有其一定影響範圍之狀態。[38]此外，激進的暴力聖戰分子對美國而言，並非是一個特別新的現象。根據估計顯示，在1990年間有1,000名至2,000名美國穆斯林在阿富汗、波斯尼亞和車臣從事暴力聖戰活動。[39]反恐專家Brian Michael Jenkins指出，在1970年代美國國內恐怖分子犯下60件至70件恐怖攻擊事件，大部分是以炸彈攻擊爲主。自911事件以來，每年在美國領土上的本土型恐怖活動之範圍，有擴增到15倍至20倍。[40]然而在此期間，鮮少因個人聖戰理念之動機而發動攻擊者。

又如在澳洲本土型的伊斯蘭教的聖戰分子（home-grown jihadists）對於澳洲國家安全產生之危害，遠甚於國外之恐怖主義者，例如基地組織或者東南亞之印尼、馬來西亞、菲律賓、新加坡等當地的激進穆斯林組織，或稱「伊斯蘭團」（Jemaah Islamiyah）。澳洲政府反恐之白皮書稱，澳洲本土之伊斯蘭教派眾，可能會被印尼巴里島（Bali）以及倫敦恐怖攻擊爆炸案之誘發，而盲目模仿其模式於澳洲本土，進行類似之攻擊。[41]

柒、恐怖攻擊之最新狀況

如表1-3所示，根據美國國務院下轄之反恐與對抗極端暴力局（Bureau of Counterterrorism and Countering Violent Extremism）[42]，2018

---

[38] Schanzer, Kurzman, and Moosa (2010: 1).

[39] Wiktorowicz (2005: 3).

[40] Jenkins (2010: viii).

[41] Butterly & Probyn (2010).

[42] 美國國務院下轄之反恐與對抗極端暴力局乃源於1972年由當時總統尼克森（Richard Nixon）於德國慕尼黑奧運（the Munich Olympics）遭受恐攻後，其所指派的特別研究委員會，建議於其國務院之下新設置之反恐辦公室（the Office for Combating Terrorism）演變而來。該辦公室於1985年更名成爲反恐協調辦公室（the Office of the

年9月出版之最新統計全球恐怖攻擊的狀況，於2017年全球超過8,584件的恐怖攻擊事件中，約有100餘個國家受害，其中受害之總死亡數爲18,753人，總受傷人數爲19,461人，被綁架或人質總合爲8,937人。又由圖1-1可以發現，恐怖攻擊之事件與其之死亡人數若以月份來區分，則自2012年起有迅速增加之趨勢，然自2014年開始，恐怖攻擊之總體事件與其之死亡人數即有下降的趨勢，一直下降至2017年底爲相對的低點。然而，這一暴力攻擊模式迅速之增加，主要是伊斯蘭國（ISIS/ISIL）和其盟友組織，包括奈及利亞「博科聖地」組織（Boko Haram in Nigeria）和在阿富汗的塔利班（Taliban in Afghanistan）實施暴力攻擊的結果。同樣地，隨後的恐怖攻擊之總體數字的下降，主要亦是這些群體暴力攻擊程度下降的結果。儘管出現了這些模式之發展，但這些團體仍然是2017年世界上最致命的幾個恐怖組織之團體。[43]至所謂新形成之伊斯蘭國乃所謂之遜尼派民兵組織「伊拉克與敘利亞伊斯蘭國」。2012年，該組織從「伊拉克伊斯蘭國」（Islamic State of Iraq, ISI），改名爲「伊拉克與大敘利亞伊斯蘭國」（The Islamic State of Iraq and Greater Syria, ISIS）。[44] 其乃有伊拉克的「蓋達組織」之稱，爲伊拉克的激進遜尼派組織。而希臘羅馬時代的西方人，對於地中海東岸的整個大敘利亞地區的「沙姆地區」用的是另一個名稱：「黎凡特」（拉丁語Levantines）。在中古法語裡，Levant一字即指「東方」。另有人在翻譯時以「黎凡特」這個對應字取代了ISIS名稱中的「敘利亞」，而變成爲Islamic State of Iraq and the Levant，即「伊拉克與黎凡特伊斯蘭國」，簡稱就變成了ISIL。所以ISIS與ISIL指的是同一個伊

Coordinator for Counterterrorism），1994年國會正式授權規範前述之反恐協調辦公室而成爲反恐局（the Bureau of Counterterrorism），因此根據此國會之授權，其遂於2012年正式的更名成爲現在之反恐局（Bureau of Counterterrorism）或稱之爲反恐與對抗極端暴力局。資料來源：2019年4月2日，取自：https://www.state.gov/j/ct/about/index.htm。

[43] United States Department of State, Bureau of Counterterrorism and Countering Violent Extremism, Annex of Statistical Information, Country Reports on Terrorism 2017, September 2018.

[44] 維基百科，伊斯蘭國。

拉克的激進遜尼派組織，而至2017年上述之恐怖攻擊統計與分析，其對於全球恐怖攻擊之威脅，遂成為近年來各民主國家之最大隱憂。

表1-3　2017年每月份全球恐怖襲擊和傷亡

月份	攻擊總和	總死亡數	總受傷數	被綁架／人質總合
一月	688	1,348	1,610	210
二月	689	1,210	1,621	711
三月	782	1,780	1,770	1,042
四月	671	1,387	1,232	355
五月	845	2,300	2,303	1,463
六月	879	2,057	1,955	1,382
七月	749	1,447	1,436	717
八月	757	1,628	1,936	695
九月	668	1,154	1,283	310
十月	632	1,914	1,716	342
十一月	647	1,491	1,472	1,487
十二月	577	1,037	1,127	223
總和	8,584	18,753	19,461	8,937

資料來源：United States Department of State, Bureau of Counterterrorism and Countering Violent Extremism, 2017.

綜上，2017年的恐怖攻擊可以歸納與整合成為以下幾個重大之趨勢：[45]

一、與2016年相比，2017年全世界恐怖攻擊總數減少了23%，恐怖攻擊造成的死亡總數減少了27%。雖然2016年至2017年期間，許多國家的恐怖攻擊事件有所減少，但這一總體趨勢主要是由於伊拉克的攻擊和死

---

[45] United States Department of State, Bureau of Counterterrorism and Countering Violent Extremism, op.cit., 2018: 3.

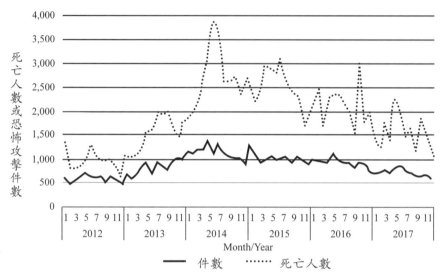

圖1-1 2012年至2017年之間因恐怖攻擊事件與死亡依月份之趨勢圖

　　亡人數大幅減少之故。而2017年恐怖攻擊造成的死亡人數中有24%是肇事者自己死亡，低於2016年的26%。此一肇事者自己死亡的統計數字比歷年來要低得多，但此數字在2000年代開始卻是漸次增加的，其主要的原因乃是對於處理阿富汗恐怖攻擊的戰術方面發生了變化，以及2010年代處理伊拉克恐怖攻擊的戰術也發生了些許的變化，才有以致之。

二、2017年在約一百餘個國家發生了恐怖襲擊；然而攻擊事件在地理上非常的集中。在所有攻擊中，59%發生在五個國家，亦即阿富汗、印度、伊拉克、巴基斯坦和菲律賓；70%的恐怖攻擊死亡事件發生在五個國家，亦即阿富汗、伊拉克、奈及利亞、索馬利亞和敘利亞。

三、伊斯蘭國在2017年造成的攻擊和死亡人數超過任何其他肇事者之團體。然而與2016年相比，伊斯蘭國實施的恐怖攻擊減少了23%，其造成的死亡總人數減少了53%。2017年伊斯蘭國和宣誓效忠伊斯蘭國的團體在二十多個國家發動恐怖攻擊。最活躍的伊斯蘭國附屬機構，為設在阿富汗、巴基斯坦、埃及和西非。

四、2016年至2017年間，綁架受害者和人質人數下降了43%。與往年相比發生了顯著的變化，亦即綁架受害者和人質人數急劇的增加，主要原因是每次恐怖攻擊事件之受害者人數，與以前相比相對的較多之緣故。

五、在肯亞、索馬利亞和英國等幾個國家，2017年恐怖攻擊次數和死亡總人數卻有所增加。

第四節　美國國土安全策略之新發展

壹、反恐政策的新興議題─四年期的國土安全審查與檢討

　　美國國土安全部（Department of Homeland Security, DHS）成立於2003年，國會在2007年時通過「執行911委員會建議法案」（Implementing Recommendations of 9/11 Commission Act），要求國土安全部必須針對美國國土安全的工作，提出一份四年期的國土安全審查與檢討（Quadrennial Homeland Security Review, QHSR），勾勒並建立一個切合現狀的國家安全戰略，並對所有國土安全的關鍵領域制定綱要和先後次序。[46]QHSR是仿照QDR〔美國國防部自1997年開始公布「四年期國防審查與檢討」（Quadrennial Defense Review，簡稱 QDR）〕的形式，但是在完成的過程中，卻是由跨部會和來自不同部門的參與。為了符合這項跨部會的精神，四年期的國土安全審查與檢討，要將國土安全部的夥伴部門更有效的結合，形成一個所謂之「國土安全企業」（Homeland Security Enterprise），[47]以設置一個可以分享風險和威脅情報的架構，並改善社區在遭遇破壞時的回應能力，同時建立國土安全部和其與聯邦、州和地方政府部門的團隊合作，以及強化預防恐怖主義的科技運用能力。

---

[46] US Department of Homeland Security (2010).

[47] White, op. cit. (2012: 565-566).

　　基本上，四年期的國土安全審查與檢討一共有五大重要使命[48]，包括：1.預防恐怖主義和強化安全；2.邊界的安全和管理；3.強化和執行移民法；4.維護和保障網路安全；5.確保處理災難的應變能力。四年期的國土安全審查與檢討最值得讚賞之處，是它突顯災難後之應變處置能力的重要性，和過去僅強調預防或避免恐怖攻擊有所不同。因爲預防災難的發生固然重要，但事後的應變能力更是能夠讓傷害減到最低的重要策略與指標。

貳、「美國愛國者法案」之再授權

　　愛國者法較受到爭議的第215條及第218條等條文，因爲對於人權之影響甚鉅，因而必須定期的透過國會之再授權表決與總統之簽署（The USA PATRIOT Act Reauthorization）。愛國者法法案第215條條文乃授權政府機構可令圖書館館員，繳出民眾的閱覽資料，嚴重違背美國憲法的精神。第218條之條文，允許執法人員的搜索，從原先「外國情報監視法」（the Foreign Intelligence Surveillance Act, FISA）必須以外國情報爲首要目標，修改爲只要明確目標即可跟監與情搜。依據「外國情報監視法」之搜索令，僅能用於情報的蒐集而不是以之爲控訴之依據，但現在使用該法較低標準的「可能理由」就可以單獨作爲控訴之用途。但法官無權駁回申請，故而形同橡皮圖章，而且搜索目標不再針對恐怖分子本身，只需要政府的目標，是一項有取得授權的調查，以防備國際恐怖主義即可。[49]

　　「美國愛國者法」於2005年12月31日到期，其關係到該法案關鍵條款的延期和修改。愛國者法長達342頁，賦予執法和情報機構廣泛權力，以防制、調查和打擊恐怖主義。2001年當時沒有經過聽證會，沒有任何會議討論和斟酌，就交付表決，法案遂以壓倒性優勢通過。911攻擊發生45天之後，時任美國總統布希簽署了「美國愛國者法」，有效期限到2005年

---

[48] US Department of Homeland Security, op. cit. (2010: 567).
[49] 陳明傳、駱平沂（民99：210-213）。

12月31日止。當時不是沒有反對的聲音，投了唯一一張反對票的參議員警告說：「保持我們的自由之核心價值，是我們現在參與新的反恐戰爭的主要因素之一。如果我們犧牲美國人民的自由，我們即使沒有動一刀一槍，也輸掉了這場戰爭。」但這種反對的聲音，卻湮沒在對恐怖主義同仇敵愾的聲討中。[50]然而，2005年年底總統簽署到期之愛國者法中之14條條款，是否永久化，以及是否將其中另外兩條延長10年的問題，國會議員展開了辯論。這些辯論突顯出占多數的執政之共和黨人跟民主黨反對派的分歧。因而，愛國者法法案到期後之國會討論與表決，於2006年參院仍以89票比10票通過延期。因此只要當局認為可疑的人物，不經審訊便可無限期拘留。對於此情況，美國國內的民權主張者早有不滿，但基於「國家安全」這個政治大前提，甚少國會議員願意冒險反對。因而再一次確定美國政府擁有此無上之權力，此無疑是與美國崇尚的人權與自由之理念相違背。

　　之後，又於2011年5月26日經過國會之討論表決，其中眾議院以357票同意，66票反對繼續授權；參議院以98票同意，1票反對，亦即同時受到兩大黨絕大多數之支持授權，繼續執行愛國者法上述受爭議之條款。旋而由當時的歐巴馬總統（President Barack Obama）簽署了一個延長四年適用愛國者法之中三個關鍵性法條之法案；亦即：1.游動式的監聽（roving wiretaps，愛國者法第206條）；2.搜尋個人工作資料（所謂圖書館借書紀錄之條款searches of business records, the "library records provision"，愛國者法第215條），以及3.執行跟監所謂「孤狼」之個人式之恐怖攻擊者之條款。[51]

　　進而，美國聯邦參議院又於2011年12月11日以93票比7票，通過新年度6,600億美元的國防預算案，其中之條文包括：批准對涉嫌恐怖分子，含美國公民在內，可以不必提出起訴，便施以無限期拘留。該條文引起民權團體之批評，其無法接受政府容許未經審訊，便無限期拘留美國公民。此新獲參院通過的相關條文，比上述之愛國者法案更甚。因為新法案授權

---

[50] 中國網（2006年1月28日）。

[51] Wikipedia, Patriot Act.

由軍方決定，如何處理被拘捕的涉恐可疑人物，可以由軍方無限期施以拘禁調查；除經軍方批准，文官系統的司法部門不得過問。批評者指該條文向軍方傾斜，給予軍方部門過大權力。經一些國會議員之反對下，法案最後版本加入文字，指法案不會影響現行的美國法例。這表面上是對自由派的一種妥協，保障了現有的公民權不會被侵犯；但事實上只不過是各說各話，不同立場人士可以有不同解讀而已。[52]

另者，有關美國之愛國者法隨著2009年新的日落日期的接近，美國曾經採取了各種對應之措施，旨在處置因為此種遏制或取消這些條款中授予權力時之對應替代方案，然而卻沒有一項措施是成功的。在將條款延長至2011年2月之後，國會通過了進一步延長至2011年5月（愛國者法之第206條和第215條）和2011年12月的孤狼條款（the lone wolf provision）的期限。這三個條款由2011年「愛國者日落延期法」通過後，並於2011年5月26日由當時之歐巴馬總統簽署成為法律，並最終延長適用至2015年6月1日。[53]

然而，於2015年6月2日歐巴馬總統簽署了參議院批准的「美國自由法」（USA Freedom Act）使之成為法律，取代了「美國愛國者法案」，並因而限制了政府蒐集資料的權限。這一修訂之法案，主要是為了回應史諾登（Edward Snowden）在2013年曝光之政府機關大量蒐集的電話和互聯網紀錄之所致。該「美國自由法」規定，政府只有在向審理「外國情報跟監法」（Foreign Intelligence Surveillance Act, FISA）之聯邦法院，提出公開請求後，才能查閱這些資料。

參、多層次的情報溝通和分享

國土安全部負責評估國家的安全性問題與弱點。其率先在評估安全

---

[52] 奇摩部落格。

[53] Encyclopedia Britannica, USA PATRIOT Act, https://www.britannica.com/topic/USA-PATRIOT-Act.

之弱點，並與聯邦、州、市、地方和私人的團體協調合作，以確保最有效的回應國土安全之相關議題。因而逐建構起政府與民間，以及國家與地方政府和私營部門等多層次的情報分享與分析中心（Information Sharing and Analysis Center, ISAC）。如此，可建立一個更有系統與效率的國土安全企業概念，又可提升跨機構的協調和情報分享機制，以便更有效地確保國土之安全。

　　另者，美國自2001年911被恐怖攻擊之後，其國內之治安策略即演變成應如何從聯邦、各州及地方警察機構整合、聯繫，以便能以此新衍生之策略，能更有效的維護美國國內之治安及國土之安全。進而，又如何在此種建立溝通、聯繫的平臺之上，將過去所謂的資訊（information）或資料（data）更進一步發展出有用之情報資訊（intelligence）以便能制敵機先，建立預警機先之治安策略（proactive stance），此即謂為情資導向的新警政策略（Intelligence Led Policing）。至於其發展之原則與狀況將於本書第三章中詳述，請參酌之。實則此策略英國早在1990年代，即因為犯罪現象的詭譎多變與跨國性的發展，故而調整並嘗試以情資導向之策略，以及公私部門資訊與資源分享整合之策略（Information Sharing System）來提升其治安之效能。而此策略亦為新興的國土安全概念的重要策略之一，也就是情資導向、公私部門資訊與資源分享整合之新治安策略。

肆、安全管理與危機管理之知識運用至國土安全的運作原則之上

　　在緊急事件的處理或所謂危機管理之處理原則之上，亦已發展出甚多之原則可供運用與研究發展，故根據安全管理之功能與新機制發展，可總結安全管理與危機管理應考量的三項基本運用原則如下：

一、**安全弱點分析之原則**（vulnerability）：亦即必須考量與分析可能外顯之危害標的之分析（exposure）。亦即確認個人或組織可能產生之外顯弱點，以便早做預防與安全部署，強化其有形或無形之安全措施。

二、**安全可能性威脅分析之原則**（probability）：亦即必須考量與分析危
　　害真正形成之可能性的比率（likelihood），以便提出防治策略及如
　　何於危害產生後的善後減輕受害之策略。而若根據前述外顯遭受危害
　　攻擊之弱點分析甚高，但該弱點目標乃位於低犯罪社區，或周邊安全
　　防禦措施甚周到之地區內，則其受害之可能性比率會相對的減低。

三、**安全嚴重性之關鍵點分析之原則**（criticality）：即考量與分析若真正
　　發生危害，則其對國家與社會可能產生影響之範圍與嚴重關鍵性之程
　　度，以便提出應對之整備與對策。[54]

　　故而，上述各種安全管理之原則與新研發之機制或技術，實可供
公、私部門與民間安全維護來援用與參考。亦可供國內、外學者專家在研
究國土安全機制之設置與發展時之參考資訊。至而其風險評估之核算，或
可用下列公式表示之：

　　各個基礎設施項目之風險係數＝安全之弱點＋可能性之威脅＋安全之關鍵點

　　而上述公式中之基礎設施之弱點（infrastructure vulnerability）、安全
可能性威脅分析，以及關鍵點分析等等之係數（coefficient），可根據各
個基礎設施之實際狀況之分析，給予加權之評等與分數，然後加以計算
之。亦即風險之評估為以上三種加權分數的成績，之後再加以評比相關係
數後，訂出該基礎設施風險之不同等級，而再加以適當的管理處置之。至
實際之評估、核算方法以及操作之模式，則必須以社會科學研究法中之研
究設計與統計分析，來建立起評估、核算之常模，並經過多次之研究與測
試之後，才能提高其模式運用之效度（validity）與信度（reliability），而
可供其他研究者或各個機構之援引與運用。

　　例如，可以由各該關鍵基礎設施機構，根據上述公式中之三項風險管
理之基本原則，設定各種基礎設施各別分項之評量表（例如，主建築物、

---

[54] Ortmeier (2005: 90-91). Also see Sennewald (2003: 196-198).

機電設備、供水設備、網路電腦作業系統、顧客服務設備與系統等等分項），並由各業務主管及承辦人員，對於各該分項中之變項（因素）加以評分。其中之評量計分方式可包括：1.弱點分析或可包括人為攻擊之脆弱點分析（爆炸、網攻或各種破壞之加權評量計分）與自然災害之脆弱點分析（水災、火災、地震之加權評量計分）等等；2.可能性威脅之分析則可包括門禁管制、監錄安全管理系統、備援與復原系統，以及地區安全性之分析等之評量；3.關鍵點之分析則可包括：經濟損失與重建之經費、遭破壞之後的可能傷亡人數、民心士氣的影響，以及替代可能性之評量分析與加權計分。之後再將其各個基礎設施之分項，經過上述三個基本原則之評量與加權計分後，得出各該基礎設施分項的總和之風險係數，並進一步予以分出低、中、高之風險等級，經此評量與加權計分程序，該組織之成員共同協力的找出風險之關鍵點，並加以管理之。

又國際警察首長協會（IACP）在2005年5月，有鑑於國際恐怖主義已嚴重危害到人類社會的安全，所以發表了一份白皮書，在這份白皮書中指恐怖主義雖在1990年代興起，但美國中央政府和地方警察機關均未及時擬訂因應的安全策略，一直到2001年911事件後，才警覺國土安全的重要性。因此，IACP呼籲警察機關應抱持五項原則來處理國土安全的問題，其五項原則如下：

一、所有恐怖主義活動都是地方性的：IACP清楚的聲明，任何實際的恐怖攻擊會發生在地方層級，而地方將會成為處理恐怖攻擊的第一線回應者。美國國土安全提議必須在當地的背景下發展，承認地方，而不是聯邦政府，當局的主要責任為對恐怖襲擊的預防、應對和復原。

二、預防恐怖主義攻擊列為第一優先：恐怖攻擊的預防的重要性應優先於任何國家、州、部落、地方的國家安全政策，而不是僅僅注重在應對和事後的復原。

三、社區安全即為國土安全（hometown security is homeland security）：警察機關為了社區安全而打擊傳統犯罪行為，當然也必須打擊恐怖主義攻擊行為，而且警察保護社區安全，同時也是保護了國土安全。

四、國土安全策略應是「全國性」的，而非只「中央性」的：IACP抱怨

地指出，美國2002年公布的「全國國土安全策略」（The National Strategy for Homeland Security）較偏重中央聯邦的作為，而未針對全國各地方、各警察機關的作為，且在擬訂該策略的過程中，亦未讓地方警察機關充分地參與，所以，今後在訂定國土安全策略時，應由下而上地擴大參與。

五、**地方警察機關的國土安全策略應因地制宜**：由於各地方治安環境不同，任何一項政策並非能適用在每一個地方（one size does not fit all），所以國土安全的策略訂定，應尊重多元的地方警察機關的特色，委由地方由下而上、因地制宜地去規劃和執行，而不要由中央下令實施一體遵行的策略。

至於國際城市、郡縣管理協會（International City/County Management Association, ICMA）亦曾提出一個最佳的國土安全政策，其亦可視之為運用安全管理與危機管理之知識，至國土安全的運作原則之上。其建議之國土安全管理運作之基本原則如下：

一、**減災**（mitigation）：為了有效率地減少未來的攻擊，警察需要能夠蒐集資訊、分析資訊，並分送給許多資訊系統。因此，為了預防未來將會受到的恐怖攻擊危害，警察被要求要找出合法的方法來蒐集、分析或宣傳資訊和情報，這樣的策略目標被稱之為「情報導向的警政」。

二、**準備**（preparedness）：主要在為恐怖襲擊做好充分準備秩序，當務之急是讓機構在事件發生前要先決定誰為負責機關。此外，大眾呼籲所有這類的緊急狀況應通過緊急行動中心（Emergency Operations Center, EOC）的概念來處理。緊急行動中心是中央指揮控制和負責執行緊急準備和緊急管理，或在緊急情況下災害管理的功能，並確保公司運作的連續性，政治細分或其他組織。

三、**回應**（response）：這是在恐怖攻擊的實際情況中進行溝通和共享信息的能力。值得注意的是，雖然此階段多聚焦在內部和跨機構的通信，但與公眾溝通更是被需要的。地理的資訊系統的運用是在回應階段中創新的方法，並將這些資訊提供給緊急事件處理中心的人員，以

及第一線的處理機關。

四、復原（recovery）：除了災害現場的清理工作、恢復公共服務和基礎
設施的重建等物質上的恢復，更包含了心理層面的恢復，如心理創傷
的復原。[55]

伍、國土安全相關私部門軍事產業的議題

有關國土安全相關私部門軍事產業（Military-Industrial Complex,
MIC）乃是指一國之軍隊與私有國防相關產業，以相關聯的政經利益緊密
結合而形成的共生關係。[56]軍隊過分仰賴私有國防相關產業提供之武器及
軍需，而私有的國防產業又企圖以政治遊說等政經手段，來確保其相關政
府預算的取得。美國此種共生關係由國防工業承包商（私有產業）、五角
大廈（國防部），以及美國政府（國會及行政部門）的要角所構成的聯合
壟斷。此聯合壟斷關係，以發戰爭財爲手段來獲取暴利，因而常與公眾利
益相背道而馳。例如，發動不需要、甚至有危害的戰爭或武裝行動，如此
在國際間可能引發不必要的軍事競賽及武器擴散。此種軍事工業的脫序發
展，主要來自於這種聯合壟斷的政經關係，其不受民主過程的監督及管控
的發展，將對國土安全之維護產生相當大的灼傷。因而所謂之「國土安全
企業」是否有誇大美國國土安全的威脅及災害，以藉此要求美國國會，給
予相關單位更高的預算亦是值得觀察。同時，其之管控與防止其聯合壟斷
之經驗，亦可爲其他國家發展國土安全策略時之借鏡與參考。

陸、關鍵的東西方接觸

國土安全維護新的策略與思維乃不應再用所謂「反恐戰爭」的字
眼，因爲要避免信仰與文化等意識形態上的仇恨、邪惡與不容忍，所可能

---

[55] Oliver, 2007: 118-127. Also see Kemp, Homeland Security: Best Practices for Local
Government.

[56] White, op.cit. (2012: 566-569).

造成之紛擾與衝突對立。誠然恐怖主義是全球性的威脅，然而如前節所述，恐怖主義者有不同之形成原因與背景，而且東西文化之差異與衝突，亦亟需有更積極與根本的方法去化解此類衝突。因此若能從族群、文化上相互的體諒與瞭解，或許能使得因為文化、社會與宗教等之衝突而造成之恐怖攻擊活動，自然地消弭於無形。而此新思維恰為歐、美等國提供反恐的新想法，其新思維與策略如本章第五節所述，尤以前美國歐巴馬總統為最典型之代表。然而其想法，亦成為反對黨攻擊與揶揄歐巴馬總統為無擔當之標的。因之，東西方社會多接觸、交流與瞭解或許為弭平恐怖攻擊的重要新策略與方向之一，誠然值得參酌與遵循。

第五節　我國國土安全因應之新方向暨本章小結

壹、我國國土安全因應之新方向

我國國土安全機制區分為「緊急應變機制」與「備援應變機制」。所謂緊急應變機制為一旦發生緊急事件，即可依平日制定的命令、應變計畫與體系，迅速加入救援工作。至於備援應變機制則以事故之性質、大小而間接啟動，兩者在平時即進行前置作業與事故預防處理工作。[57]

我國在對應恐怖活動的策略上，則首由行政院擬定反恐行動法草案（政府提案第9462號），其特點乃僅針對國際恐怖主義之危害行動，作20條特別法之條列式之防處規範。至於立法委員版本（委員提案第5623號）之特點乃以「美國愛國者法」為主要參考依據並分列成四章，作41條之更詳盡、廣泛之規範，並將人權之保障，例如比例原則、法律保留原則、目的原則、最小侵害原則等納入。另外，立法院有監督、審查及接受報告反恐成果之權，及增列公務員撫卹、被害人救濟、獎勵措施等條款列入附則之中。惟其仍未如美國之愛國者法之立法規範，因「美國愛國者法」乃以

---

[57] 陳明傳、駱平沂（民99：217-232）。

補充相關之一般刑法之條文為其立法之模式，而作千餘條（1016條）之周詳規範。[58]

　　我國之反恐行動法草案，對影響國家安全之恐怖事件之預防與應變等，向無整體之國家戰略與防制策略，缺乏反恐之整體戰略與防制策略。因此，在此政策不明之情況下，即草草擬定「反恐怖行動法」。該草案規劃之應變處理機制，仍以「任務編組」之臨時性組織形式為之，且該任務編組之決策與指揮執行系統與整合功能均集中於行政院長一人擔綱，是否負擔過重。另在恐怖事件處理之「緊急應變管理」（Emergency Management）與「災後事故處理」（Consequence Management）間之協調與分工機制也不明確，如何能於平時做好資源規劃管理、整備訓練，以及爆發危機時應如何發揮緊急應變與力量整合功能以維護國家安全；對整體反恐工作也未完整規劃設計，未能就恐怖攻擊對國家安全之影響，做嚴肅深入之審慎思考，令人懷疑擬定該「反恐怖行動法」草案僅是虛應外交或國際反恐運動之樣板故事而已。

　　若認真為整體性國家安全或國內公共安全考量，則應可從長計議，並於政府改造方案中將反恐與國家綜合安全之需求納入考量。並可參考美國國土安全部之設置，於政府再造工作中，推動國內公共安全機構重組改造，俾能有效整合國家安全資源與功能，真正能發揮反恐應變、維護國家安全與國土安全之功能。

　　總之，建構我國完整之反恐法制，不應只是強調快速立法，更應與其他現行法律一併檢視、整體檢討，在達到防範、追緝以及制裁恐怖主義分子目的，以維護國家與公共安全之時，並應兼顧人權保障，且能符合我國現實社會條件之需求與適法可行。否則，理想過高或逾越人權保障之藩籬，恐非制定反恐法制之本旨。

　　然整體而言，我國制定「反恐怖行動法」，除達到向國際社會宣示我國重視恐怖主義活動之效果外，究竟有無立法之急迫性，各界看法可能不

---

[58] Epic. org, US107th CONGRESS.

盡相同。我國反恐怖行動法草案，並未明確規範主管機關為何，未來可能形成爭功諉過之現象。該草案雖參考若干現行法之規範，但其中顯有諸多令人不解之不當類比模式，恐有侵犯人權之虞。911事件改變了許多民主先進國家，尤其是美國的人權觀，「愛國者法案」採取限時法之原則，顯示其並非常態立法。但仍有人擔憂會不會贏得了戰爭，喪失了自由。我國若只是為配合國際反恐，而任意侵犯人民財產權、隱私權，在無立即受害之壓迫感下，恐不易為民眾所接受。因此宜再深入分析探討國外相關反恐法制之得失，以作為我國制定專法或配套修法之參考。

　　綜上所述，就我國現階段而言，釐定一個反恐之專法，在整個國內政治與社會環境的發展進程，及國際社會中我國之地位與反恐的角色定位上，似乎未達到有其急迫性與必要性的階段。然立法院似乎在人權保障、公務員撫卹、被害人救濟、立法院之監督及反恐之法條規範上，較為全面與深入。不過，在過去數年中，政府與相關之學術社群，針對此專法之立法基礎與其內涵，進行了優劣利弊及跨國性之比較研究，對我國反恐法制的準備與其法理基礎之釐清，確實做了最充實的準備與事前規劃。故而，目前僅要在現有之法制基礎之下，及在恐怖事件達到一定程度時，運用前述跨部會之臨時組織，以個案危機處理之模式加以處置，應屬最適宜之措施。然而，我國於民國105年7月27日總統華總一義字第10500080971號令制定公布「資恐防制法」全文15條；該法第1條之規定，資恐防制乃為了防止並遏止對恐怖活動、組織、分子之資助行為，維護國家安全，保障基本人權，強化資恐防制國際合作特制定該法。[59]因此，我國雖未能制訂反恐之專法，然而卻於民國105年先行制訂「資恐防制法」以為因應防制資助恐怖主義者之行為。然而於民國108年6月19日立法院三讀通過國家安全法之修法，除了宣示國家安全維護納入網際空間，有關被中國大陸吸納為間諜者，可處七年以上有期徒刑，得併科新臺幣五千萬元以上一億元以下罰金。三讀條文規定，國家安全之維護，應及於中華民國領域內網際空間

---

[59] 法務部，全國法規資料庫，資恐防制法。

及其實體空間，防堵「網路共諜」。[60]因此，我國之國安法首次將國家安全之維護擴展至網際空間。

　　然而，爲了因應前述國際恐怖活動增加及國內災害防救意識提升，整備因應國土安全相關之災害防救、邊境安全、跨國犯罪，以及恐怖主義等有關議題，以達成強化安全防衛機制，確保國家安全的目標，近年來政府已陸續完成「災害防救法」、「民防法」、「全民國防教育法」及「全民防衛動員準備法」等相關法案的立法，行政院如前之論述，並已草擬「反恐怖行動法草案」送立法院審議之中，主要就是希望更全面的加強整合政府與民間資源，致力於提升整體安全防衛能力。行政院「反恐怖行動辦公室」，也在民國96年8月16日召開之行政院國土安全（災防、全動、反恐）三合一政策會報後，正式更名爲「國土安全辦公室」，作爲我國未來發展國土安全政策擬定、整合、協調與督導運作機制的基礎。之後，行政院又將民國95年6月3日訂定之「我國緊急應變體系相互結合與運作規劃」案中之「行政院反恐怖行動政策會報」修正爲「國土安全政策會報」，其中所設置之「反恐怖行動管控辦公室」根據其設置要點，亦一併修正爲「國土安全辦公室」。

　　至於我國之國土安全辦公室成立沿革，可分爲下列三個時期：

一、「反恐怖行動管控辦公室」任務編組（民國93年至96年）：

　　（一）民國92年1月6日訂定「行政院反恐怖行動政策小組設置要點」。

　　（二）民國93年11月16日「行政院反恐怖行動政策小組會議」召開第1次會議，會中通過「我國反恐怖行動組織架構及運作機制」（同年11月30日經總統核定），該政策小組全銜修正爲「行政院反恐怖行動政策會報」，並決定設置「行政院反恐怖行動管控辦公室」。

　　（三）民國93年11月22日由行政院秘書長主持揭牌式，正式成立「行

---

60 聯合新聞網，國安法修法三讀 退休軍公教淪共諜喪失並追繳退俸。

政院反恐怖行動管控辦公室」（民國93年12月31日院臺人字
第0930093033號函）。

（四）民國94年1月31日核定實施「行政院反恐怖行動政策會報設置
要點」。

二、「國土安全辦公室」任務編組（民國96至101年）：

（一）依據民國96年8月23日之院臺人字第0960090580號行政院函，
將「反恐怖行動管控辦公室」更名為「國土安全辦公室」。

（二）依據民國96年12月21日發函之院臺安字第0960095669號行政
院函，原「行政院反恐怖行動政策會報設置要點」業經修正內
容，並更名為「行政院國土安全政策會報設置要點」。

（三）依據民國99年3月30日發函之院臺安字第0990095083號行政院
函，修正「行政院國土安全政策會報設置要點」相關規定，將
國土安全之涵義及政策會報之目的，界定為預防及因應重大人
為危安事件或恐怖活動所造成之危害，以維護及恢復國家正常
運作與人民安定生活。

三、「國土安全辦公室」正式編制（民國101年）：行政院於民國100年10
月27日發布院臺人字第1000105050號令，頒訂組織改造後之「行政院
處務規程」，依據第18條規程本室成為行政院編制內業務幕僚單位。

（一）依據民國103年11月7日院臺安字第1030153009號行政院函，
原「行政院國土安全政策會報設置要點」業經修正內容，並更
名為「行政院國土安全政策會報設置及作業要點」。

（二）依據民國103年11月7日院臺安字第1030153008號行政院函，
增訂「行政院國土安全應變機制行動綱要」。

「行政院國土安全政策會報設置及作業要點」係我國推動包括反恐
怖行動在內之國土安全工作之政策依據；本次修正主要為配合行政院組織
改造、CIP機制、強化重大人為危安事件或恐怖攻擊應變組織功能進行修
正。[61]而行政院國土安全辦公室之業務則包括：1.反恐基本方針、政策、

[61] 行政院，國土安全辦公室，民國104年未發表之報告。

業務計畫及工作計畫；2.反恐相關法規；3.配合國家安全系統職掌之反恐事項；4.行政院與所屬機關（構）反恐演習及訓練；5.反恐資訊之蒐整研析及相關預防整備；6.各部會反恐預警、通報機制及應變計畫之執行；7.反恐應變機制之啟動及相關應變機制之協調聯繫；8.反恐國際交流及合作；9.國土安全政策會報；10.其他有關反恐業務事項。[62]

　　另者，如將反恐之作為，以危機管理之原理原則加以建構國土安全之防護機制，則亦可視之為另一種可行之對應策略。目前美國運用危機管理之原理，在國土安全的策略思維上有下列數項重點：1.國土安全已被提升至國家戰略層次，而且所謂的國土（內）安全與國際（外）安全之界線也不是那麼明確，而是有所重疊的；2.運用國家總體力量，加強政、軍、情等關係之優質發展，不再僅由治安或軍事單位因應新的危機或挑戰，而亦注意到中央與地方及私人企業、民間社區的整合力量與夥伴關係，共同參與、合作訓練並建立蒐集、處理與決策機制；3.加強民眾面對災變的心理建設及因應危機之意志，並建立因應各種危機狀況之標準作業規範。

　　至於，從美國911事件當中，我國亦可獲得若干值得借鏡之處如下：[63]

一、**落實情報偵蒐**工作：造成911恐怖攻擊事件的主因，乃在於美國的情報偵蒐單位不夠積極，未掌握恐怖組織內部情報及其活動之狀況。若僅憑國內安全檢查是無法扼阻恐怖分子之滲透。例如，以色列在阿拉伯國家環伺下，恐怖活動無日間歇。然由於其情報單位能確實掌握周遭國家及巴勒斯坦的情報活動，故恐怖活動始終未對其造成重大災難，所以我國首要的工作就是要落實情報偵蒐工作。而此亦符合後續第三章所論，國土安全警政時期（Homeland Security Era）之情資導向警政（Intelligence Led Policing）之要求。

二、**加強危機應變機制**：由於美國危機應變機制的妥善，雖然遭到911如此重大災難，但在遭襲後即迅速下令所有飛往美國的飛機轉往加拿

---

[62] 行政院，國土安全辦公室。

[63] 陳明傳、駱平沂（民99：285-297）。

大、關閉所有機場。其首先掌握美國領土的淨空與安全，接著關閉行動電話系統，阻卻恐怖分子可能無線電的遙控攻擊；再者是限制世界各國與美國的通訊，以阻止恐怖分子領袖的對內指示；最後關閉美加、美墨邊境，以防止恐怖分子逃離美國。此遭襲一小時內之處理應變能力是值得肯定的。另外，美國民間救難組織動員能力龐大，政府指導調派各義工單位得宜，災後兩小時內即有上萬救災人力展開救援工作。另者，美國各大媒體自制能力默契良好，災後48小時內未搶拍驚悚畫面，如人體殘骸及家屬反應等過度煽情鏡頭，避免激發全美人心不安及群情激動，或可能因而傷及無辜之阿拉伯裔的美國人。由於新聞管制得宜，使美國政府危機處理能順利接續展開，也使得後續的報復作戰行動保持較大彈性。如此一則稍抒民憤，另則保留自己爾後處理此類棘手問題之空間，深值我國決策者參考。

綜上所論，有鑑於美國911事件等國際恐怖事件的嚴重危害性，假如我國發生類似恐怖事件或周邊國家遭受恐怖行動攻擊時，我國現行處理危機事件的偵防、情蒐、通報、處理、後續搶救及復原等機制，可否在最短時間內迅速啟動及有效因應處理，並發揮預期的緊急應變及處置功能，頗值得省思及檢討與強化。

是以，國土安全經整合上述反恐之策略與災害防救之經驗，應可成為我國未來較完整與全方位的國土安全維護之新策略。而縱然各項災害的本質或各國國土安全之威脅容或不盡相同，但安全管理及緊急應變的邏輯與方法卻是一致與可以互相仿效的。

貳、本章小結

美國自從2001年911事件發生之後，遂透過相關立法程序，而於2002年11月立法通過成立國土安全部，以確保美國本土內重要設施與公民之安全，並在緊急時刻提供必要之公共服務與協助。因之，國土安全部組織之主要功能架構有，邊界與運輸安全（border and transportation security）、緊急準備與反應（emergency preparedness and response）、資訊分析與設

施保護（information analysis and infrastructure protection）、科學與技術（science and technology）等四大項目。

　　美國國土安全（homeland security）之概念較以往國家安全（national security）不同的是，國家安全較強調嚇阻恐怖事件、危機處理與事件因應，所使用之手段包括軍事、外交、情報、經濟與政治等，偏重於海外等國際事務之因應，對於美國本土恐怖事件之因應，缺乏指揮控制機構與跨部會充分溝通協調之機制。而發生911事件之後，於2002年7月公布國土安全國家戰略（National Strategy for Homeland Security），成為國土安全相關機制與組織設計之最高指導原則。因此國土安全的定義乃為，統合協調全國作為，以防範美國境內之恐怖攻擊、降低美國對於恐怖主義之脆弱性、減少恐怖攻擊之損害並儘速於攻擊後進行復原等等。因此國土安全是針對恐怖主義對於美國本土安全的威脅，藉由整合現有與國土安全任務相關之聯邦機構，並結合各州、地方、民間和人民力量因應之。意即強調美國本土社會與經濟安全，保護之範圍包括人民、重要設施與建築物等，故如前所述其較偏重於司法與社會安全的層面。

　　美國政府在國土安全之策略思維指導下，除了中央設置國土安全部外，更為了動員社會資源，成立了「國土安全諮詢委員會」，導入「風險管理」系統化的分析程序，可指出威脅將傷害之有形資產或個人的可能性，然後找出可降低攻擊風險並減輕其後果的行動方案。至於風險管理的原則，認知到雖然風險通常無法完全加以消除，然而加強保護以防制已知或潛在的威脅，有助於大幅降低風險。美國國土安全主要是以「第一時間之事件因應能力」、「生化恐怖攻擊之防護」以及「強化國境安全」等等為重點。且除了恐怖事件因應之外，為了善用資源與擴大國土安全之成效，其安全之措施希望亦能協助重大天災、疾病、人禍事件等之處理，並能維護與促進商旅貿易及其流通。至於前文所述各種安全管理之原則與新研發之機制或技術，實可供公私部門與民間安全維護來援用與參考。亦可供國內、外學者專家在研究國土安全機制之設置與發展時之參考資訊。至其風險評估之核算之公式：風險=安全之弱點+可能性之威脅+安全之關鍵點。此公式實際之評估、核算方法以及操作之模式，則必須以社會科學研

究法中之研究設計與統計分析，來建立起評估、核算之常模，並經過多次
之研究與測試之後，才能提高其模式運用之效度與信度，而其應可為各國
執法機關在執行國土安全相關任務時之援用與參考。而IACP以及ICMA等
機構所發表之最佳的國土安全政策等等之基本作為，其主要可包括減災、
準備、回應和復原等國土安全維護與運作之基本原則，亦甚值得參考與運
用。

　　然而，美國前總統歐巴馬就職之後，其國土安全與國家安全的整體策
略，顯然與上述布希前總統之策略有截然不同的考量與政策。其中，例如
其對回教世界喊話，表示美國人不是你們的敵人。也呼籲以色列和巴勒斯
坦雙方返回談判桌，以及對伊朗領袖伸出外交之手，請他們鬆開拳頭。歐
巴馬指出，他幼年時曾在印尼居住數年，也曾造訪許多回教國家，這些經
驗令他深信，不論宗教為何，人們擁有一些共同的希望與夢想。其表示要
對回教世界傳播一個觀念，即是美國人不是他們的敵人。雖然美國有時亦
會犯錯，不過若回顧以往，則會發現美國並非天生的殖民強權，而且在20
到30年前，美國還擁有回教世界的尊重與夥伴關係。

　　美國前總統歐巴馬亦曾於2009年6月2日正式展開了任內首次中東訪
問之旅，在開羅透過演講向世界上10億穆斯林表達善意，他的團隊充分利
用網路上的通訊工具，為總統的演說舉辦了一場現場網路轉播，並且以阿
拉伯文、波斯文、烏都文和英文免費發送關於演說的簡訊。歐巴馬呼籲穆
斯林世界尊重個人選擇宗教信仰的權利。開羅被認為是伊斯蘭教的思想與
文化中心，歐巴馬在這場演講中首先表達了他對伊斯蘭教的尊重。他特別
舉出了印尼為例，表示伊斯蘭也有寬容的傳統。該國是他就任總統之後所
拜訪的首個穆斯林國家，也是世界上最大的穆斯林國家。其並論述稱，每
個國家的人民應當享有選擇與有個人信仰的自由，多元宗教信仰之豐富應
當被維持，無論是對黎巴嫩的馬龍派教徒，[64]或者是埃及的基督徒，當地

---

[64] Baidu百科，基督教馬龍派（Ecclesia Maronitarum），是基督教中屬於東儀天主教會的
　　一個分支，五世紀早期由敘利亞教士聖馬龍創立。七世紀時正式形成教會，首任宗主
　　教是若望‧馬龍。現今馬龍派信徒全球大約有400萬人，其中在黎巴嫩有約100萬人，

之回教徒亦應予以尊重。當在呼籲穆斯林世界能夠給予更大的宗教信仰自由之同時，歐巴馬也表示，西方世界應當尊重穆斯林人民實踐他們信仰的方式。而雙方應當團結一致，共同應對暴力的極端主義，以便促進世界之和平發展。[65]

　　然而如前所述，時序進入2017年，「美國優先」乃是川普在其當選成為總統後，成為其政府的官方外交政策原則。在此種民族主義與不干涉主義的影響之下，川普在2017年就職之後，一連串的移民禁令直指向恐怖主義經常發生的國家。然而，美國雖然可以在武器裝備，提供並販售給他國以便打擊恐怖主義，但該國則必須處理自己國內的恐怖攻擊之問題，因為「美國優先」乃是川普政府最高反恐與國際政治的指導原則。

　　至於有關美國之愛國者法隨著2009年新的日落日期的接近，美國曾經採取了各種對應之措施，旨在處置因為此種遏制或取消這些條款中授予權力時之對應替代方案，然而卻沒有一項措施是成功。至2015年6月2日歐巴馬前總統簽署了參議院批准的「美國自由法」（USA Freedom Act）使之成為法律，取代了「美國愛國者法案」，並因而限制了政府蒐集資料的權限。這一修訂之法案，主要是為了回應史諾登（Edward Snowden）在2013年曝光之政府機關大量蒐集的電話和互聯網紀錄所致。該「美國自由法」規定，政府只有在向審理「外國情報監視法」之聯邦法院，提出公開請求後，才能查閱這些資料。

　　又自從2011年5月2日蓋達基地組織領導人賓拉登被擊斃之後，由哈馬斯[66]與真主黨（Hizballah）[67]接續於中東扮演舉足輕重之角色與功能。真

占該國人口約1/4。

[65] 陳明傳、駱平沂（民99：270-275）。

[66] 哈馬斯是1987年創設於巴勒斯坦的伊斯蘭運動組織和政黨。哈馬斯的主要目標就是將以色列從地圖上消除，並在現在的以色列、約旦河西岸以及加薩走廊等地區建立伊斯蘭神權國家。

[67] 真主黨乃自1982年由黎巴嫩人為了抵抗以色列侵占該國南部，在伊朗的幫助下成立的什葉派伊斯蘭政治和軍事組織。

主黨持續以其武力威脅黎巴嫩民眾。上述團體與伊朗及敘利亞保持良好的互動並有經費上之支援，並持續地執行國際恐怖攻擊計畫。在此同時，哈馬斯繼續的控制加薩走廊（Gaza Strip），對該區域造成不穩定之局勢。其並與加薩走廊為基地之相關團體串聯，在西奈半島地區（Sinai）走私武器、物資以及人口販運，獲取甚大之利益。至之後新形成之伊斯蘭國乃所謂之遜尼派民兵組織「伊拉克與敘利亞伊斯蘭國」。2012年，該組織從「伊拉克伊斯蘭國」（Islamic State of Iraq, ISI），改名為「伊拉克與大敘利亞伊斯蘭國」（The Islamic State of Iraq and Greater Syria, ISIS）。[68]其乃有伊拉克的「蓋達組織」之稱，為伊拉克的激進遜尼派組織。另前已述及，ISIS與ISIL指的是同一個伊拉克的激進遜尼派組織，而其對於全球恐怖攻擊之威脅，遂成為近年來各民主國家之最大隱憂。

　　至於2017年全世界恐怖攻擊與2016年相比，其總數減少了23%，恐怖攻擊造成的死亡總數減少了27%。雖然2016年至2017年期間，許多國家的恐怖攻擊事件有所減少，但這一總體趨勢主要是由於伊拉克的攻擊和死亡人數大幅減少之故。2017年在約100餘個國家發生了恐怖襲擊；然而攻擊事件在地理上非常的集中。在所有攻擊中，59%發生在五個國家，亦即是阿富汗、印度、伊拉克、巴基斯坦和菲律賓；70%的恐怖攻擊的死亡事件發生在五個國家，亦即是阿富汗、伊拉克、奈及利亞、索馬利亞和敘利亞。2016年至2017年間，綁架受害者和人質人數下降了43%。與往年相比發生了顯著的變化，亦即綁架受害者和人質人數急劇的增加，主要原因是每次恐怖攻擊事件之受害者人數，與以前相比相對的較多之原故。在肯亞、索馬利亞和英國等幾個國家，2017年恐怖攻擊次數和死亡總人數卻有所增加。以上全球恐怖攻擊之趨勢，乃引述美國國務院2017年反恐之年報，遂據此研究提出對於恐怖主義活動之警告，且全球每一個國家均應正視此問題並及早整備與提出對策，而我國自當應充分理解，並做好必要的整備。

---

68 維基百科，伊斯蘭國。

第二章
公私協力之國土安全新趨勢

陳明傳

　　二十世紀末之社會治安維護之主流策略之一，即爲公私協力的各類社會力與社會資源整合之新發展趨勢。歐美基督教義主導之社會與文化發展顯然成爲全球之強勢文化，然而中東阿拉伯文化主導之區域，其因宗教與人文之特性與石油、天然氣等原物料之豐富，遂產生各類之國際合縱、連橫，甚至因而發生衝突、戰端或恐怖攻擊。歐美國家在處理此類之恐怖攻擊策略雖多元，然而因爲二十世紀末之社會治安維護主流策略之新發展，遂將過去以公務部門爲主要治安維護功能角色之策略，調整爲公、私部門協力合作之新策略。例如，美國在二十世紀美、蘇兩強冷戰式微之後，逐漸強勢的主導全球國際關係發展，而因多次的介入中東之爭端而引來各種國內外之政府機構、軍事基地、駐外使館，甚至美國之海外商辦與美國遊客遭受到回教國家的報復式恐怖攻擊。至2001年911美國本土遭受嚴重之恐怖攻擊後，在國土安全的反省、檢討之中，其治安維護之策略更激發起國土安全新學術領域之研究發展，以及安全管理與維護更強調全民之參與和公私機構的協力與聯防之策略規劃。

第一節　國土安全概念在公私協力方面之發展與演進

　　回顧「現代警察」，從1829年在英國倫敦由皮爾爵士（Sir Robert Peel）之倡導而誕生之後，即一直強調先期預防之理念（crime prevention）。[1]而後之所以偏重於事後犯罪偵查被動的行政取向（reactive），乃受環境之變化（即強調效率與科技）及決策者思考方向之轉變所致。然而如前所述，英國至1990年代治安單位即因爲犯罪現象的詭譎多變與跨國性的發展，而嘗試以情資導向之策略（Intelligence Led Policing）及公私部門資訊與資源分享整合之策略（Information Sharing

---

1　Thibault, Lynch & McBridge (1985: 4).

System）來提升其治安之效能。至2001年911美國被恐怖攻擊之後，更促使了此種策略的全球快速發展。[2]而此策略亦為新興的國土安全概念的重要策略之一，也就是情資導向、公私部門資訊與資源分享整合之新治安策略。故而亦可視之為，英國現代警察創始者皮爾爵士之偵查與預防並重、警力與民力結合的經典哲學與思想再次被肯定，及再次主導全球治安治理的發展方向。而後者警力與民力的結合，遂成為當代全球治安治理的重要發展趨勢，亦為國土安全維護的重要策略與主軸之一。美國自2001年911恐怖分子攻擊紐約州的雙子星摩天大樓之後，其國內之警政策略即演變成應如何從聯邦、各州及地方警察機構整合、聯繫，以便能以此衍生之新策略，能更有效的維護國內治安。進而，又如何在此種建立溝通、聯繫的平臺上，將過去所謂的資訊或資料更進一步發展出有用之情報資訊以便能制敵機先，建立預警機先之治安策略，此即謂為情資導向的新警政策略。[3]911事件後，將「國土安全」任務著重於保衛本土免遭恐怖襲擊、強化國境與運輸安全、有效緊急防衛及應變、預防生化與核子襲擊；情報蒐集仍由聯邦調查局及中央情報局負責，但由國土安全部進行分析與運用。因為國土安全部具有統合協調全國作為，以防範美國國內遭到恐怖攻擊，降低恐怖攻擊之損害，並儘速完成遭受攻擊後的復原。因此，國土安全以預防恐怖活動與攻擊為考量，整合聯邦機構、結合各州、地方、民間之力量，以提升情資預警、強化邊境以及交通安全、增強反恐準備、防衛毀滅性恐怖攻擊，維護國家重要基礎建設、緊急應變與因應等方向為主。[4]

　　2007年蘭德公司國際暨國土安全研究部主任Brian Michael Jenkins，在眾議院撥款委員會的國土安全小組會議的國會證詞，提出「國土安全基本原則」（Basic Principles for Homeland Security），其內容要點如下：[5]
一、安全必須廣泛的界定：包括全力去防止、偵查、預防及阻止恐怖攻

2　Wikipedia, Intelligence- led policing.

3　Oliver (2007: 163-169).

4　Office of Homeland Security, July 2002, National Strategy for Homeland Security.

5　Jenkins, Brian Michael, Basic Principles for Homeland Security.

擊，減少傷亡及損害、快速反應修復及復原。

二、情報能力必須強化到地方政府層級，包括人力及訓練。

三、必須為先制性行動來檢討法律框架。

四、積極機先的方式（Proactive Approach）意味著犯錯的可能，必須全面檢視手段以便迅速改正。

五、我們面對一連串恐怖攻擊的可能場景，必須對防範的優先次序做出選擇。

六、恐怖攻擊無孔不入，所以安全必然是被動反應的，但它不意味著我們只能運用手段去打最後一場戰爭，以防止攻擊重複發生，而它不應造成過度反應。

七、資源的分配必須奠基在對風險的評估上，目前美國的戰略是走向由災難導向來決定。

八、在考慮恐怖攻擊的災難時，我們最迫切需要是如何在災後復原上做得好，尤其是經濟。

九、安全與自由並非是交換性的，安全手段可以與基本自由共容。

十、預防所有的恐怖攻擊是一種不現實的目標，我們的目標是防止攻擊，增加打贏的機會，增加恐怖主義行動的困難，驅使他們轉向較沒危害性的目標。

十一、必須教育公眾，幫忙公民們現實的評估恐怖災難及他們日常生活的危險，讓他們瞭解安全的工作及其限制，培育維安意識。

十二、國安安全計畫應該具有雙重或多重利益，改善我們危機管理能力及公共衛生基礎建設即為一例，即使攻擊沒發生也不會浪費。

十三、重點應放在發展地方政府能力，而非擴大聯邦計畫。

十四、新步驟應是提供一種安全網路，而不僅是把風險從某個目標轉到另一個目標。

十五、嚴格的成本收益分析並不可行，恐怖攻擊的代價很難量化。

十六、安全必須效率與效果並重，立即衝擊與長期影響並計。

十七、我們是有投資者風度之國家，科技可以增加效用，鼓勵創造性，並容許研究失敗的可能。

十八、科技不見得會減少必要人力，科技與情報一樣都需要大量人力支援。

十九、國土安全可以為美國年久失修的基礎建設提供一個重建的利基。

二十、繁瑣的安全措施的檢查與順利推行，其前提是必須先做好公民教育，其成功有賴於在一個互信的環境中才能產生。

二十一、國土安全的目標是反制恐怖分子及其想要製造的事端（其意指重大災難的心理衝擊）。故要達此目標，就需增加公民教育及參與。知識及責任感是最有效的反恐保護罩。

二十二、美國是一個有很多自願義工參與公共事務的國家，國會也曾引用此傳統精神，至民防自衛團隊（Civilian Reserve Corps）的立法。民防自衛團隊，亦可根據其專長而積極參與人為或自然災害的搶救。美國目前則有3億人參與此類之義工，並可為國家必須時之運用。

　　然美國追溯至1940年代，企業已建立了「民主的兵工廠」（Arsenal of Democracy）進而贏得戰爭。而至今日，他們正建立起「安全的兵工廠」（Arsenal of Security），亦即911之後美國正建置反應敏銳、設計先進的國土安全管理相關之產品，其更能縮短反應時間及挽救人命。國土安全需要創新及想像力，而商業則需要機會，亦即藉由做得更好所帶來的更多機會。它不只能帶給美國一個更加安全及無慮的國家，還是個充滿競爭力且繁榮富足的國家。

　　尤有進者，將公民一同考量在內並非是什麼新奇的想法，而是民主社會的基礎，其已條列於美國憲法中並藉人權法案加以闡明。因此必須強化其合作之相關知識及落實此方面之教育與推廣，以建立起互信、承諾，以及相互激勵的效用。公、私部門雙方都需要調整其策略，以降低因為過度的規範與隔離而產生相互之恐懼，及對於其各自獨有情資的過度保護或更造成利益的競爭，甚至因安全管理系統的妥協及不當濫用資訊而造成的傷害。在早期，當國家面臨到不同形式的危機時，林肯總統曾發表以下之感言：「我堅信民眾是善良愛國的。若能給予真實誠懇的說明，民眾是可以被信賴來共同合作對抗任何國家危難的。然其重點乃在於給予他們真誠的

事實說明。」

　　根據美國歷年的一些案例，可得知私部門愈來愈頻繁地介入國土安全部及中情局雙方提出的法案，而現在此類現象已漸次成為常態。不可諱言地，對於建立安全基礎建設的需求已不限於政府的情報活動，甚至進一步擴展到法人、研究實驗，以及學術領域，以上四者都擁有各自獨特的發展潛力，以鑑別各領域內的風險和弱點，其並擁有足夠的知識及技術潛能可作為其優勢發展區位。[6]

　　目前國土安全部最重要的通訊單位就是情報分享與分析中心，該中心是許多公共及私人企業的資訊樞紐。目前有許多情報分享與分析中心，都各別在不同單位或是集中一起。目前有十四個中心正在運作中，而其他的則處於發展中階段。這些中心致力與其他單位分享重要資訊及知識，也努力研究恐怖攻擊或其他災難。情報分享與分析中心的通訊聯絡，包括與其他情報分享與分析中心、政府部門，及受威脅的私人部門等。

　　政府與私人部門合作，負責通知重要公共建設之組織、政府部門及人民團體，其可能遭遇到安全之危害，或其他可能造成社會、身體、經濟受創的緊急狀況。情報分享與分析中心每天24小時運作，確保警報系統及威脅處理在準備狀態之中。

　　美國之資訊分享與分析中心群組乃源自於1998年第63號總統決議指令（Presidential Decision Derictive, PDD-63），其要求公眾的和私人的部分，以整合形成一個可能遭受實體的或網路的威脅、破壞的情資合作與交換平臺。進而來保護由布希總統於2003年之國土安全總統新的指令（Homeland Security Presidential Derisive, HSPD-7）中所指涉升級的重要公共建設。除了國防工業基地、郵政以及運輸業之外，ISAC建置成對所有重要公共建設完成資訊分享與分析之功能平臺。這十二個ISAC資訊建置之標的包含如下：化學領域、食品工業、水力、緊急火災服務、州政府之間的溝通聯繫功能、資訊科技、視訊基礎建設、研究與教育機構、電

6　Ward, Kiernan & Mabery (2006: 123).

力、能源、交通建設、金融服務機構、房地建築物等等。[7]

　　另外，美國在民間安全資源的發展上，亦受到經濟與社會的快速發展，而在近期展現其無比的安全管理之潛力。其中例如，安全管理的保全行業在北美，於早期即已非常發達，然而直到1970年才首次有正式的分析研究，即美國蘭德研究機構之報告面市，而其研究即由美國司法部資助。10年之後，則由Hallcrest公司發起第一屆大規模的保全學術研討會。但真正針對私人保全有系統性的研究，則由Stenning和Shearing在多倫多大學犯罪學研究中心所發起。這些北美的研究開始對保全的組織，包含：人員訓練、人事制度、法規、功能與服務等議題累積文獻。相對來說，英國的實證研究在初期已經非常豐富。

　　然而在概念和理論層面，保全的研究或可分為兩個派別。一派認為，保全之存在是為了補充或輔助警察的功能。Kakalik和Wildhorn解釋，私人保全的擴張是符合公部門警察的公益目的，乃因警察無法完全滿足日益嚴峻的治安需求；儘管填補了治安的真空狀態，保全仍然需要和警察維持一個功能上的區別，就是擔任警方「小夥伴」（junior partner）的角色。另一派，則是激進的評論者對保全擴張抱持著懷疑態度。Flavel把保全的發展視為公、私部門警力、民力間強力的連結，有可能會成為一支強大並可運用的警力。然而，911美國遭受恐怖攻擊之後，此類民間安全管理資源的運用與整合，卻亦成為值得且必須結合的力量。

　　另外，在《警政轉型—北美、英國與其他國家》一書中指出，未來新的警政制度將有兩項新發展方向。其一是，警察似乎不能成功地為自己界定角色，成為社區服務、執法者或是秩序維護者，而保全則是將這些以前免費的服務加以收費，僱用更多百姓來輔佐警察的職務；第二，這樣的非政府的社會安全管理力量，也打破了警察壟斷治安的現象。[8]

---

[7]　陳明傳、駱平沂（民99：130-131）。

[8]　Johnston (2007: 25-49).

美國保全業2005年總經費391億美元

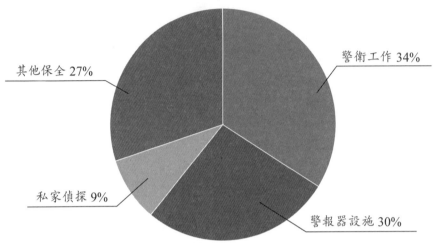

圖2-1　美國保全業花費之分布狀況

資料來源：國際產業研究機構The Freedonia Group, Inc.。

　　至2005年，美國保全業則約有390億美元的市場規模，其花費之分布狀況如圖2-1所示。足可見此保全業之人力資源，若能更有效的整合在國土安全的同一平臺之上，則對於國土安全之維護將有加乘之效果。[9]

第二節　美國公私協力之國土安全新發展概況

壹、美國「基礎設施警衛」組織

　　自1996年，在美國就已經有較爲具體與較有規模與組織的推展此類公私協力共同維護國土安全之措施產生。此種發展在以地方分權與重視民主、人權與隱私權自豪的美國社會，可謂是不得已的一大突破。而此發

9　陳明傳、駱平沂，前揭書（民99：148-150）。

展在2001年美國遭受到911恐怖攻擊之後，更是如火如荼地順勢地快速發展。1996年在美國俄亥俄州的克里夫蘭市（Cleveland, Ohio）就有聯邦調查局主導成立的所謂之「基礎設施警衛」組織（InfraGard）的單位成立；之後更發展為全國性之公私協力組織，並在每一個聯邦調查局的地區單位均設有一位協調官來聯繫與經營此組織。起初此組織乃為了結合資訊科技業、相關之學術界與各州及各地方警察機構來共同防制電腦犯罪，且僅為地區性之組織。然而之後逐漸的推展成全國性之組織，於2001年911遭受攻擊之後，更擴展至所有基礎設施（infrastructure）機構的協力合作之上。

於1998年，聯邦調查局更將此「基礎設施警衛」組織發展成全國性之組織，並且指定之前隸屬於該局之國家基礎設施保護中心（National Infrastructure Protection Center, NIPC）來專責承辦此業務。至2003年此中心併入911之後成立之國土安全部的基礎設施保護之部門功能中（Critical Infrastructure Protection, CIP）之後，聯邦調查局更將此業務轉由該局之電腦犯罪單位（Cyber Division）接手辦理相關之工作。然而，聯邦調查局仍持續建立公私部門之合作與信任，處理對抗恐怖主義、外國之相關情報，以及電腦犯罪。[10]而國土安全部的基礎設施保護之部門亦接續全力協助聯邦調查局的「基礎設施警衛」組織發展，並提供必要之情資等協助。然而2003年之後，聯邦調查局仍將「基礎設施警衛」之該方案，列入該局的支持與協辦之方案，並且密切的與國土安全部合作，持續地在國土安全部之基礎設施保護之部門中，扮演積極協助的主導之角色。並且相對的也運用此「基礎設施警衛」之功能，來遂行該局的反恐之任務。[11]

因之，「基礎設施警衛」是聯邦調查局與私營部門成員之間的夥伴關係。該組織為無縫的公私合作提供了一個工具，加快了資訊的及時交流，並促進了保護關鍵基礎設施相關議題的相互學習機會。「基礎設施警衛」

---

[10] Wikipedia, InfraGard.

[11] IWS-The Information Warfare site, Homeland Security Advisory System (HSAS), InfraGard Information.

在美國全國擁有數千名經過審核的成員，其成員包括企業高級主管、企業家、軍事和政府官員、電腦專業人員、學術界以及州和地方執法部門，每一成員致力於貢獻其行業特有的知識、見解和促進國家安全。[12]至今「基礎設施警衛」在八十二個地區性的「基礎設施警衛聯盟分會」（InfraGard Member Alliances, IMA）中大約有50,000名會員，參與「全國基礎設施警衛聯盟」（InfraGard National Members Alliance, INMA）之中。每個該地方性的聯盟都與聯邦調查局的各地辦事處有相互的聯繫。

各地區性的「基礎設施警衛聯盟分會」屬於非營利事業之民間組織，其與各地區之美國聯邦調查局聯繫與合作並且有定期的開會，討論相關之安全議題或者舉辦教育訓練等。各地區性的「基礎設施警衛聯盟」有管理之委員會以及主委，來管理各地區之該聯盟。而且地區之聯盟分會可以從聯邦調查局，以及「全國基礎設施警衛聯盟」得到下列之協助：

一、可以獲得聯邦調查局與國土安全部相關問題的諮詢服務，以及該等機關的情資通訊、安全之分析報告，以及基礎設施脆弱點之分析報告等資訊。

二、可以獲得聯邦調查局以及相關之政府機關，提供給地區聯盟組織之各類資料。

三、各地區之聯盟可與聯邦調查局、相關之政府機關或者私部門的各種安全維護之專家，直接的接觸聯繫。

四、可直接進入會員才能使用而由聯邦調查局提供之網路系統，查尋該局最新之相關情資，並可運用或分享基礎設施的防護與評估之資訊。

五、可以聯繫或接觸基礎設施防護的數千位相關領域之專家、學者，並能及時的獲得或者分享基礎設施受威脅之情況，以便取得及時之協助與諮商。此服務成為各地區聯盟最主要的效益之一。

六、可獲邀參與地區性或者全國性的「基礎設施警衛」之會議或活動。[13]

全美國富豪排行前500大的公司（the Fortune 500 companies），至少

---

[12] InfraGard, About.

[13] InfraGard, Connect to Protect.

有400家以上之公司參與了這個「基礎設施警衛」組織。在2005年，約有11,000名會員加入，然而時至2019年3月包括聯邦調查局之人員，已超過50,000名會員參與。聯邦調查局更爲了促進此組織之發展與公私部門合作與信任之效果，將每季舉辦與各私部門或機構之合作討論會議，於911恐怖攻擊之後則多加三倍的舉行該會議，亦即增加成每個月舉辦一次。在會議中聯邦調查局、地方治安機關、資通安全專家，以及私部門代表，充分的交換有關安全之資訊與經驗。聯邦調查局更聲稱網路攻擊並非是虛擬之故事，因爲在某些產業網路受到攻擊是每天都會發生的事件。在一個CSI/FBI survey與聯邦調查局實證調查產業之網路安全的研究中，約有90%接受調查之樣本稱過去數年之中曾有網路安全與遭受網路攻擊的情事發生，並有一定的經濟上之損失。然而，其大部分均不太願意向有關機構報案或公諸於大眾；其原因乃爲避免競爭對手藉此擴大此事件，而毀壞其商譽以及客戶之信賴。因此，聯邦調查局建議此類私部門或公司應請求「基礎設施警衛」組織之諮詢或協調人員予以協助，並分享此訊息以便預防此類事件的再次發生。惟取得互相的信任是最難以突破的關鍵點，而「基礎設施警衛」組織之諮詢人員卻聲稱，只要私部門或公司選擇與他們合作的情況下，他們就可以在分秒之間立即提供防制之措施或建議。[14]

因而「基礎設施警衛」組織之功能則已包含國防安全、政府安全、銀行與金融安全、資訊與通訊安全、郵務與船務運輸安全、交通運輸安全、公共衛生安全，以及能源安全等之關注。至於其與個人資料之接觸與使用，也已經涵蓋大部分個人之資料。例如，電話與網路使用者之資料、個人醫療之資料，以及銀行與金融之個人資料等。然而，此種公私協力的全面性發展，亦引起憲法保障人權與隱私權之疑慮。「美國人權協會」（the American Civil Liberties Union, ACLU）警告稱，此「基礎設施警衛」組織可能易於接觸私人機構的客戶個資系統，使得擁有百萬客戶個人資料的私人公司，成爲聯邦調查局監視民眾的眼睛與耳朵。[15]因此亦有此

---

[14] InfraGuard - technical definition.

[15] Wikipedia, InfraGarrd.

一呼籲稱，聯邦調查局與「基礎設施警衛」組織在運用此類個資或提供、分享訊息時，必須有一定之規範與管理措施，以便保護其會員與該會員相關客戶之隱私。並且政府與社會有責任創制一個機制，來監督這類可能假國土安全之名，而行破壞個人隱私與民主、自由之實的策略。[16]

貳、美國國土安全在公私協力發展方面其機制與功能之新建置

自2001年美國遭受到911恐怖攻擊之後，就積極的制定愛國者法、國土安全部之立法以及聯邦航空安全相關之立法（federalized aviation security）；為了回應國會之國土安全之關注，美國政府亦更為周延與更全方位的將安全問題擴及私人企業與機構的參與與合作之上。然而在2010年美國審計署（General Accounting Office, GAO）調查報告顯示，48%接受調查的公司行號或機構聲稱並未收到國土安全部年度安全報告之相關資訊；60%受調查者稱從未聽過國土安全部情資網路關鍵機構之入口網站（the Homeland Security Information Network Critical Sectors portal, HSIN-CS），此入口網站可提供關鍵基礎設施之機構的相關安全情資。故而顯示了幾個問題點：1.關鍵基礎設施之機構放棄了它專業的權責，它有責任去瞭解與認知有此一資訊取得之入口；2.雙方缺乏協調與合作，國土安全部與私部門缺乏聯繫。因而，也會產生以下幾個問題：(1)當危害產生時，均會擴及於每個地區，地方私人機構亦會受到波及；(2)建立起全方位之網絡聯繫管道，只要向外取得聯繫，到處都有相關之人員、機制、管道或會議足以取得合作或資源。[17]

另外，如前所述，雖然聯邦調查局早自1996年就有自地方建制公私協力之組織與機制—「基礎設施警衛」組織，惟僅止於網路安全相關之產業對象。故而2004年美國國會預算署（Congressional Budget Office）

---

[16] Barnett, Infraguard: FBI deputizes corporations to enforce martial law.

[17] McCarter, 2011.

在國土安全與私人部門的預算報告中（Home Security and the Private Sector），即建議應該將國土安全公私部門之合作與協力之關係，擴及民間核能工業、化學與危險物質之產業、電力產業，以及食品與農業產業；然而根據此報告，私部門運用在防制危害之投資較政府部門少，且關注程度不如政府部門高，其原因乃私部門受到影響程度，不如政府與整體社會之影響來得大且深遠，而且其改變場區或其流程之避險期程，亦較政府或社會快速，因此投入資源之誘因自然就較低。然而，政府與整體之社會因此所造成之危害卻難免會被波及，因為民眾對於危害之產生與如何避險，其資訊又不如私部門來得全面與迅速。民眾因而所受到損害之賠償也會求告無門，因為私部門亦是受害的一方，破壞者又難以立即查明之情況下，不知如何求償。基此，私部門似乎有社會與道義之責任，及早投入做預防的工作。故而2011年國土安全部之私部門之資源目錄的分析報告中（Private Sector Resources Catalog 3），更進一步建議應擴及各類私部門與社區的融入與資源的整合。其中所論及涵蓋衛生保健、爆裂物、化學物質、水庫、危險物品之運輸、住宿與零售商、陸路運輸、水上運輸、大眾運輸與鐵路、新聞媒體、核能、航空與貨運、詐騙與仿冒、邊境安全、網路安全、恐怖主義防制等安全的議題，以及因而產生之人權與民主與國土安全未來之研究與發展等議題。今僅分別略述數項較重要之機制或新發展如後，以便理解國土安全維護在公私協力與資源整合方面有哪些可行或可資借鏡之策略與方向。

一、美國在國土安全之公私協力之總體發展概念

在2004年成立之美國國土安全與國防安全委員會（the Homeland Security and Defense Business Council）之會議中論及，美國國土安全無法由政府單獨來達成，必須由政府與全體國民合力共同來完成。該委員會在2011年9月10日，所發布之計畫中稱，國土安全必須以共同合作且多層次的由地方、州、聯邦等政府結合一般民眾、企業、非營利組織、關鍵基礎設施之機構，以及提供安全資訊科技與服務的安全管理產業者共同的合

作，才能發揮其真正之效果。該委員會近10年來密切的與私部門研究討論與規劃未來合作之策略與模式。自從2010年9月之後的每個月的10日，該委員會均會出版一冊國土安全維護的專論，提供給相關單位之運用與參考，並可從該委員會之網頁上查尋該專論。[18]而國土安全部也一再說明，公私部門合作對於國土安全維護之重要性，並且成為政府與民間合作的最重要平臺之一，本章將於後述之文章中論及其方案、計畫與功能。

至於各州之層級亦有公私協力之發展，以密蘇里州為例，其推出所謂「密蘇里公私夥伴關係」（Missouri Public-Private Partnership, MOP3）之方案，即以機先預警之預防措施（proactive approach）來結合社區與私部門之資源，共同來維護該州之安全。即以公私部門資源之整合來保護民眾與關鍵基礎設施之安全，並於事件發生之後能有迅速復原之整備。這個方案是在密蘇里州國土安全諮詢委員會（the Missouri Homeland Security Advisory Council, HSAC）之下設置。其最近所推出之合作計畫，則例如企業資源執行資料庫之概念（Business Emergency Operation Cell, BEOC），提供私部門之專家（即關鍵基礎設施內之專家）或資源來共同處理災害、登錄其安全管理之專才或資源等的資料，使其成為處理災害的人才資料庫或行動之資源，隨時可以派上用場，共同處理災變。其方案包括下列幾個重要之程序：1.確認緊急應變之資產或資源；2.情報與資訊融合中心（fusion center）的設置；3.企業資源執行資料庫之成立與運作；4.提供國土安全與自然災害之訊息予私部門；5.立法課責私部門在處理災變之責任，及參與處理災變的減輕或免除其責任的立法。[19]

二、民間之核能安全管理

核能工廠或核能原料廠的製程或運送，甚而核廢料之處理都有遭受破壞或攻擊的可能。於美國境內之核能事件與在外國遭受恐怖攻擊核能廠區

---

[18] Homeland Security News Wire, Public-private partnership in homeland security.

[19] Missouri Office of Homeland Security.

之案件，都顯示出對於環境與社會產生長遠之破壞，其損害往往超出原來核能之價值。例如，賓州三哩島核能外洩之事件，其經濟的損失超過20億美元。其中，包括核能之損失、環境之復原、社區民眾健康之傷害等。美國核能管理委員會（the Nuclear Regulatory Commission）管制民間核能的安全問題；能源部（Department of Energy, DOE）則管理核廢料的處理，及資助核能處理技術之研發。

至2010年上述國土安全部的報告中，有關民間核能安全方面之管理發展方面，有核能部門之總覽（Nuclear Sector Overview），包括：核子反應爐、核能物質、核廢料等方面資料、責任、角色與活動的查詢。核能部門自發安全計畫（Nuclear Sector Voluntary Security Programs），提供民間現有核能部門自發性安全計畫之各類規劃與資訊，以及復原產品或救援計畫之查詢。偵查輻射之焦點機構之白皮書（Tracking of Radioactive Sources Focus Group white Paper），偵查輻射之焦點機構為隸屬於核能部門與政府協調委員會（Nuclear Sector and Government Coordinating Council）的專責查察機制。此機制乃公私部門合組之查察輻射問題之工作團隊，其功能乃運用各種技術來評估及查察全美國輻射相關之問題與危害，並將其查察結果製成白皮書供相關單位參考與處理。國土安全部核能基礎設施保護部門（Who's Who in DHS Nuclear Sector Infrastructure Protection），為國土安全部與民間核能機構之協商與對口之單位。

三、化學與危險物質之安全管理

化學與危險物質其廠區之安全與運送之安全均非常的重要，因為它不但會引起火災及空氣汙染，而且在運送當中經常會經過人口密集的都會區。同時因為其巨大之破壞性，因此往往被有心人士運用成為攻擊的武器。美國易燃性之石油化學工業仍集中於少數的企業集團，易燃性之硝酸鹽類化肥料亦存放在全美國上千家的肥料公司，均很容易被取得並製成為武器。然而某些有毒之物質若透過水利與空氣的擴散效應，則其損傷可能比前述的易燃物質更大。例如，某些公司或運輸工具所使用之氨氣

（ammonia）與氯水（chlorine）就可能產生較大之傷害。因此，美國聯邦政府鼓勵廠商對於此類物質之管理與資訊能多予聯繫、合作與分享；並且能有些應變之準備計畫。其中包括：1986年由聯邦立法之緊急應變計畫暨社區認知權利之法案（Emergence Planning and Community Right-to-Know Act of 1986），規定廠商做好有毒物質外洩的緊急處置計畫，提供地區之分裝或處理人員相關之防災資訊與計畫，以及若有狀況必須立即知會當地公職人員的責任等；以及1990年乾淨的空氣修正法案（Clean Air Act Amendments of 1990），賦予環境保護機構必須監督經營此類物質之公司的安全與危機管理的狀態，並監督與評估此類物質之危險臨界值之責任。至2010年國土安全的報告中，對於此類問題之處置更是多元的發展。其中包括有：設置化學機構安全之報告專線（Chemical Facility Security Tip Line），對於該公司或其他公司有違反化學機構反恐之建置標準之規定（Chemical Facility Anti-Terrorism Standards），提出報案需求。而如果已經發生危害則可向國家基礎設施協調中心報告（National infrastructure Coordination Center）。國土安全部之化學物質分析中心（Chemical Security Analysis Center）提供一些有毒物質可能之危害之資訊與分析之服務。線上之化學安全評估之工具之服務（Chemical Security Assessment Tool）。化學安全規範之協助服務（Chemical Security Compliance Assistance Visit），對於前述之「化學機構反恐之建置標準」有需求之公司，提供進一步之合乎該標準之規定與訊息。化學物質高峰會（Chemical Security Summit），包括國土安全部相關之官員、國會議員、政府部門相關代表，以及業界之代表等討論化學安全之對策與發展。國土安全部化學部門特殊局（the Chemical Sector-Specific Agency）資助兩年一次的研討會，由情治單位提供化學物質相關公司之人員有關實體與虛擬之威脅，以及其有興趣之相關議題之研討；同時與私部門合作提供一些免費與自願參與訓練之課程，以及提供相關之出版品供參考。化學貯存機構之緊急應變整備計畫（Chemical Stockpile Emergency Preparedness Program），是由美國緊急救難署—飛馬（FEMA）與陸軍合作對於陸軍化學貯存單位周遭之社區安全提供緊急應變之整備與協助。化學機構安全管控之資訊系統

（Chemical Sector Industrial Control Systems Security Resource）暨化學機構安全檢測之指標（Chemical Sector Security Awareness Guide）國土安全部與化學企業公司合作，整合了其相關豐富之訓練與參考之資訊提供廠家或使用者相關之安全管理訊息，以及化學物質安全檢測之標準。

第三節　我國國土安全在民間相關資源之運作概況

　　我國將反恐辦公室擴大成立為「國土安全辦公室」進行「災防、全動及反恐」三合一，其方向應屬正確。然而，我國不論是「行政院組織法」之修正草案中，曾研究設置「內政與國土安全部」，乃至於是否能有效達成統整「國土安全」執法之任務，均有努力之空間。

　　在資源有限的臺灣，對所有災害做重複或沒有效益的投資，可能是另外一種面向的災害，「他山之石」是管理上最好的學習方式，美國911事件過了11年，而其國土安全部成立亦近9年，其負責國土安全的政府組織是否有足夠的能力來確保安全，不論風險來自災難性事故，還是天然災害或恐怖主義？我國國土安全之工作重點在於災害發生前之預防、整備、計畫研擬、協調及演練，災害中快速有效之搶救能量的訓練，進而在災害後積極進行有效復原工作。在應變時應注意有關情報蒐集與分享、通訊整合與資源共用等。[20]而在民間相關資源之運作方面亦有一些初步之整合，今略論之如後：

壹、社會安全管理之新發展概念與我國之近況

　　社會安全之維護與治理，本就有源遠流長之公私部門及民間合作之

---

[20] 陳明傳、駱平沂，前揭書（民99：23-24）。

歷史與機制。在中東地方，早在西元前1700年的埃及與中華民族於西元前1400年之前，即有此記載。希臘及羅馬帝國時期，於西元第三、四世紀警察即替代軍人執行治安之任務。[21]故而安全管理之知識與其之運用，是與日俱進且不限於特定之型態的。

　　行政院研考會於2005年下半年開始推動風險管理，由於風險是潛在影響組織目標之事件的發生機率和影響程度，缺乏或不當的風險管理往往導致危機。反之，適當的風險管理或安全管理，可以幫助政府部門預防危機的發生。即使發生，損失的幅度也會受到較大的控制，轉而回到安全的境界，常言「危機即轉機」就是這個道理。由此可知，安全是可以透過管理而得到。

　　而我國安全管理的未來發展策略應著重於下述各項之發展：1.安全管理全民化；2.安全管理網絡化；3.安全管理科技化。進而社會治安是國土安全的基礎，未來若能落實建構社會安全管理的機制，將能使民眾更安心、社會更安定和國家更安全。[22]總之，推動社會安全管理機制，運用民間資源投注社會安全，可形成改善治安助力。如能由政府高層帶動產、官、學之合作，實可為強化治安之希望工程注入可長、可久之活水；亦可因為此種社會安全網絡之完整發展，而促使國土安全公、私部門資源與情資整合之建構早日成形。[23]

　　行政院於2005年曾提倡之六星社區總體營造之政策主軸（main theme），其構想如圖2-2所示，[24]其計畫首先推出雙星啟航之子計畫，而其中則即以治安為其中之一星。本計畫乃緣起於前行政院謝長廷院長鑑於健全之社區實為臺灣社會安定的力量，為宣示政府推動社區發展之決心，提出「臺灣健康社區六星計畫」，以產業發展、社福醫療、社區治安、人文教育、環境景觀、環保生態等六大面向，作為社區評量指標，同時

---

[21] Kovacich & Halibozek (2003: 55).

[22] 朱金池（民97）。

[23] 陳明傳、駱平沂，前揭書（民99：40）。

[24] 中華民國社區營造學會（民94）。

為促進社區健全多元發展，針對社區所提出之發展目標及配套需求，整合政府目前相關部會既有計畫資源，分期分階段予以輔導，協助其發展。於圖2-2中，此新的警政經營模式，與傳統專業化警政（Professionalism）（如圖2-3所示），最大的不同乃在於，將原來警察居於中間主導的地位抽離，定位為仍然是治安的主要負責角色，但已與社區內各類資源或機構居於對等，但互為協力的整合關係。亦即，警察僅為社區治安的諮詢者（consultant）、教練（coach）、導師（mentor）、觸媒者（catalyst）、夥伴（partner）、聯絡者（liaison officer）的角色與功能定位，其最主要的作用即整合社區內各種資源，來有效的共維治安，而非單打獨鬥式的一肩挑起傳統專業化警政揭示之功能；而此發展亦與全球社區警政（Community Policing）、問題導向警政（Problem Oriented Policing），或品質警政（Quality Policing）之新趨勢相符。

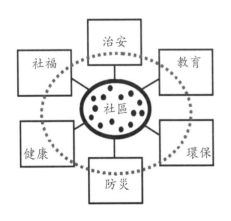

圖2-2　社造導向新的警政模式

資料來源：中華民國社區營造學會，民94。

圖2-3　傳統社區警政的模式

資料來源：中華民國社區營造學會，民94。

　　至其發展重點，即以政府各部會與地方政府各局、處建立其合作之整合平臺，而政府與社區及民間之資源間，亦建立起合作與共生（symbiosis）之平臺。筆者有幸代表警察大學參與其會，深感其政策之正確性，以及有執行之高度可能性。而此亦為全球管理趨勢之重要原則之

一，亦即藉此資源整合之機制（integration），期能結合社會各階層之精英，共同為建立臺灣成為美麗之家園，而齊心努力。而警察大學犯罪防治研究所及行政管理研究所曾有數篇碩士論文，對我國本土之守望相助作實證性之研究，其重要之研究發現，例如本土性社區巡守隊在主觀的評量上獲得肯定。亦即居民、巡守隊成員及員警均認為社區巡守隊具有防治犯罪的功效，結果亦顯示巡守隊有提升居民治安感受及降低犯罪危懼感的功能。客觀的評量上，巡守隊的實施並沒有明顯降低當地犯罪發生率。該等研究認為，與政策的執行面有關，即巡守時段、居民對社區巡守隊的認知與參與等因素，均是影響巡守推行成效的重要因素。[25]而社區民眾對於警察組織及社區之認同，及社區民眾相互之間的信任感之建立，才是守望相助功能能否成功建立的最重要基石。[26]另外，社區安全體系之相關法令更周延的立法，資源更多元而有效的整合，及警察政策，即「社區警政政策」的配套調整與真正的落實執行，才能真正落實民間資源之運用與提升整體治安維護之效益。

惟我國如何因應此種治安治理策略民間化發展之趨勢？基層員警應妥善整合各式的民間資源，以地區治安之意見領袖自居，並結合社區委員會、學校機關警衛或訓導人員、守望相助等現有之民間力量，適時的聯繫與組織，發揮地區治安的樞紐與觸媒作用。另外，亦以家戶訪問代替勤區戶口查察，主動介入社區各類活動。如此，表面上是聯絡感情為民服務，實際上可達治安情報蒐集及結合地方民力的作用。當然，在各社區、團體或大、中、小學，輔導其成立警衛社團，或許是一種很好的開始。據相關之調查研究顯示，基層警察對於民眾服務有著強烈的使命感，並咸認為警察的功能應包含「服務」與「執法」兩者。在服務方面，要求深入民眾、瞭解民眾需求；而在執法方面，則要求科學化分析犯罪類別與犯罪熱時、熱點；即透過此種科學化的分析達到民眾的需求；並在整體警力規劃方面，肯定社區巡守隊與警民連線的功能。但是這兩個機制的成立，最重要

---

25 謝文忠（民90）。
26 謝玟妃（民93）。

的因素在於「經費」與「民眾自決」；警察只是單純配合，並不做深入性的介入與指導，避免民眾誤會警察公共性功能喪失。故而，善用及謀合各種社會資源，共同維護社區安全，遂成為警察勤務改革的重要課題，切不容小覷其功能與效應，宜隨時代之變遷而多元的研發與推動。

我國實務單位推展本策略，即建立社區安全維護體系之具體作為如下所示：1.成立守望相助隊；2.設置錄影監視系統；3.劃設校園安心走廊；4.社區治安區塊認養；5.發行社區治安報導；6.提供防竊諮詢服務；7.提升社區自我防衛能力。至其所研發之自我診斷表，如表2-1所示，可得知其策略之梗概。至表2-2之社區治安績效目標及具體執行情形表，則可瞭解我國民力資源整合之實際狀況。[27]

表2-1　社區治安自我診斷表（社區凝聚力評量項目）

一、社區內團體運作（各單項5分）　　　合計50分		自行評分 1-5（優）
1.	成立管理委員會或社區發展協會（若無，接續第3題）	
2.	若有，其運作正常良好	
3.	成立社區守望相助隊（若無，接續下檢測項目二）	
4.	若有，其運作正常良好	
5.	定期參加政府舉辦之守望相助隊評鑑工作	
6.	社區內關懷網絡之建立	
7.	社區內各類社團之建立	
8.	社區內各項資源的連結	
9.	社區居民對各項活動之參與度	
10.	社區居民對公共事務的參與度	
	評分小計	

---

[27] 內政部警政署（民96）。

表2-1　社區治安自我診斷表（社區凝聚力評量項目）（續）

二、社區認養制度（各單項5分）　　　　合計25分		自行評分 1-5（優）
1.	成立警察聯絡服務站	
2.	成立愛心超商	
3.	校園周邊組志工推行護童服務（學童上、下學安全）	
4.	規劃其他認養社區區塊服務	
5.	居民外出申請舉家外出加強巡邏服務（警察認養）	
	評分小計	
三、其他（警民互動關係）（各單項5分）　　　合計25分		自行評分 1-5（優）
1.	定期召開社區（大樓）治安會議活動	
2.	定期公布社區事務、社區報，讓地區居民瞭解	
3.	勤區員警、派出所所長是否認識	
4.	地區警察參與社區活動踴躍	
5.	警民關係	
	評分小計	
評分總計		

資料來源：內政部警政署，民96。

表2-2　社區治安績效目標及具體執行情形表

項次	策略績效目標	主辦部會	衡量指標	年度目標值	實際達成目標值	年度達成率
一	輔導建構治安社區	內政部	輔導建構社區數	369個	369個	100%
二	輔導守望相助隊經常運作	內政部	正常運作隊數	369隊	369隊	100%
			培育巡守員數	4,428人	16,570人	374%

表2-2　社區治安績效目標及具體執行情形表（續）

項次	策略績效目標	主辦部會	衡量指標	年度目標值	實際達成目標值	年度達成率
三	規劃辦理社區治安教育宣導	內政部	內政部辦理場次	4場	7場	175%
			輔導縣市政府辦理場次	25場	25場	100%
			輔導社區組織辦理場次	369場	1,064場	288%
評分總計						

資料來源：內政部警政署，民96。

貳、我國國土安全管理相關新機制之發展近況—公私協力之相關機制

　　我國國土安全機制區分為「緊急應變機制」與「備援應變機制」。所謂緊急應變機制為一旦發生緊急事件，即可依平日制定的命令、應變計畫與體系，迅速加入救援工作；備援應變機制為事故性質、大小而間接啟動，兩者在平時即進行前置作業與事故預防處理工作。[28]

一、全民防衛動員準備體系

　　「全民國防」為我國國防的基本理念，「全民防衛動員準備機制」是實現此理念的具體作為。國家總動員是一國政府於戰爭時期或非常時期，為集中運用全國之人力、物力、財力，以增強國防力量，達到戰勝敵人目的。所以，對於國家的人力、物力等各項資源加以組織運用，使國家可以由平時態勢，迅速轉換為戰爭狀態，方能有效發揮國家整體力量，以適應國家總體戰爭的需求。在中共不放棄武力犯臺的安全威脅之下，「全民國防」的具體實踐是對抗中共武力犯臺的致勝之道，且基於戰爭型態與軍事

---

[28] 陳明傳、駱平沂，前揭書（民99：237-243）。

科技的發展，未來戰爭是一種「快節奏」、「殺傷力強」、「高消耗」及「高成本」的武力衝突，故人員、物資等各方面的戰耗補充更顯其重要，而一完整、有效的動員體系與架構即為動員成功的關鍵。

　　全民防衛動員準備業務，係由「國家總動員綜理業務」調整轉型而來。民國81年政府宣布終止動員戡亂時期，原來國家總動員之依據—「國家總動員法」納入備用性法規（民國93年1月7日總統業已公布廢止），致我國之動員諸項工作因為失所依附，造成動員工作有許多窒礙難行之處。國防部為因應此勢，乃建議行政院以「全民防衛動員」之名稱取代「總動員」，並於民國86年頒布「全民防衛動員準備實施辦法」，將原「國家總動員」業務全面調整為「全民防衛動員準備」業務機制。惟「全民防衛動員準備實施辦法」之位階僅為行政命令，依據「中央法規標準法」規定，「關於人民之權利、義務應以法律定之」，而全民防衛動員準備業務中諸多涉及人民權利、義務之事項均難以依行政職權命令規範，使其運作迭遭質疑，影響執行成效。

　　鑑於動員準備工作平時須對民間團體、企業進行動員能量調查。演習驗證時，必須運用民間之資源、財物乃至操作該財物之人員等，必然影響人民之權利、義務。民國89年1月29日總統公布「國防法」，其中第五章為「全民防衛」專章，第24條中明定：「總統為因應國防需要，得依憲法發布緊急命令，規定動員事項，實施全國動員或局部動員。」同法第25條亦明定：「行政院平時得依法指定相關主管機關規定物資儲備存量、擬訂動員準備計畫，並舉行演習；演習時得徵購、徵用人民之財物及操作該財物之人員；徵用並應給予相當之補償。」同條第2項更明定：「前項動員準備、物資儲備、演習、徵購、徵用及補償事宜，以法律定之。」以作為「全民防衛動員準備法」之立法取得有效法律態勢與依據。故國防部在行政院指導下，邀集中央相關部會、各級地方政府，考量人民權益與軍事作戰之需求，依據「國防法」之立法精神，研擬完成「全民防衛動員準備法」（草案），並於民國90年10月25日經立法院三讀通過，同年11月14日奉總統公布施行。行政院於民國91年6月3日依法成立「行政院全民防衛動員準備業務會報」，相關部會及市、縣（市）於民國91年9月底前成立各

級「全民防衛動員準備業務會報」。自此動員工作在「依法行政」的基礎上展開新的里程，為動員工作於法制體系上立基，確立整體動員工作推動之依據。

二、緊急醫療救護體系

我國近年來由於工商及交通發達下，各類災害及緊急傷病事故發生有增無減，以民國84年為例，每10萬人口即約有62.3人死於事故傷害及其不良影響，造成民眾及社會莫大之損失。因此，持續建立完善且健全之緊急醫療救護體系，強化對民眾到醫院前緊急醫療救護服務，使傷、病、殘、亡人數降至最低，實屬必要。

我國於民國84年通過「緊急醫療救護法」與緊急醫療體系之建置，歷經民國89年八掌溪事件與民國91年艾莉颱風的襲擊事件後，突顯我國緊急醫療救護體系仍出現諸多問題。近年來，衛生署陸續公布緊急醫療救護法暨相關子法規及實施計畫、推動區域緊急醫療救護計畫、加強毒藥物防治諮詢服務、加強救護技能訓練、提升救護服務之質與量、加強緊急醫療救護教育與宣導工作、提升醫院急診醫療服務品質、發展空中緊急救護系統。[29]

三、國防體系

國防係以保衛國家安全、維護世界和平為目的，而我國當前國防理念、軍事戰略、建軍規劃與願景，均以預防戰爭為依歸，並依據國際情勢與敵情發展，制定現階段具體國防政策，以「預防戰爭」、「國土防衛」、「反恐制變」為基本目標，並以「有效嚇阻，防衛固守」的戰略構想，建構具有反制能力之優質防衛武力。

此外，國防部亦已將「救災」納入國軍正常任務，強化「國軍救災機制」與整體編裝，使能在符合「依法行政」的要求下，於第一時間投入災

---

[29] 簡賢釗（民97：50）。

害救援，以使人民生命財產獲得充分的保障（國防部網站）。每次颱風來襲、921大地震、SARS與禽流感等事件發生時，國軍動員大量兵力與醫療設備與設立緊急應變中心等作為，展現國軍與人民同舟共濟、軍民一體的精神。

四、民防體系

　　民防為動員民間人力、物力，予以適當之編組與運用，使其成為組織化、軍事化之戰鬥體，以防衛敵人有形之襲擊（如空襲、空降、暴力等）與無形之破壞（如謠言、耳語、黑函等），並搶救天然災害之一種民間自衛組織。又民防為總體作戰重要之一環，其目的在有效動員全民人力、物力，以防衛災害救難，協助維持地方治安為主要功能，戰時更能以支援軍事勤務，達成保鄉衛土為目的。

　　我國過去民防業務之實施，含有公權力強制性質，直到民國92年1月「民防法」與其他相關民防法制相繼公布、施行後，才使我國民防體系邁入新紀元。民國92年3月調訓各縣（市）政府、鄉（鎮、市、區）公所民防團隊整編各級作業人員，完成民防法闡述及民防團隊整編作業講習，逐步建構起符合我國國情之民防體系。[30]

五、災難搜救體系

　　世界災難報告將災難區分為天然及非天然兩種型態。天然災難包括與水有關的氣象天災，如雪崩、土石流、乾旱與饑荒、水災、森林大火等；以及地球物理災難，如地震、火山爆發等。非自然災難則非自然因素所造成的災難。

　　政府力量有限而民間資源無窮，中華民國搜救總隊於民國70年成立。政府於民國89年建立「行政院國家搜救中心」為主幹之搜救體系，妥善整合民間救難組織之力量，當緊急事故發生時，通力合作共同投入緊急

---

[30] 簡寶釧，前揭論文（民97：51）。

災害救援工作。此外，依照「災害防救法」第29條第2項，於民國90年8月通過「後備軍人組織民防團隊社區災害防救團體及民間災害防救志願組織編組訓練協助救災事項實施辦法」，使各直轄市與縣市政府得將社區災害防救團體及民間災害防救志願組織進行編組與以訓練，並於災難發生時，發揮警報傳遞、應變戒備、災民疏散、搶救與避難之勸告及災情蒐集與損失查報；受災民眾臨時收容、社會救助及弱勢族群特殊保護措施；交通管制、秩序維護；搜救、緊急醫療及運送等功能。[31]

　　民國98年8月8日莫拉克颱風挾帶豪雨重創南臺灣，颱風來襲期間正好是八七水災50周年，氣象局觀測這次颱風單日降雨量達1,000毫米，與八七水災當時一樣，這個歷史上的巧合讓人非常訝異。滾滾泥水幾乎快把橋墩沖垮，房屋更是不堪一擊，一半傾斜在河邊，任憑河水沖擊，行道樹、路燈全毀，地面凹了一個大窟窿，形成小瀑布，房子一樓幾乎被水淹沒……這是民國48年八七水災的畫面，當時艾倫颱風沒有直接侵臺，但因為藤原效應形成強大西南氣流，一連下了3天豪雨，造成臺灣氣象史上最大水災，雲嘉地區及臺中等十三個縣市難逃大水淹沒，損失超過35億元。

　　經此水災的考驗，我國之災難救援體系似乎受到嚴謹的考驗，政府相關部門實必須儘速結合各類資源，並重新檢討災難搜救體系，更有系統地推動上、中、下游研發與提升救災之效率，其中筆者深以為應將我國救災之體系更提升至國土安全之系統研究與發展，故而國土安全辦公室似宜成為行政團隊的策略幕僚與整體的指揮總平臺。整合前項論述之「災害防救機制」與「行政院國家搜救中心」之組織功能，並以國土安全維護之整體角度，提升政府救災及國土安全維護之整體功能與效果。

　　至於救災層面的研發方向，則有下列數種策略以為參酌。第一期計畫工作重點係以對臺灣地區威脅性最高的颱風豪雨、地震等災害為對象，推展防救災相關研發工作，分為防颱（涵蓋氣象、防洪、土石流等三部分）、防震、防災體系（內含資訊系統部分）等三組。計畫內容包括：

---

31 張中勇（民97a：60）。

1.建立防救災研究與實務所需的自然環境及人文環境資料庫；2.研發災害潛勢的評估方法，並據以進行全臺災害潛勢分析；3.選擇示範區進行危險度評估及災害境況模擬，以確立災害危險度評估與災害境況模擬之方法，作為今後劃分危險區之依據；4.以潛勢分析與境況模擬成果為基礎，建立一套決策支援與展示系統，供相關行政機關與民間機構應用；5.研擬示範區之防救災計畫，以提供相關單位執行防救災業務參考，並對防救災業務單位依計畫實際操作結果，進行驗證以確立作業模式；以及6.針對現行之防救災體系及其運作、防救災相關法規等進行評估、檢討，並參考前述危險度評估、境況模擬等結果，提出現階段之改善建議，作為防救災工作後續改進之指引。

　　第二期防災國家型科技計畫擬延續並強化第一期計畫之工作內容，一方面持續推動防災科技之研發，另一方面則促進研發結果與防救災實務之結合，以加速國內災害防救水準之提升。此外，第二期計畫亦將針對921大地震進行後續相關研究，以補強目前災害防救之缺失，期能有助於災後重建工作之推動。因而，第二期計畫之研發課題，係考慮國內防救災工作推動情形，亟待加強之防救災科技研發工作，包括七項課題主軸，分別為：1.潛勢與危險度評估；2.政策與法令；3.應用落實（含減災、整備、應變、復建等四部分）；4.防災社會面與經濟面；5.資訊與決策支援系統；6.防救災體系；及7.境況演練。

　　災害防治是一項整體性的長期工作，完善的防災、減災對策牽涉廣泛，不論是災害潛勢分析、災害危險度評估、土地利用規劃、規範和標準之制定、防救災計畫之擬定、防救災組織之建立、防救災科技之應用、大眾防災教育之普及、財稅誘因和保險之提供，以及防救災績效之評量等，這些對策都必須有堅實的科技為基礎。此外，防災對策之實施與執行，有賴於中央政府各部會、各級地方政府、民間團體、學校、社區及每個國民的密切協調和參與，才能發揮最大功效。因此，期能藉由防災國家型科技計畫之推動，提升防災科技研究水準，並將成果落實於防災應用體系，協助擬訂有效的防救災對策，減輕人民與社會的災害損失及風險，奠定社會永續發展的基礎。基此，筆者以為落實此災害防救之最佳與最適合現在之

國際趨勢，似宜可提升原傳統之救災規劃與思維，至國土安全之系統研究與發展之上，故而國土安全辦公室似宜可成為行政團隊的重要策略幕僚，與政府整體資源運用的指揮總平臺。

因應國際恐怖活動增加及國內災害防救意識提升，整備因應國土安全相關之災害防救、邊境安全、移民犯罪、恐怖主義等有關議題，以達成「強化安全防衛機制，確保國家安全」的目標，近年來政府已陸續完成「災害防救法」、「民防法」、「全民國防教育法」及「全民防衛動員準備法」等相關法案的立法，行政院並已草擬「反恐怖行動法草案」送立法院審議之中，主要就是希望更全面的加強整合政府與民間資源，致力於提升整體安全防衛能力。（中央警察大學國土安全研究中心，民97）行政院「反恐怖行動辦公室」，也在民國96年8月16日召開之行政院國土安全（災防、全動、反恐）三合一政策會報後，正式更名為「國土安全辦公室」，作為我國未來發展國土安全政策擬定、整合、協調與督導運作機制的基礎。而後，行政院又將民國95年6月3日訂定之「我國緊急應變體系相互結合與運作規劃」案中之「行政院反恐怖行動政策會報」修正為「國土安全政策會報」，其中所設置之「反恐怖行動管控辦公室」根據其設置要點亦一併修正為「國土安全辦公室」。[32]後又於民國100年10月27日，此國土安全辦公室，依據行政院組織改造後之「行政院處務規程」，將其變成為編制內正式之業務幕僚單位。

國土安全牽涉範圍之廣泛，涉及部會間之協商、整合事務繁多，因此，縝密思索國土安全實施步驟之先後次序，可幫助政府達到事半功倍之效果。我國目前對於情報蒐集分屬軍、警、調、海巡等不同單位，不同機構獨自進行監視，而彼此間缺乏交流。對於分析情報只能從單一案件出發，而無法連結到全國之國家安全情報網，因此未能達到情報整合之效果。

筆者認為，國土安全任務著重於保衛國家免遭恐怖襲擊、強化國境與

---

[32] 陳明傳、駱平沂，前揭書（民99：245-247）。

運輸安全、有效緊急防衛及應變、預防生化與核子襲擊。我國情報蒐集雖
然分屬軍、警、調、海巡等不同單位負責，但需由國安單位進行分析與運
用。因為國安單位具有統合協調全國作為，以防範國內遭到恐怖攻擊，降
低恐怖攻擊之損害，並儘速完成遭受攻擊後的復原。因此，國土安全以預
防恐怖活動與攻擊為考量，結合中央、地方、民間之力量，以提升情資預
警、強化邊境以及交通安全、增強反恐準備、防衛毀滅性恐怖攻擊，維護
國家重要基礎建設、緊急應變與因應等方向為主。整合及動員政府各情治
機關間及民間之資源，平時建立起合作、溝通之機制與管道，待啟動國土
安全管理之功能時，能在第一時間順利取得相關資源與協助。而其公私協
力的整合平臺亦可以前述美國之經驗，做全面與深入的網絡建置。

　　在協力夥伴平臺的建立方面，於其子計畫一之中，則亦應更周延廣泛
的建立全方位公、私部門之協力網絡，而不宜將網絡之概念僅囿於指揮管
制系統與技術之建立一個面向。故而國土安全管理網絡建置，更應將國土
內的人力、物力與各種有用資源，加以整合並做有效的應用，建構出國土
安全管理網絡，建立並整合公私部門之安全資源與網絡，以確保國土之安
全，及早預防不確定性風險之發生。對於各公部門之安全體系（如警政、
消防、境管、海防、情治、國防），以及結合社會治安聯防概念下之機
關、團體、學校、社區等之安全體系與資源，互相協助支援，並有效分享
與利用各項資源以達加乘之安全效果。其應用領域可含影響全民、動搖國
本之事件與其防救能力之提升，自然與人為災難的防護與預警聯防（包括
地震、水災、火災、風災、土石流、人為破壞、生態災難、流行病與禽流
感散播的預警與防範）。

　　至其進行步驟與策略，可研擬制定「國土安全組織與運作」之
相關法規與對策。其對策研擬之模式可運用前述紐約市、巴爾的摩市
（Baltimore）使用之「資訊統計之管理」（CompStat or CitiStat）的模式
與程序來進行研擬對策及建立整合之平臺，並規範有關協調、管制各相關
機構或公私部門之步驟與方式。[33]

---

[33] 陳明傳、駱平沂，同前註（民99：244）。

第四節　本章小結

　　公私協力的國土安全維護之新策略，乃為社會治安之新發展元素，雖然在警政相關策略之演進之上，有其進化與型塑之軌跡，且根據前述之援引史料之中亦班班可考。惟國土安全之新發展，乃更強調公私整合平臺的全面性融合（Fusion）與便捷之運用，且更精準地做到情資之分享與危機的機先預警機制（Proactive Stance）的達成反恐之任務。美國在公私協力的國土安全發展方面，不論在具體的「基礎設施警衛」組織，或者在個別的機制與功能之新建置設定上，均有一定程度之建樹或研發。我國在此方面之發展，雖無立即遭受恐怖攻擊之威脅，然依據傳統社會安寧維護所建立之相關機制，似乎可以提早在功能、作為或情資運用上做某一程度的籌謀，如建立平臺或整合資源，以便更有效益的維護臺海之安全。際此，則美國在公私協力的國土安全之具體作為與功能建置之經驗，就深值我國國土安全發展之參酌。

第三章

國土安全之新警政管理策略

陳明傳

　　國家安全為國家生存之保障，但什麼是國家安全卻是一個複雜的概念，涉及的內容極為廣泛，舉凡領土、政治制度、傳統生活方式、主權、經濟、外交、軍事、內外的環境等因素，均與國家安全有關。後冷戰時期的戰略環境對安全研究產生重大之影響。有關國家安全研究的風潮，不會因為冷戰終結而式微。其反倒因為世界更趨於多元的發展、國與國之間的衝突狀況升高、大量毀滅性武器的發明，以及聯合國集體安全機制的功能不彰，以至於安全研究更有其急迫性。同時，也更走向理論與實務結合的趨勢。因而安全的內涵與外延不斷的擴大，不再侷限於軍事領域，而乃是逐步延伸到政治、經濟、科技、文化、環境領域。

　　面對後冷戰時期安全環境的轉變，國家安全政策必須因應新的環境與挑戰而做修正，亦即建構一套國家永續生存與發展的戰略，以應付各種立即與潛在的威脅，運用此套安全戰略，不僅可以形成國家未來發展的共識與前景指導原則，更可以指出相應配合的其他手段與資源的運用。亦即如何整合政治、經濟、外交與軍事等層面之資源，以為國家整體之安全而戮力。而如本書第七章第三節「國土安全概念及其整合與運用」之中所述，自1990年代起英國即對國土安全之範疇與策略進行研究，美國自2001年之911遭受恐怖攻擊之後，更是如火如荼地投入資源於國土安全策略之建構與研發。因此，把國土安全與國家安全進一步的區分，前者乃以司法與社會安全之手段，來處理人為與自然之破壞，或威脅國土安全之事件；而後者乃以軍事外交或國際政治之方式，來維護國家主權之存續。因而國土安全面對此種新興局勢的挑戰，則相關之治安、救災或司法人員，必須以更新之策略或更有效之新模式加以因應，才能有效的達成國土安全維護之新任務。本於此概念，本章將就治安機構最為全面部署，且與民眾、社區接觸最為頻繁與直接的警察人員為主，探討其應有之改革、調適與應有之新策略作為。

第一節　911事件之後美國的安全管理策略

　　美國自從2001年911事件發生之後，透過相關立法程序於2002年11月立法通過成立國土安全部，以確保美國本土內重要設施與公民之安全，並在緊急時刻提供必要之公共服務與協助。國土安全部組織之主要功能架構有：邊界與運輸安全（border and transportation security）、緊急準備與反應（emergency preparedness and response）、資訊分析與設施保護（information analysis and infrastructure protection）、科學與技術（science and technology）等四大項目。

　　美國國土安全之概念較以往國家安全不同的是，國家安全較強調嚇阻恐怖事件、危機處理與事件因應。而發生911事件之後，國土安全的定義乃為，統合協調全國作為，以防範美國境內之恐怖攻擊、降低美國對於恐怖主義之脆弱性、減少恐怖攻擊之損害，並儘速於攻擊後進行復原。因此，國土安全是針對恐怖主義對於美國本土安全的威脅，並藉由整合現有與國土安全任務相關之聯邦機構，結合各州、地方、民間和人民力量因應之，故如前所述，其較偏重於司法與社會安全的層面。

　　美國政府在國土安全之戰略思維指導下，除了於中央設置國土安全部外，更為了動員社會資源，成立了國土安全諮詢委員會，導入風險管理系統化的分析程序，可決定威脅將傷害有形之資產或個人的可能性，然後找出可降低攻擊風險並減輕其後果的行動。風險管理的原則認知到，雖然風險通常無法完全加以消除，但加強保護，以防已知或潛在的威脅，有助於大幅降低風險。除了恐怖事件因應外，為了善用資源與擴大國土安全成效，其安全措施希望亦能協助重大天災、疾病、人禍事件，並維護與促進商旅貿易及流通。為達成上述之戰略思維，美國布希政府之國土安全組織架構、運作機制、預算配置及組織管理將更佳彈性與靈活。

　　根據美國政府預算資料，2002年度美國國土安全預算為293億美元，2003年度則大幅成長29%達377億美元，主要集中在邊境與港口安全設施之建置、生化武器反制與第一時間急難事件之因應之上。而2004年度之

預算與2003年度不相上下，但邊境與港口安全設施則大幅成長，自2004年1月5日起啟動「US-VISIT計畫」，美國國土安全部在入境機場及港口實施，取得旅客指紋及拍下數位照片，確認入境旅客非恐怖分子身分，因此將帶動生物辨識（biometrics）設備之採購，根據預算資料顯示，美國2004年度於一百十五個國際機場、十四個國際港口採購指紋採集與數位照相存證系統，金額達3.3億美元。根據國際管理顧問公司─Deloitte Consulting評估國土安全之主要威脅來自於以下幾項，包括：邊境安全、財務系統、實體基礎建設、資訊技術暨通訊設施、公共健康、運輸、天然資源、大規模破壞武器（Weapon of Mass Destruction, WMD）等，所考量之層面涵蓋政府、私人企業及個人的安全。而國際經濟合作暨發展組織（Organization for Economic Cooperation and Development, OECD）更進一步分析，反恐措施對於經濟所造成之影響，短期是對於消費信心造成危機，中期則是在於保險費用增加，另由於運輸等待時間拉長、檢查步驟增加，將提高整體運輸成本，由於價格彈性之因素，而造成國際貿易金額下降，因此對於邊境與運輸安全之措施與技術，有賴各國政府、廠商進行技術合作，以降低對於經貿之影響。[1]

　　911恐怖攻擊事件，造成美國巨大的災難。價值25億美元的世貿大樓被夷為平地，周圍受到波及而倒塌或者廢棄的建築不計其數。紐約市是美國最大的城市，也是美國以及世界的金融中心之一。它的一年國內生產總值高達4,200億美元，這次恐怖襲擊對紐約市經濟的影響是難以準確估量的。911事件在經濟上產生了重大及即時的影響，大量設在世界貿易中心的大型投資公司喪失了大量財產、員工與數據資料。全球許多股票市場受到影響，例如，倫敦證券交易所不得不進行疏散；紐約證券交易所直到911事件後的第一個星期一才重新開市，道瓊斯工業平均指數開盤第一天下跌14.26%，其中跌幅最嚴重的要數旅遊、保險與航空股。美國的汽油價格也大幅度上漲，當時美國經濟已經放緩，911事件則加深全球經濟的

---

[1]　ITIS智網。

蕭條。[2]

　　這次恐怖攻擊事件往深一層看，美國介入中東太深，過度偏袒以色列，早已埋下禍根；同時美國為了維持所謂「國際新秩序」，成就「大美國和平」，不惜犧牲微觀的弱勢民族的正義而去達成宏觀的帝國式和平，弱小民族在走投無路之際，必定會以自殺式的攻擊來討回自己的正義。再從更深一層看，這正應驗了美國學者杭廷頓關於文明衝突的預測。基督教文明和伊斯蘭文明之間的千年血仇，以此次大攻擊為歷史的最新註腳。對美國而言，炸毀代表西方資本主義文明顛峰的世貿大樓和代表美國國力的五角大廈是具有重大象徵性的，也是美國200多年來最大的羞辱，已然形同宣戰，美國必將猛烈報復，問題是去哪裡找哪些人報復？怎麼報復？總不能使用大規模毀滅武器去屠殺無辜者。於是，當時力主建設快速、遠距離精確投射武力的國防部長倫斯斐，有可能因而獲得國會支持。因為這支武力是可以對恐怖組織進行打擊的，如果情報可以準確定位並鎖定對方的話。

　　911事件造成舉世震驚，促使美國布希總統亟思改進相關反恐弱點，並提出更強硬的反恐怖主義措施，在政府組織上立即成立「國土安全部」為其內閣中第十五個部會，以綜合性國際安全概念，重組國內公共安全組織機制，整合與運用所有資源，強化政府危機管理與緊急應變能力。該部整併了原有單位的整體或部分功能，包括：海關、交通安全、移民歸化署、海岸巡邏隊、邊境巡邏隊等部門約170,000名左右的員工，及370億美金之預算，最後經國會追加至400億美金之預算。而如前所述，美國政府對於規劃國土安全架構及能量時，其戰略思維並非僅侷限於反恐單一目的，而係將增強災難處理、邊境管制、運輸安全等目標，亦納入考量之中。

　　然而，如本書之第一章文中所述，當美國前總統歐巴馬就職之後，其國土安全與國家安全的整體策略，顯然與布希前總統有截然不同的考量與

2　Yahoo奇摩知識，請問美國911事件對經濟的影響，20點。

政策。其中例如，其對回教世界喊話，表示「美國人不是你們的敵人」，也呼籲以色列和巴勒斯坦雙方返回談判桌，以及對伊朗領袖伸出外交之手，請他們「鬆開他們的拳頭」。歐巴馬指出，他幼年時曾在印尼居住數年，也曾造訪許多回教國家，這些經驗令他深信，不論宗教爲何，人們擁有一些共同的希望夢想。他表示：「我要對回教世界做的是傳播一個觀念：美國人不是你們的敵人。我們有時會犯錯，我們並不完美。不過你們若回顧以往，會發現美國並非天生的殖民強權，而且近20到30年前，美國還擁有回教世界的尊重與夥伴關係，因而沒有理由不能恢復這一切。」[3]

　　從以上之資訊中不難發現，美國最近在國土安全之策略，尤其在對於回教國家的外交與恐怖主義的處理策略上，顯然較有更多元的著力點與方法，亦可預期美國之新的策略調整，或許能爲全球帶來更穩定的和平及繁榮與安定。

第二節　美國社會安全維護之新發展策略

　　Oliver參酌美國警政之發展與相關之文獻，闡明美國有五種警政模式，這五種模式包含：1.傳統警政（traditional policing）；2.社區警政（community policing）；3.問題導向警政（problem-oriented policing）；4.零容忍警政（zero-tolerance policing）；5.國土安全警政（Homeland Security Policing）。爲了要區分這五種模式的異同，經由十二大面向來比較與論述其不同警政演進之發展主軸與策略。這些面向，如表3-1所示，包含：1.警政焦點；2.干預形式；3.警察活動範圍；4.指揮體系中裁量權的等級（level of discretion at line level）；5.警察工作文化焦點；6.決策之主導者；7.溝通方向；8.社會參與範圍；9.與其他部門的連結；10.組織型態與命令之主導者；11.組織發展之狀態；12.績效之測量評估。儘管Oliver

3　新唐人電視台，歐巴馬對回教世界喊話：美國不是敵。

承認這種類型學大部分都只是個啟發式的裝置，但它可提供一個有效的方式去對抗和比較可能的不同治安模式。[4]

表3-1 警政問題演進

警政模式 結構面向	1.傳統警政	2.社區警政	3.問題導向警政	4.零容忍警政	5.國土安全警政
1.警政焦點	法律執法	透過犯罪預防建構社會	法律、秩序、擔心的問題	秩序問題	安全、反恐、法律和程序
2.干預形式	反應性、以刑法為基礎	積極主動、以刑、行政法	混和、以刑、行政法	積極主動、以刑、民、行政法	積極主動、用刑法和為了減緩和準備
3.警察活動範圍	狹小、針對犯罪	針對廣大犯罪、秩序、害怕、和生活品質	鎖定並縮小廣大問題	狹小、針對地區和行為	廣泛的、安全、恐怖主義、犯罪、害怕
4.指揮等級	高而不負責	高而對社區和當地主管負責	高而主要對警方高層負責	低、但主要對警方高層負責	高而主要對警方高層負責
5.警察工作文化焦點	向內的、拒絕社會	向外的、構築夥伴	混和、依問題和分析	向內的、針對目標問題攻擊	混和、依威脅和威脅分析
6.決策之主導者	警方主導、最小化外界參與	社區、警察合作決策和責任	改變的、警察識別問題但與社會共同參與	警察主導、某些與其他機關的連結是必要的	警察主導、與其他機構連結
7.溝通方向	從警察向下到社區	水平的警察與社區	水平的警察與社區	從警察向下到社區	從警察向下到社區

---

[4] Oliver (2007: 48-53).

表3-1　警政問題演進（續）

結構面向＼警政模式	1.傳統警政	2.社區警政	3.問題導向警政	4.零容忍警政	5.國土安全警政
8.社會參與範圍	低而消極	高而積極	混和、依問題設定	低而消極	混和的、依威脅
9.與其他機構的連結	糟糕而斷斷續續	有參與感而且貫串總體過程	有參與感而依問題設定	溫和而斷斷續續	有參與感而且貫串總體過程
10.組織型態與命令之主導者	中央集權	非中央集權、與社會連結	非中央集權、與地方主管向中央負責	中央集權或分散式但內部聚焦	中央集權做決定、分散式執行
11.組織發展之狀態	少、組織抵抗環境	多、動態的組織聚焦於與社區的互動	改變的、聚焦於問題解決方式但取決於組織情報和結構	少、有限干預專注於目標問題、使用很多傳統方法	改變的、聚焦於安全和威脅但取決於組織情報和結構
12.績效之測量評估	逮捕和犯罪率、特別是嚴重的暴力犯罪	服務、降低害怕、使用公共空間、社會連結與溝通、更安全的社區	改變的、解決問題、最小取代	逮捕、場站、特定區域減少特定活動	逮捕、場站、情報蒐集、緩和和準備

　　Oliver進一步說明傳統警政大部分是二十世紀早期的發展，就像美國之前的警政學者Kelling和Moore的論述一般，它主要聚焦在經由強制執法的犯罪控制模式。如此藉由犯罪發生後，來加強執法，使得警方幾乎變成一個非常狹隘的反應性機構。在傳統警政模式下，評量的標準變成僅著重於逮捕的數字和犯罪發生率的管控。然而此種傳統治安模式，至今依舊存在於美國多數的警察機構。

　　至於社區警政模式，大約源自1980年代的創新，其主要著重在社會

互助關係和犯罪預防，雖然依舊執行刑事法上之規定，但其更包含行政法和民法，並擴及運用調解和仲裁的處理模式，另外亦藉由與其他社會服務機構共同合作。警察在此種模式下，不僅能更積極的處理犯罪問題，且更注意到秩序維護、社區生活品質提升及被害恐懼之議題。當警察建構了這些互助關係，他們變成社區中甚多問題的合作夥伴或問題解決者。因此，警方積極地參與社區活動，其將與市民溝通作為基本的例行公事，還與其他機構共同合作，以便處理犯罪和違反秩序等相關之問題。從組織上論之，要達到這些效果則警察必須更適度的分權與授權基層人員。

　　問題導向警政亦約在1980年代經由Herman Goldstein的努力變成一個關鍵的警政治安模式，此模式著重於處理犯罪、秩序和被害之恐懼問題。因此，問題導向警政是以問題之處理為工作之核心，以問題的型態來選擇可能的解答，警方可能沒有太多的空間來自行判斷、與人民溝通，或與其他機構對話。警察組織在執行問題導向警政時，都必須權力下放給地方之主管，但仍需要對中央負責。

　　Oliver闡釋零容忍警政大致起源於1990年代，著重於犯罪和秩序問題，經由主動積極的方法並強制地確實執行各種法令。例如，其鎖定一個特定的犯罪或違反社會秩序之社會問題，如賣淫、毒品交易、乞丐、塗鴉等，然後集中警力於此特定問題或地區，並加以立即之解決。在這種模式之下，必須要有高度集中的管控，其即代表著溝通是會被限縮於少數的警察幹部，或僅及於社會服務相關機構的管理階層而已。成功執行零容忍警政的方法，就像傳統警政一樣，強調犯罪統計、開罰單或強制執法，並期望更有效的減少不當反社會之行為。

　　關於最新的警政模式之發展，亦即Oliver所創的國土安全警政十二面向，對於檢視目前或未來的國土安全維護甚有助益。因此，國土安全警政的焦點議題，宜包含安全的概念和反恐之策略為其發展之主軸。是以，確認和評估威脅的等級、整合安全措施去預防未來之恐怖行動、發展減輕威脅的方法，以及回應威脅等等措施，遂變成國土安全警政的重要發展機制。除此之外，傳統執法和以法律為主的管制，依然在國土安全警政之中保持其重要性。這也就是為什麼干預式的強制性之執法形式，在這種新警

政模式之下，依然非常積極的依相關法律來遂行。因為儘管新的國土安全策略模式，將應用於處理恐怖主義的問題，特別例如愛國者法之執行。然而，對於大部分警察的線上指揮官而言，干預性之強制執法的意思是取締犯罪和交通違規，還有現地的攔停、臨檢等例行性工作亦必須同時兼顧，並以焦點之議題和新、舊的干預形式為執行安全工作之基礎，警察在國土安全之下的行動作為將十分廣泛。新的國土安全措施，將包含威脅評估和風險分析，反恐之行動則是為了緩和破壞與有所整備，還有在實際被攻擊之時，能快速與有效的執行救援與復原之工作。

　　根據威脅之特性，警察工作文化之焦點應採取整合發展之策略。雖然某些威脅之情資或國土安全部的資訊傳遞與運用方式，亦或美國州、郡等機關資訊傳遞之方式，均可能形成一種警察專屬的資訊傳播系統，然而各地之警察機構亦應改變此傳統之方式，並改採更為廣泛的對外蒐集相關的地區性情資之新策略。因為，不論是傳統的警政模式或社區警政的夥伴關係之新模式，警察均需要依靠人民提供相關之情資，這也代表警察必須要有一個整合性的社區參與範疇與新工作策略與方法。警察和公民之參與，將會依據威脅之情況而被整合，亦即警方需要和其他機構連結，不論官方或者非官方機構均需要連結，以便執行任何形式的安全措施。此措施包含相關的公共安全機關，例如消防或相關之執法機構等，亦包括醫院和精神醫療機構，同時亦會大量的運用公共工程、水資源和大眾運輸等機構。為了國土安全之需求，警方將需要和這些機構有較以往更多的連結。

　　組織上來說，國土安全架構之下的警察部門，必須是一個強力中央集權的結構，因此情報蒐集和資訊共享會變得更為重要。不只是因為警方內部資訊傳遞的過程，還有快速傳播情報給第一線的現場指揮官，此種集中式的管理建構，經由有效的作戰指揮中心，可以垂直和水平的連結這些相關機構之情資與資源。因為訊息要被及時的處理及傳播，集中式的作戰指揮中心與決策人員等元素，將成為國土安全導向之新警政策略（Homeland Security Policing）之組織管制的重要手段。然而，線上人員仍然需要靈活的決定與執行訊息和命令，以及經由常規的警政系統與程序，快速精準的蒐集和傳播相關訊息。

　　因此，國土安全治安策略模式下的效果評量，將不只評量傳統方法的逮捕率、交通執法等績效，更必須包括能有效的蒐集、處理和傳播的相關的情資。簡言之，防止恐怖主義、減輕恐怖攻擊影響、有效應對恐怖攻擊為國土安全警政的主要策略與發展之新主軸。[5]

第三節　警政策略之新發展與我國社會安全維護之新策略

　　改善治安應「偵防並重，預防為先」，方能有效降低犯罪，然預防犯罪為扎根的基礎工作，需要長期深耕才能開花結果。對於國土安全之維護與反恐的作為或此類之跨國犯罪現象之處理，亦應可援用此相關之預防犯罪理論與原則，以便提升其效益，並使恐怖攻擊較不易進行或得逞。

　　犯罪預防的主要目的，在於消除促成犯罪之相關因素，有效發覺潛伏之犯罪，從而抑制犯罪之發生，增進社會安寧與和諧，因為它是一種「防範於未然」的事前處置作為，必須經歷一連串有計畫、有組織的作為後方能奏效。警察機關犯罪預防工作之執行，係以犯罪學相關理論為基礎，將犯罪預防概分為三大面向，即被害預防、情境預防及再犯預防，找出犯罪發生之因素，在未發生犯罪前予以規劃、設計及改善，以減少犯罪發生；辨識潛在犯罪者及犯罪區域，並在犯罪活動發生前予以干預；對已發生犯罪行為之犯罪者施以輔導及矯治，進行注意監控，使其不再犯罪。國土安全之維護與反恐的作為亦應可運用此原理，加以運用與處理。

　　至於犯罪情況的預防，則可包括以下的行為：1.針對高度特殊的犯罪形式；2.處理、設計或操作當前的環境；3.減少犯罪的機會，也使得違法者意識到風險的增強。犯罪預防必須啟始於教育年輕人，越軌或非行之行為是不正確的。社區視犯罪預防為其營造社區的主要任務與責任，民眾必

5　Oliver (2007: 48-65). Oliver引述美國警政之相關經典之文獻，並將警政發展擴展成為5個時期。

須建立起一個社會倫理系統，亦即違法或違規是不被接受的，亦應有一定之懲罰。政府所使用的方法去控制及預防犯罪，是可以非常鎮壓性的，或是它們可以獲得支持以及民眾的合作。而預防犯罪之策略與方式有各類型態，例如表3-2 Ronald Clarke之十六種降低犯罪的預防技巧，即從情境與環境之設計來預防犯罪。[6]

表3-2　十六種降低犯罪的預防技巧

一、增強犯罪困難性感覺之技巧	二、增強犯罪危險性之技巧	三、降低犯罪期待之獲利	四、移除犯罪者之藉口
①標的物的強化 ・汽機車防盜鎖 ・金融機構櫃檯屏風 ・住宅鐵窗	⑤出入口檢查 ・設置停車取票機制 ・行李背包檢查 ・商品加貼標籤	⑨標的物的移除 ・抽取攜帶式汽車音響 ・婦幼庇護所 ・使用電話卡的公共電話	⑬規範的設定 ・海關自我申報 ・防治騷擾之規範 ・旅館住宿登記
②通路管制 ・停車進出口管制 ・圍牆 ・對講機	⑥正式監控 ・視訊照相監控 ・警報器 ・安全警衛	⑩財物辨識標記 ・財務標記 ・車牌 ・引擎號碼、機車烙碼	⑭道德良心提醒 ・速限警示標誌 ・偷竊法辦之標誌 ・酒駕是不智之標語
③使潛在犯罪者轉移 ・設置公車站牌 ・餐飲業的標示 ・夜間關閉街道	⑦員工的監控 ・公共電話的位置 ・停車管理員的設置 ・閉路電視監控系統	⑪降低誘惑 ・較保守中性的穿著 ・慎選停車地點 ・快速調整可能引起犯罪之因素、財不露白	⑮控制抑制犯罪之因素 ・購酒之年齡規範 ・辨識酒精濃度之引擎啟動管制系統 ・電視鎖碼器

6　Clarke (1997: 15-25), also see: http://www.popcenter.org/library/reading/PDFs/scp2_intro.pdf.

表3-2　十六種降低犯罪的預防技巧（續）

一、增強犯罪困難性感覺之技巧	二、增強犯罪危險性之技巧	三、降低犯罪期待之獲利	四、移除犯罪者之藉口
④控制潛在犯罪因素 ・信用卡上加附照片 ・槍枝管制 ・電話號碼辨識	⑧自然的防衛監控 ・防衛空間理論的運用 ・公共場所的照明 ・計程車司機的識別證	⑫杜絕犯罪利益 ・商品以顏料作標記 ・汽車音響加使用密碼 ・清除圖鴉	⑯鼓勵守法 ・圖書館借書的手續簡化 ・乾淨方便的公廁 ・乾淨方便的垃圾桶

資料來源：Ronald V. Clarke, 1997.

　　2003年Cornish & Clarke論述Clarke 1997年十六種降低犯罪的預防技巧，實有其不足與招詬病之處，故其二人逐將Clarke 1997年十六種降低犯罪的預防技巧擴增並修正成為如表3-3之二十五種降低犯罪的預防技巧。[7]

　　其中第四大項降低犯罪誘因，為在原先1997年四大主軸之外新增加的一項主軸技巧，在其之下則有五個小子項，其中包括：16.降低挫折與壓力；17.避免衝突；18.降低情緒之刺激；19.妥善處理同儕壓力，以及20.避免犯罪之模仿等。在本表中網底有陰影處理之部分，即為其新補充或修正之新預防技巧；至於阿拉伯數字1. 2. 3. 4.等則代表新的二十五種降低犯罪的預防技巧之排序號碼；＜－①、＜－②等則為對照1997年十六種降低犯罪的預防技巧，與之相類似技巧之原來的排序號碼。換句話說，若無此對照之號碼，則表示其乃為新創之犯罪預防新技巧。據此，則可得知其犯罪預防之技巧在隨著犯罪型態的多樣化，而不斷的因應與更新。因此，國土安全之維護之策略，亦應本諸此原則而不斷的演化與調整至更為有效之新作為。

7　Cornish & Clarke (2003: 42-92), also see: http://www.popcenter.org/Responses/crime_prevention/PDFs/Cornish&Clarke.pdf.

表3-3　新修正之二十五種降低犯罪的預防技巧

一、增強犯罪困難性感覺之技巧	二、增強犯罪危險性之技巧	三、降低犯罪期待之獲利	四、降低犯罪誘因	五、移除犯罪者之藉口
1.標的物的強化 <－①	6.守護功能之增強 <－⑤	11.降低目標之被害 <－⑪	16.降低挫折與壓力	21.規範的設定 <－⑬
2.機關之管制機 <－②	7.自然的防衛監控 <－⑧	12.標的物的移除 <－⑨	17.避免衝突	22.警示之公告
3.出口處之管制	8.降低對象之隱匿性	13.財物辨識標記 <－⑩	18.降低情緒之刺激	23.道德良心提醒 <－⑭
4.使潛在犯罪者轉移 <－③	9.善用地區之管理功能 <－⑦	14.銷贓之管制	19.妥善處理同儕壓力	24.鼓勵守法 <－⑯
5.控制潛在犯罪因素 <－④	10.正式監控 <－⑥	15.杜絕犯罪利益碼 <－⑫	20.避免犯罪之模仿	25.控制毒品與酒品 <－⑮

資料來源：Cornish & Clarke 2003: 90.

　　另者，犯罪預防策略亦可包括：例如，就人口良莠鑑別、預防犯罪環境設計、預防犯罪物的監控著手，透過民力運用、社區警察、環境設計等方式，藉以調整警察勤務方式，直接、間接干預犯罪，以期資源網絡充分運用達成防止民眾被害之目的。工作項目例如，治安人口、毒品人口之管理；加強治安顧慮場所（含金融機構安全維護、重點地區）之安全檢測評估，改善防禦空間，強化防禦犯罪科技器材設施，並訂定標準作業流程，落實執行安全維護計畫，以達成控制犯罪之效能；設計安全走廊，消除治安死角、加強青少年娛樂設施之管理及場所之稽查，降低被害機率；健全計程車管理，輔導優良計程車無線電臺，提供婦幼良好乘車空間；輔導國中、小學校設立接送學生專區及愛心媽媽服務站，建立家長聯絡簿冊，以

防止學生落單受害；持續執行正俗、春風專案，防止雛妓與幫派控制青少年犯案情事發生。[8]

壹、治安策略發展之概述

「現代警察」概念之形成，最多也只能推至200餘年前的法國警察（Williams, 1979: 7），當時警察之概念往往與政府（government）之涵意雷同。至英國皮爾爵士爲了提高治安效率，以止息當時日漸惡化的治安，在間接受歐陸一元化正式警察組織的影響下，並兼顧「受地方控制」（local control）與「人權之保障」的英國傳統，而在兩相平衡下，終在1829年之「首都警察法案」（Metropolitan Police Act）中以民眾警察之概念（People's Police），擺脫以往政治之干預，並以專業化之概念，創立了大多數警察研究者所公認爲「現代警察」之發軔的新警察制度。而根據英國皮爾爵士於西元1829年創立現代化警察時，對於警察角色之定位稱，治安本來就是每一位國民之責任，警察只不過是來自民眾的公務人員而已；故而警察與民眾應該是一體的，且理應共同合作來維護社會之秩序。因此，二十世紀80年代，遂有復古式之治安策略，即所謂社區警政再次成爲主流思潮。而當時遂有學者主張，警察乃應是一種觸媒、聯絡者、諮詢者或教練的治安角色。[9]

審度二十世紀末各先進民主國家之警政策略發展，即欲突破傳統警政只著重「機動、快速」與犯罪偵查爲主之舊策略，而演化成下述諸般之新取向。然在體認此大趨勢之前，吾人亦應先瞭解其基本之精神，乃環繞在「求社會整體資源之整合以便能有效的偵查與預防犯罪」及「警政工作品質的提升與新的警政管理模式之創新與運用」等兩大中心課題上所產生之新策略。而此新策略咸認能更有效及更科學的解決治安之問題。而此實乃復古式的將皮爾爵士之偵查與預防並重、警力與民力結合的經典哲學與思

---

8 内政部警政署，警政白皮書（民96）。

9 陳明傳、J. L. Munro、廖福村（民90：25）。

想，再一次的反思與去蕪存菁運用的結果。至二十一世紀初的全球警政重
要策略，則有以下數種發展：

一、警政社區化

　　警政社區化（Community Oriented Policing）認為警政之推展不只著
重犯罪之壓制與偵查，並應強調犯罪之預防，且以社區內民力之運用與各
機關間之合作，為80年代之後世界各先進國家警政發展之主流。故而，運
用民力重組巡邏的活動，及警察組織內部管理的分權化，便成為警政發展
的重要策略。[10]而此策略屢被證明在犯罪之偵查、民眾之安全感與員警工
作之滿意度等三方面較有成效。[11]

　　社區警政較強調犯罪之預防及社會資源之整合，惟在犯罪之偵查與
警察本身專業化能力之加強上，則亦相當重要，而可能為其想法所較不注
意者。復以社區警政在犯罪的控制上，並非在所有地區都能得到預期之效
果。故而運作警政之想法遂導向其二者整合之方向來發展。

　　至於其發展之軌跡，即一方面繼續加強警察專業化，一方面卻在加強
保障人權，及提高為民服務之品質與行政之中立化。而這似乎又回到1829
年皮爾爵士理想的新警察（New Police）的概念。

二、警政民間化與公民社會之公私協力共同治理

　　英、美、日等先進國家在90年代之警政發展，民間警衛之人力與預
算均超出正式警察甚遠之境地。其發展除受前述諸項警政管理之思想與策
略改變之影響外，民間警衛需求之自然成長亦為其助長因素之一，故而形
成了警政民間化（Privatization of Policing）之新趨勢。

　　國家行政強制力之執行或處罰之手段，為了公正、公平與安全的因
素，在民主社會中大都由國家行政部門來執行，很少假手於私人企業來

---

[10] 陳明傳（民81：7-10）。

[11] 陳明傳（民81：287-311）。

代理。但是近年來由於下述二種認知，而改變了此種現象：在世界之多數民主國家，如英、美、日、加拿大等都於刑事司法體系中已存在著很多的民間化的機構（privatization）。其中，英、美、加之私人警衛（private security）甚至超出警察的總人數。除此之外，一些非營利性之民間組織、志願團體、義工等（或謂民眾化，civilianization）亦如私人警衛般大量的存在於民主社會，來協助警察或刑事司法機關，共同維護社會安寧。然而傳統上之想法則認為，國家有供應（supply）及擔起（take）刑事司法及社會正義的責任與義務。但是，如果無法提供上述之服務，則現代之想法轉變為，其全權處理之法定性就受到了挑戰。故而在國家法令權力未受侵害時，私人機構亦可參與並應受到容許及鼓勵。[12]此發展趨勢與李宗勳先生於〈社區營造與安全治理—從單一管理到共同經營〉一文中，所引述之Agranoff與McGuire以《協力型公共治理》為書名作為地方政府新的經營策略，協力式公共治理以及網絡治理所產生的嶄新概念，[13]此觀點亦與作者前所論述公私協力（Public-Private Partnership）為同一之概念與新趨勢之發展。而所謂公共治理的協力價值及其對民主意涵的論述，成了公共行政學者以民主治理原則來檢視實際或理想的協力治理案例的民主實踐程度。故而，新治安策略思維已從國家社會轉型為公民社會，警政組織要破除以往「警察為首」、「治安為先」的單向管理與管制迷思，轉而根據社區問題屬性，以社區自身所認知問題解決順序，在自身權限內盡量給予社區協助，讓社區有投入參與的能量及永續基礎與接手意願，以共同經營探詢安全風險與可接受風險。

　　另外，亦與晚近所謂之「第三造警力」（Third Party Policing）有相同社區治安經營的共同理念、原則與發展之趨勢。因為，我國政府的治安政策與社區之營造，長期的責任早已經壓垮公部門最早的初衷，能不能藉此翻轉，讓社區找到機會重新自我審視，重新建構出一種不屬於公部門價值的觀點與公私協力經營之策略，誠屬於我國治安策略重大之挑戰與課

---

[12] Matthews (1989: 2-33).

[13] 李宗勳（民99a）。

題。而此私部門之參與，即所謂之「第三造警力」。而此所謂之「第三造警力」，係以市場及社區為基準展開的犯罪防護；該趨勢運用社區警政與問題導向警政之優點，並參考情境犯罪預防之策略，企圖結合第三造良善之民眾或市場機制共同參與犯罪防護。該種趨勢是更廣義的「去中心化警力」（decentralization of policing）的一部分，即警力從國家控制的管理機構向以社區和市場為基準的第三方移轉。[14]

三、問題導向警政

問題導向警政（Problem-Oriented Policing）之策略經常與前述社區警政之策略相輔相成、互為運用。而且社區警政大都包含問題導向之策略。惟其二者之最大區別，在於問題導向之策略較不強調警察遂行「社會工作者」之角色，而僅強調在「執法」工作上之策略性改變或運用[15]（Goldstein, 1990: 24-26），故而較著重基層人員之參與式之管理策略及治安問題之整合與分析。其中心工作包括：將治安相關之問題做「整體」（grouping）之分析，即將類似之治安問題整合、加以分析，並提出治本之對策，而不是單一事件的緊急個別處置。各階層員警廣泛蒐集問題之情報，對問題作系統之研究分析，對該類問題提出最妥適之處置方案，建立預警之立場（proactive stance），即提出預防機先的防治措施。而此種整合問題之情報來做預警式之研究分析，並提出根本性的解決方案，確實可以更徹底有效的解決該類之問題。此種以科學及整體分析之警政策略，深信比傳統警政「單一事件、個別機動快速的處置」之做法，要來得根本而有效。

四、品質警政

品質警政（Quality Policing）係指警政之推展宜跳脫傳統警政只講究

---

[14] 李宗勳（民99b：49-74）。

[15] Goldstein (1990: 24-26).

「量多」之窠臼，同時亦應講究以顧客爲導向之策略與服務品質的提升。
故警政品質的管理，遂成爲二十世紀末繼前述二種策略的發展之後，補強
此二策略的警政管理革命。當然，此運動亦受到管理科學（或公共行政）
系統理論時期，講究品質提升之趨勢所影響。而從前述警政發展過程之傳
統警政、社區警政，及整合時期三階段的發展，亦可顯而易見的發現，其
與管理科學之科學管理、人群關係（修正理論），及系統理論等三時期所
主張之原理原則有密不可分之關聯性。當然，管理科學各階段之發展自然
亦受當代之思潮與社會大環境變遷所左右。所以警政工作要達到警民密切
合作以抗制犯罪，及創造一個更好的內部組織氣候，其品質的管理便成爲
不可不注意的發展趨勢。而在此趨勢影響之下，歐、美、日等國警政遂以
服務品質之提升，爲其重要的策略。在其發展之經驗中，必須具備下述諸
條件：受過良好溝通訓練的高品質之基層警員；高品質且肯授權之領導幹
部；參與式之人性化管理的工作設計，及以提升服務品質爲訴求的警察角
色之重新檢討定位。例如，以顧客爲導向之策略。[16]在此策略下，不但因
爲參與式的管理模式而使警察內部組織氣候良好，對外的服務品質與社會
整體抗制犯罪之力量也能更有效的提升，可謂一舉數得。

五、預警式的警政管理、資訊統計之管理及知識經濟之管理

預警式的管理模式主張諸般警政措施，包含勤務、人事、組織管理
等均要有根據時空因素變化，而預先分析與計畫之概念，不要以傳統之經
驗或規則，一成不變地推展工作。故而科學性（講求實證）與計畫性（講
求資料蒐集與系統分析），便成爲警政管理的中心工作。是以策略性計畫
（strategic planning）與決策分析就成爲警政諸多管理工作的重要依據。
而此模式之警政管理，亦受管理科學之行爲及系統理論之影響甚鉅。同
時，亦可視爲補強警政管理新思潮的管理新措施。此措施即強調行政管理
的預先分析（proactive）與計畫性，而不僅是做事後補救（reactive）之行

---

[16] Galloway & Fitzgerald (1992: 1-7).

政作用而已。

　　資訊統計之管理方面，1990年代，以CompStat與CitiStat的資訊統計之管理與分析系統為基礎之管理技術，分別由紐約市與巴爾的摩市引進，此後被其他許多城市仿效。此種管理技術的目標是改善政府機關的執行績效，及增加全體同仁之決策參與及分層授權與責任。CompStat是「computer comparison statistics」（電腦統計比較）一個讓警方可以用來即時追蹤犯罪的系統，包含了犯罪資訊、受害者、時間與發生地點，另外還有更詳盡的資料讓警方分析犯罪模式。電腦自動產生的地圖會列出目前全市發生犯罪的地方，藉由高科技「斑點圖法」（pin-mapping）之方法，警方可以快速的找到犯罪率高的地區，然後策略性地分派資源打擊犯罪。雖然全國其他警察部門也使用電腦打擊犯罪，但紐約市警方更進一步地用在「犯罪防制」。在發展CompStat時，紐約市警局將全市七十六個轄區的主管聚集在一起，破除了巡佐、警探與鑑識專家傳統上的隔閡，以往的各自為政已不復存在，現在每週都舉行會議，以輻射狀的方式檢視電腦資料，嚇阻某些地方的犯罪事件。在這些會議中，地方主管會拿著可靠的報表進一步地提出規劃，藉以矯正特定的狀況。另外一個CompStat重要的步驟，就是持續的評估（assessment），最後建立一個警察社群，邀請地方老師、居民、企業負責人一起進行會議協助打擊犯罪。[17]

　　其在亞洲華人地區之影響，例如，大陸之江蘇公安廳即以信息化建設之「大平臺」概念，亦即以紐約市警察局之資訊統計之警政管理策略來革新其警政。其並認為公安信息化（資訊化）是實現警務現代化的必然選擇；因此以鋪好路、建好庫、大整合、組天網等為發展此資訊統計之警政管理策略的主軸，並以公安信息化為推動公安工作和隊伍建設發展的強大引擎，以及其長期發展之路。[18]

　　又例如，香港警務處於撰寫第六屆兩岸四地警學研討會之論文時，發現兩岸四地均有很多成功打擊特定罪案的例子，其成功的原因均和「警

---

[17] Worcester Regional Research Bureau (2003).
[18] 孫文德（民99）。

務責任制」（即本文作者所謂之資訊統計之警政管理策略，CompStat）
有諸多相似之處。該論文以香港警方打擊電話詐騙案的經驗作爲引子，並
簡述「警務責任制」的管理原則，以及該制度應如何應用於共同合作打
擊跨境罪案，希冀能爲兩岸四地警方，就未來共同合作打擊跨境犯罪提
出一個新的設想。「警務責任制」即警務責任系統的機制，是英文縮寫
爲「computer comparison statistics」的中文譯稱，又稱電腦統計及比較系
統。「CompStat」是一種管理理念，大致可以說是一種「以電腦統計及比
較方式推行全面策略的質量管理及問責系統」，而「問責」則是整個系統
的精華所在。因此，其文認爲「警務責任制」這個中文譯稱能更好的表達
「CompStst」的概念。

　　簡單來說，「警務責任制」強調以統計學方式來分析地區的犯罪情
況和罪犯的犯案手法，同時以圖表來計算警務人員的執法效率和罪案的數
量。「警務責任制」在增加地區執法單位和指揮人員的責任的同時，也給
予了有關單位和人員更大的權限和執法空間。因爲該理念認爲，地區執法
單位對於當地的犯罪情況和環境最爲瞭解，也因此能夠更有效減少罪案數
量。[19]

　　至二十世紀末二十一世紀初，管理科學界所盛行的知識經濟之概念
（knowledge-based economy），此名詞乃源自1996年10月8日在OECD
（經濟合作發展組織）發表的〈科學、技術和產業展望〉報告中，曾提出
「以知識爲基礎的經濟」。1998年世界銀行和聯合國也分別採用知識經濟
這個名詞。2000年我國經建會召開「全國知識經濟會議」，行政院也函知
各公務機關研究「知識經濟的發展方案」。許士軍先生曾指出，所謂知識
經濟有下列三個原則：[20]1.知識運用的原創性（creativity or originality），
而非經驗性或重複性使用。此與孟洛教授在論超級警政（Turbo-Cop）時
所謂「經驗的誤謬」（the fallacy of experience），有異曲同工之論理；
2.知識之運用乃直接的使用與投入，而非間接的援用他人之智慧或方法；

---

[19] 余鎧均、曾憲健、劉鴻燕、萬雅雯（民100）。

[20] 陳明傳、Munro、廖福村（民90：133）。

3.主動與廣泛的結合與運用各類之知識與科技，而非被動性的遵照既定之規範辦事。[21]

六、整合型的警政

　　社區警政較強調犯罪之預防及社會資源之整合，惟在犯罪之偵查與警察本身專業化能力之加強上，則亦相當重要，而可能為其想法所較不注意者。復以社區警政在犯罪的控制上，並非在所有地區都得到預期之效果。故而運作警政之想法遂導向其二者整合之方向來發展，故而發展出所謂之整合型的警政（Integration Policing）。

　　至於其發展之軌跡，即一方面繼續加強警察專業化，一方面卻在加強保障人權及提高為民服務之品質與行政之中立化。而這似乎又回到1829年皮爾爵士理想的新警察的概念。此種新的警政發展策略，也就是偵查與預防犯罪同時並重的警政發展。

七、國土安全警政時期之情資導向警政

　　美國自2001年911恐怖分子攻擊紐約州的世貿雙子星摩天大樓之後，其國內之警政策略即演變成應如何從聯邦、各州及地方警察機構整合、聯繫。以便能以此新衍生之新策略，能更有效的維護國內治安。進而，又如何在此種建立溝通、聯繫的平台上，將過去所謂的資訊或資料，更進一步發展出有用之情報資訊，以便能制敵機先，建立預警機先之治安策略，此即謂為情資導向的新警政策略。[22]本文前述美國警政學者奧利佛所論之「國土安全警政時期」最重要之發展策略即為此情資導向的警政，此種策略乃強調運用廣泛的情資之分析與運用，並以預防及機先之概念與作為，來處理相關之治安問題。

　　尤有進者，美國聯邦調查局（Federal Bureau of Investigation, FBI）近

---

[21] 高希均、李誠、劉克智、董安琪、曾志朗、許士軍等（民90：32-34）。

[22] Oliver (2007: 163-169).

年來亦創設了所謂之預測工作小組（Future Working Group, FWG）。其係由聯邦調查局與「國際警察未來協會」（the Society of Police Futurists International, PFI）合作所組成。其目的爲進行預測和發展策略來強化美國之地方、州、聯邦及國際執法機構對於二十一世紀維持和平和安全的效能。在1991年，聯邦調查局學院舉辦了執法的未來國際研討會。來自二十個國家的學者和250位刑事司法工作者出席了本次研討會。在場的人投贊成票，開始一個專業協會，即前述之「國際警察未來協會」，致力於研發警政治安未來發展之最新策略。國際警察未來協會和美國聯邦調查局一直保持著緊密的合作關係。2001年美國遭受911恐怖攻擊之後這個關係更爲突顯，因爲他們面臨更複雜艱難的執法議題，所以他們共同組成了「國土安全之預測工作小組」。2002年2月，其在維吉尼亞州Quantico的FBI學院舉行了首次會議。會議期間，訂定了組織規程，也訂出了研究事項。2002年4月2日，在聯邦調查局局長Robert Mueller和警察未來協會會長Gerald Konkler共同簽署協議備忘錄下，警察未來協會正式成立運作。[23]此種結盟與共同協力研究發展國土安全新對應策略之典範，甚值仿效與學習。

八、大數據時代的警政發展

大數據（Big Data），或稱巨量資料、海量資料、大資料，指的是資料量規模巨大到無法透過人工或者計算機，在合理的時間內達到擷取、管理、處理，並整理成爲人類能解讀的形式的資訊。在許多領域，由於資料蒐集過度龐大，科學家經常在分析處理上遭遇限制和阻礙；這些領域包括：氣象學、基因學、複雜的物理模擬，以及生物和環境研究等。這樣的限制也對治安維護之策略規劃與執行造成影響。[24]

據此大數據之概念，我國內政部警政署亦曾經於2016年舉行之「2016年警政治安策略研討會」，選定「大數據時代的警政策略」（Big

---

[23] Walker & Katz (2011: 519-520).
[24] 維基百科，大數據。

Data or Mega Data Policing）為主題，邀請專家學者及各警察機關共同討論。警政署並已規劃建置「全國毒品情資資料庫」，律定、整合毒品情資通報模式，未來將透過大數據分析毒品流通、交易網絡，有助向上溯源，有效瓦解毒品犯罪集團，並結合政府各部門及民間的力量，共同防制毒品犯罪。因此，「科技建警、偵防並重」是2016年警政發展的方向，並以大數據運用在警政工作上，是該年工作重點之一。警政署於2015年從加強雲端網路應用及整合系統開始發展「情資導向」的警政，並已整合全國錄影監視、人、車、案件系統，建置涉案車輛查緝網整合平臺、治安資訊整合中心、雲端影像調閱系統、擴充「警政服務App」功能與利用視訊進行會議和訓練等，同時也初步運用數據分析、通訊軟體協助疏導重點時段車流與傳遞訊息。因而大數據的運用是近年來相當熱門的話題，由行政院推出，落實到內政部警政署的「警政雲端運算發展計畫」，以雲端運算技術建構高安全性、高可靠度、具擴充性的警政雲，發揮科技破案成效，讓民眾在安全防護上「確實有感」。警政雲在第一階段（2012年至2015年）持續整合並運用新科技，充實警政資訊應用系統與設施，運用雲端運算技術建構各項雲端服務，導入多元化智慧型手持裝置（M-Police），提升員警使用資訊系統的便利性，提高勤務效率，在治安、交通環境及警政服務上成效卓著。隨著第一階段計畫的結束，接下來的規劃重點，將深化、加強大數據分析及智慧化影像處理應用的技術。

　　綜觀警政雲第二期計畫的發展方向，可以發現警政署更細膩地運用現有資料作為評估機制，發揮資料庫的最大價值；同時，從其積極建置智慧影像分析決策系統來看，警政署已自過去的犯罪偵查角度，逐漸轉向犯罪的預防，以期在事件發生前便能加以偵測，並及時預防。因而「科技建警、偵防並重」是當前我們警政治安工作的重點策略，以便強化科技辦案能力，提升犯罪偵防與治安治理能量。因此，藉由大數據與雲端運算技術，建構免於恐懼的安心生活環境，才能真正達到我國智慧警政革新的

目的。[25] 至於紐約市警察局（New York City Police Department, NYPD）以及洛杉磯市警察局（Los Angeles Police Department, LAPD），近年來亦曾更擴大此類大數據警政策略之推廣與運用技術之層級，其對於治安維護之效果產生比傳統警政策略更好之效果。[26]例如，紐約市警察局與微軟聯手合作，在2012年研發並使用所謂之轄區警報系統（the Domain Awareness System, DAS）。此DAS系統乃整合警察之資料庫、閉路監視系統（CCTV）的錄影畫面、輻射型的感應器資訊、車牌探測器，以及公共網絡所使用之相關訊息等，來分析、歸納、整理並預測治安的問題，達成機先預防犯罪之效果。又如洛杉磯市警察局使用一套從Palantir公司（情報與資訊工程之機構）所提供的一系列大數據之工具（big data tools），來整合、分析與研判現有的各類資料，以便提供警察辦案之參考。其資訊來源包括：從警察的案件管理系統、偵訊或現場之紀錄、車牌的判讀器資料，或者車禍的紀錄等等資料，從而促使傳統警政之較無結構性的情資分析模式，變成為更全面、深入而有價值的警察情資新系統；藉此使得此新的情資分析系統，能更為有效的預測與預防犯罪。

貳、我國警政策略之新嘗試

　　前述英國之皮爾爵士的治安策略與警察角色觀點認為：

一、治安策略：偵查犯罪與預防犯罪並重。前者著重破案，後者為「社區經營」的策略、技巧與工作方法的研發。

二、警察角色：警察為來自社區與民眾的人員，其僅為負擔有治安維護的專業人士。故必須與民眾共同合作始為治安維護的正確角色定位。故而民眾警察（people's police）之概念，即警察宜由地方議會與政府來掌理，並能充分瞭解與滿足地方之需求。根據前述全球警察勤務策略之新發展，我國警政曾研發並創新下列數項之新嘗試：

---

[25] 劉雨靈（民106）。

[26] Woodie (2014).

（一）民國92年臺中縣警察局將多年研發的「推行社區警政視訊暨勤務執行方案」整合完成，並成為該局之發展主軸。並以QCC方法與步驟「品管圈」（由下而上的管理模式），完成各類互為配套的研發工作。該局為落實品質提升與創新研究發展，特成立「臭皮匠品質政策創意圈」（Research & Development Circle），結合「學習型組織」（Learning Organization）及該局「全面提升服務品質實施計畫」，融入QCC精神推動該局「工作圈」及基層單位「勤教學習圈」（Operation Learning Circle），讓全體員工一起參與、共同研發創新。

（二）民國93年臺東縣警察局局本部各單位共成立了二十六個「品管圈」（Quality Control Circle, QCC），各分局與分駐（派出）所亦均比照辦理，全方位的進行品管的持續改革，並定期進行觀摩與比賽。

（三）民國94年嘉義市警察局其革新之願景（vision）為：警政業務全面的資訊科技化後，民眾對警察的服務機能期許甚高。提供一個最標準、有系統及專業化的便捷服務是他們的願景與承諾。為達成此願景，該局有數項根據ISO而研發成之本土策略之配套作為，以便順利推展此願景。

（四）民國97年桃園縣警察局的服務理念如下：1.積極引進企業「全面品質管理」、「顧客導向」、「創新加值服務」等理念及做法，並持續性改善；2.整合社區資源，促進全民參與，關懷弱勢團體，強調公共利益；3.善用現代化科技，建立完整管理流程，提升效率；4.對該局組織定位、願景與領導，形成共識；掌握環境發展趨勢，貼近民意需求。另外，其有下列二大項關鍵之革新作為：

(1)警政科技整合與運用：①運用科技，達到快速反應、縮短流程，提升服務效能；②結合110系統、勤務規劃、派遣、GPS、GIS、治安分析及行政管理等七大子系統，另整合天

羅地網、交通號控系統，發揮最大功效。

(2)現代化派出所：持續不斷研討學習，邀請專家學者與本局同仁，針對議題集思廣益，凝聚共識，運用PDCA管理模式，創新觀念與作為，推動現代化派出所。該局是全國首創警政改造工程，八十五個分駐派出所，同步推動現代化派出所行動方案。我們一定永續經營，提升服務品質，並包含下述五個發展方向：①科技化；②人性化；③多元化；④顧客導向；⑤創新加值服務。而期達成環境佳、效率高、態度好及創新的加值服務等效益，以便提升治安維護之效率與效果。

（五）民國98年臺中縣警察局創新精進作為：為因應日益增加之民眾需求，持續創新各項服務作為。魅「荔」四射，無線藍芽—ICOS系統、學生賃居治安風險安全認證、農漁牧機具烙碼、自行車刻碼、整合性查贓系統等，期能提供人性化、多元化高品質專業服務，透過E化高科技，發揮協助治安之功能，確保民眾生命財產安全。

（六）民國99年、100年新竹市警察局之革新作為：即建構了最現代化、最科技化、最人性化的E化勤務指管系統，以及全國首創之所謂「平安燈」緊急通報視訊系統，當民眾最需要我們的時候，即以最快的速度到達他的身邊（平均4分8秒）。此外，更透過三區共構（勤區、學區、社區）的綿密網絡，並結合全球警政最先進之治安維護策略，同步的發展此三區共構之治安網絡，亦即運用社區資源創造公私部門協力合作之安全平臺，以便降低治安之威脅與顧慮。[27]

（七）民國101年臺東縣警察局榮獲第四屆政府服務品質獎之警政新作為，臺東縣警察局自民國90年起，即著手研議策訂「民眾生

---

[27] 新竹市（民99、100）。

活無恐懼、交通安全有秩序、加值服務您滿意、創新卓越齊努力」四大品質政策；建立品質警政、觀光警政、社區警政三大警政工作主軸，其並「創新服務方式，整合服務資源」、「研發資訊科技，打造便捷服務」、「廣開民眾參與管道，落實公民教育」及「推廣生態教育，保育永續資源」四項爲民服務績效特色；更進一步充分運用因地制宜之利，發揮創意巧思，建立了由行政警察、森林警察及林務人員橫向聯繫跨域合作的「森林鐵三角」夥伴關係，有效改善濫伐及濫墾的現象。[28]

(八) 民國101年新北市警察局有提升服務品質之創新作爲[29]，其即積極導入E化及M化的科技與管制措施，結合高科技無線通訊技術、即時動態管理系統，掌握案發機先時刻，有效處理犯罪案件；即時回應民眾需求，例如推動「即時到位」交通服務，提供民眾便捷交通，免於塞車之苦；推動「快速打擊部隊」措施，即時打擊街頭犯罪，提供民眾即時安全服務；推動「防竊達人」與「報案到宅服務」即時提供民眾居家安全服務等。又有所謂成立「情資整合中心」（Intelligence Integrated Center, IIC），提供全方位即時安全服務：以科技爲主軸，以情資整合爲導向，運用現代化的科技設備與技術，透過有效的資源整合，精進治安服務效能；並整合建構從住家安全、社區安全到整體都市安全，發展多層次之安全防衛機制，發揮空間防衛之效能，以達成勤務指揮視覺化、治安管理智慧化、事件防控即時化、勤務運作數位化與提升犯罪科技偵防能量，達成型塑現代「科技防衛城」之目標。

(九) 民國105年之後，內政部警政署根據前述大數據之概念，曾經於2016年舉行「2016年警政治安策略研討會」，選定「大數據時代的警政策略」爲主題，邀請專家學者及各警察機關共同

---

[28] 徐金祥（民101：7-11）。

[29] 新北市（民101）。

討論。因此，「科技建警、偵防並重」是2016年警政發展的方向，並以大數據運用在警政工作上，是該年工作重點之一。另外，警政署也同時依據此科技建警之典範，規劃各警察局展示其創新警政之作為。其中，例如嘉義市政府警察局「i Patrol Car雲端智慧巡邏車—行動派出所進化版2.0」巡邏車之規劃，即為新的警政發展方案。該局運用4G科技，在巡邏車的前、後、左、右位置，配置高解析百萬畫素並具廣角、望遠功能的攝影鏡頭，透過無線雲端智慧錄監系統，即時收錄現場畫面，使勤務指揮中心能掌握執勤畫面，機動調派警力支援，有效輔助員警執法、蒐證，提升各種勤務狀況處置決策品質。[30]嘉義市政府警察局於2016年6月完成全市十二個派出所及保安隊、交通隊共十四部雲端智慧巡邏車，雲端智慧巡邏車上有八具百萬畫素廣角及望遠鏡頭，透過4G無線網路上傳，嘉義市政府警察局各級勤務指揮中心可即時收錄現場狀況，必要時立即派遣警力支援。該系統不但可以輔助員警執法，串聯固定式路口監視器，更可提供市府相關單位運用，如市容景觀、天然災害（查報）、大型活動等，以發揮該系統最大功效。[31]

第四節　國土安全警政發展之新策略方向—以美國為例

　　國土安全之策略，乃是確保維護國土安全之某些目標能圓滿達成的總規劃與架構。一個好的國土安全之策略必須考慮到一些要素，這些要素不僅要能塑造策略本身之效果，也能影響策略採用之手段。如同Harold G.

---

[30] 內政部警政署，全球資訊網（民106）。
[31] 警光新聞雲（民106）。

Campbell所主張，國土安全策略是全面的努力，要考慮大量看似不相干的要素，以便增加策略的選擇性，創造出更完善的公共安全策略。其謂策略規劃者，必須瞭解並辨識關鍵變項與因素，洞察不同因素的關係，並計畫所有的可能突發狀況。國土安全策略計畫者，必須看到整體之狀況，並瞭解所有要素的交互關係。至其策略必須能預測恐怖主義者的下一步動作，像是棋局中的主宰一般，國土安全策略規劃者，必須洞燭機先，具備有預備之方案以因應突發之狀況。國土安全的策略規劃，乃肇因於911事件，然而多重的威脅在後911之時代仍然存在。其中，包含了蓋達和其他組織、非法藥物走私、軍火走私、大規模毀滅性武器販運、國際組織犯罪、非法移民等等之各類威脅。當不同的敵對國家或恐怖組織，開始現代化並部署資訊科技，則各民主國家變得更容易遭受到攻擊。此威脅之新發展態勢，更確立了國土安全的策略規劃具有其存在的必要與急迫性。[32]

至於國土安全的策略，在美國仍有存在必要的其他考量因素，則包含了政治面向、更高科技的使用、更好的資訊合作、更團結的組織合作等等。因此，美國雖遭受到攻擊，卻創造了國土安全發展之空間與其必要性。然而，蓋達基地組織對於科技的使用與攻擊，則強調科技對於美國及其之利益，應該會產生重大之打擊與影響。反之，科技也可能用來強化美國國土安全之維護能力、組織效能，並促成其更有效的部署警力，或者運用科技以便在作決策時能善用相關之情資。然而情資在美國，卻一直沒有真正的被共享。因為當今之科技，雖能提供給治安人員立即（real-time）的資訊，惟應該進一步考量資訊應如何更有效地被整合、分享與運用（information sharing）。

壹、發展全國性國土安全之警政策略

Philip McVey指出，所有的美國之國土安全策略，不應該只有讓身在聯邦單位的決策者瞭解，而是每個單位都能瞭解計畫，並依照地區特性來

---

[32] Oliver, op.cit. (2007: 99-101).

因地制宜。每個機構更必須設置必要的準備平臺，使其機構能瞭解恐怖主義的威脅，並能建立處理事件之應變能力。換句話說，每個機構必須建立其自己的策略計畫，並不斷的更新其因應之措施，以及能與其他不同的部門合作。故而，無論是在聯邦或地方策略中，警察皆扮演著國土安全維護的重要角色之一。國土安全之策略根源，往往不只一種，而最完善的策略說明，來自於前國土安全部部長Tom Ridge的「國土安全的國家策略」（the National Strategy for Homeland Security）。此計畫歷時8個月，由一群前國土安全的專家編纂而成。其中之序言，試著回答四個國土安全的基本問題，其即包含：1.何為國土安全及其內涵？2.要如何完成此策略？以及國土安全最重要的目標為何？3.聯邦決策部門做些什麼來完成這些目標？4.非聯邦政府，亦即私部門以及所有市民，可以做些什麼來確保國土安全？這份文件說明了地方警力在國土安全中扮演的角色，但它同時也試著著眼於美國聯邦政府面對的國土安全問題。然而，其確實是發展地方警力最佳的模式與標竿。

至於如何發展國土安全之策略，或亦可參酌「國際城市管理協會」與「國際警察首長協會」所擬定之計畫作為參考。[33]這兩個機構，均蒐集了一些可以落實執行國土安全之文章與研究報告，尤其是在地方警力之配合與發展方面之相關資料，更為實用與珍貴。例如，「國際警察首長協會」即發表其白皮書，期望各地方警政機構與全國性的國土安全機關能密切的合作，並規劃出一個全方位的國土安全新策略。其建議之計畫名稱為「從城市安全到國土安全」（From Hometown Security to Homeland Security）。這計畫始於2004年，並在隔年的5月發表此白皮書。此白皮書對國土安全的國家策略影響甚大，其並引述2002年美國前總統布希先生所論述強調，之所謂國土安全策略乃國家安全之策略，而不僅是聯邦策略而已。因此「國際警察首長協會」認為，美國之聯邦、州、地方政府應該確實執行此全國性之國土安全策略，使國家安全策略更為落實。故而其提倡

---

[33] Oliver, op.cit. (2007: 102-132 & 232). Also see McVey (2003).

應採用全國之各個層級，來做更為全面的整體之整備，並發展更有系統、更完整性之國土安全規劃，而非僅以聯邦的層級來解決此問題而已。據此理念與新的國土安全典範，期望達成未來國土安全計畫的真正落實與遂行，而不會成為緣木求魚，甚而遙不可及之新策略。此種發展全國性國土安全之警政策略與新典範，甚值得各國在發展國土安全策略時之參考。

貳、配合國土安全策略新發展之相關策略

一、對於威脅與傷害之深入認知與掌握

　　在國土安全策略整體之考量上，必須瞭解國家所面對的威脅及脆弱點。恐怖分子依據脆弱點，以及其之易攻擊性而決定目標，不像一般罪犯有一定之犯罪模式與手法。恐怖分子容易相互學習並適應各國反恐策略，而據以調整其攻擊模式，故而較難以預防。如以911事件為例，恐怖分子利用美國航空管制之弱點進行攻擊。事後，美國加強了機場安全、海關查驗，強化了入境的管制。如此規劃與調整，雖然可以防止類似的案例再發生，但恐怖分子也將焦點轉到其他疏於防備的脆弱點來進行迫害。因為美國是個自由民主的社會，擁有多元的民族，但這也是他的弱點，因為較不易掌握各種族群與文化之特性，故而較不易掌控相關之情資，以便機先的做好防範措施。此種社會多元結構之特色使得美國強盛，但同時也暴露其多元化難以管理的潛在危機與威脅。因而國家安全之策略，就必須強調這個特性與概念，亦即美國國家發展的五個關鍵要素與核心價值—民主、自由、經濟、文化與安全，缺一不可。美國之民主運用法律之規範造就一個開放的社會，然而恐怖分子容易在法律規範之外活動，進而撼動民主之價值。美國之自由是個人對抗獨裁政府的利器，但恐怖分子卻利用自由之雙面刃，來大行其迫害之道。因之，或許必須犧牲一些自由，來交換安全之得以確保。而此亦是民主社會經營之兩難，因為民主國家雖然強調安全是國家存在的主要核心要素之一，然而民主社會亦要依賴自由市場與多元文化來使得國家強盛。基此兩難狀況，則恐怖分子就找到了機會與安全管理之空隙，來進行攻擊。

　　恐怖分子對美國所進行之攻擊與威脅，最廣為人知的就是大規模毀滅性武器之攻擊，核能、放射物質、生化武器也是攻擊與威脅之來源。蘇聯解體之後，核武則在另外一些國家擴散，例如伊朗與北韓，造成了以放射性物質為原料的「髒彈」（Dirty Bomb）。[34]除此之外，化學毒氣攻擊也不能忽視，1995年的東京地鐵沙林毒氣攻擊事件即為一例。生物攻擊亦可能造成甚大之心理恐慌與威脅，911之後的炭疽熱攻擊，即為新的恐怖攻擊之武器作出最震撼之示範。[35]

　　雖然大規模毀滅性武器之攻擊造成嚴重的威脅，傳統的恐怖攻擊並未曾減少，因而依然威脅著各國國土之安全。2005年的英國地鐵爆炸事件，突顯傳統武器的殺傷力即為一例。恐怖分子也試著以破壞科技設備為攻擊之標的，本書第一章所述之葉門基地組織首腦Anwar al-Awlaki在被美軍擊斃之前，即以網路攻擊而享有惡名，因而亦可運用網路與手機通訊來延伸其之攻擊。總之，恐怖攻擊的模式不斷推陳出新，其中最顯著之例證即在911事件之前，就有報告顯示可能有挾持飛機的威脅，但很少人相信它真的會發生。然不幸的是，它果真發生。因此對於國土安全之事前整備，與對恐怖主義的情資掌握，誠然不可掉以輕心。

二、情報與警示的相互配合與運用

　　反恐之學者亦有主張稱，國土安全之策略應著重於情報與資訊之分析，其二者並不是獨立而是交互影響的。因此必須建立起四種交互相關的情資與資訊（intelligence and information）之分析模式，並依據這些情資與資訊之分析，而規劃出三種行動之模式。如此則可創造出所謂之「可操作與執行之情報」（actionable intelligence）。第一種分析模式為戰術性的威脅分析，即根據國家安全策略，運用此類可操作執行之情報，誠為防

---

[34] 髒彈又叫骯髒炸彈，是一種放射性散布裝置，亦即放射性物質與常規炸藥相結合的放射性武器。其並非核子彈，卻綜合了傳統炸彈與正規核子武器的可怕特質。雖然爆炸殺傷威力並不算特別巨大，但仍會引起心理恐慌與經濟損失。

[35] Oliver, op.cit. (2007: 107-108).

止恐怖行動的重要手段。透過立即的情報分析與資訊傳播，瞭解恐怖分子可能潛在的行動，使政府能對危機做出預防及回應，同時也可對特定目標、安全部門，甚至一般民眾提出即時之警示。第二種分析模式乃是對敵情之策略分析，即必須深入瞭解可能對國土發動攻擊的恐怖組織，瞭解他們的身分、經濟、背後的支持政權、動機、目標，現在與未來的能力及其組織弱點之處。如此情報單位對恐怖主義之情報分析，可以支持國家長期的反恐策略。亦即，藉由瞭解恐怖組織在海外的根源，以及外國政府之處理各該區域的恐怖組織之意願與能力，以便做綜合與更精準的協議或反恐行動之規劃。

　　第三種分析模式乃傷害之評估（vulnerability），此類評估乃是國土安全之情報分析與整合之重要環節。它讓計畫者提出預報恐怖攻擊對特定設施、經濟或政府的部門可能之破壞或攻擊。這些預先之警示，能讓政府強化對不同威脅的預防。如此之評估，乃是藉由電腦之模擬分析而來完成。第四種分析模式乃是威脅與傷害之整合分析，其乃剖繪出恐怖分子對特定設施的威脅與破壞能力，使政府提早分析出並注意到，哪一個恐怖組織可能造成最大的威脅，以及哪一個國土安全之相關設施面對的風險最大。

　　至於根據上述之四種分析，而衍生出所謂之三種行動，包括戰術性的預防措施、即時之警告與保護，以及有效的國土安全維護策略之回應。1.戰術性的預防，乃當發現恐怖分子有計畫攻擊之蛛絲馬跡時，即時使用情報分析來加以戰術性的機先防制；2.即時之警示與保護，乃憑藉一般之常識，而感知可能或疑似攻擊之徵兆，此乃因為較缺乏前述戰術性預防之資訊與分析，故可以據此而提出建議或警告，使可能受攻擊或破壞之機構提升其維護之層級，亦或鼓勵民眾保持高度警戒；3.最後所謂有效的策略之回應，其乃藉由不斷更新情報資訊與分析，來提升與促進策略之效益。而此行動，亦是為了即時性的與長期性的國土安全策略計畫，而做好萬全的準備工作。

三、邊境與運輸安全管理之強化

　　新的國土安全策略，亦應更廣泛的注意到幾個國土安全主要保護之目標。第一個是邊境與運輸安全。因為美國很多邊境之社區，都有與國際的運輸網絡接軌，貨物與人以海運、機場、公路、鐵路、水路等進出美國。因此，邊境與運輸安全，必然變成為國土安全策略的重點工作。美國新的國土安全策略，遂有建立所謂智慧國境之倡議（smart borders），亦即使用現代科技，追蹤人與物的國境管理系統。部署智慧國境的責任在於國土安全部，並期望將高危險外國人建檔管理，若發現有偷渡或非法入境情事，則立即驅逐出境。

　　邊境與運輸安全的討論，也著眼於提升國際海上載具的安全，並利用海上警衛隊強化國境安全，重組移民服務之業務。這些美國新的邊境與運輸安全管理策略，是聯邦主要的職責所在，雖然亦有直接課予地方警察之邊境與運輸執法之責任，但並不代表警察角色必然會因而調整或改變。[36]因為美國之警政，乃為海洋派警察制度之國家，其為地方分權而不隸屬於聯邦政府之指揮乃為其特點。因此各州、郡與市、鎮之地方警察，均各自獨立執行其工作，以至於不必然會受聯邦之規範而改變其執法之模式或角色之扮演。至於邊境與運輸安全管理相關議題之較詳細論述，可參酌本書第七章國土安全、移民與國境執法之文獻與說明。

四、保護重要基礎設施與關鍵資產

　　國土安全之策略，應強調保護國家之基礎設施與關鍵資產。至於基礎設施與關鍵資產可包括：農業、糧食、水資源、公共衛生、緊急救護服務、政府機構、國防基礎工業、資訊與通訊、能源、銀行與金融、運輸、化學工業、郵政與船舶等。然而政府之資源確實有限，至於應保護哪一個基礎設施，與其優先順序誠然有所困惑，因此國土安全之新策略，必須瞭解地方政府與私部門的重要，以便整合各類之資源，而達成此國土安全維

---

[36] Oliver (2007: 99-114).

護的艱鉅任務。

　　至於美國整合各類之資源，來保護基礎設施的創新策略，乃是由國土安全部底下的單位來負責推動。因此，該部門必須建立對美國之重要基礎設施，完整且精確的評估，以便推展此種國家基礎設施之保護計畫。為達此極其複雜的目標，必須有效率地與地方政府以及私部門合作，因為美國之私部門控制了約85%的基礎設施。因此保衛基礎設施的主要責任，便落到了私部門的頭上。但是各級政府所擁有的國土安全維護之專業技術，正是私部門所最缺乏的。雖然應使得私部門能自行執行其保護之責任，然而美國之新國土安全策略，亦期待新設立之國土安全部，能擬訂公、私部門的合作要點，以便更有效的執行基礎設施之保護，來發展中央更有效控管之計畫。本書之第二章公私協力之國土安全新趨勢，即對此議題有更詳細之論述。

五、提升對抗大災難及其威脅之能力

　　所謂國土安全之新策略對於處理大災難及其威脅，主要乃在於提升處置大規模毀滅性武器之能力。其主要的倡議，包含防止恐怖分子使用更精良的技術製造核武器、偵查生化材料與攻擊、大規模發展疫苗、解毒劑與抗體，利用科學知識對抗恐怖主義。而相關之專業部門，愈快速的辨識與掌握可能之大規模毀滅性攻擊，則第一線的警察人員愈能夠迅速有效的處理其破壞，而衛生與緊急救難人員，亦能較迅速的偵測出迫害之徵候並提出對策。

　　總而言之，隨著警政策略進展到一個新的紀元，是需要有一個明確的策略來引導國土安全之發展方向。雖然美國聯邦政府如上所述，提出了國土安全國家策略來因應，但卻被批評過度聚焦於聯邦政府所扮演的角色，而忽略了地方與民間資源之整備與資源更為有效的整合。而反恐學者William V. Pelfrey所提供之反恐整備之循環架構理念（The Cycle of

Preparedness: Establishing a Framework to Prepare for Terrorist Threats），[37]
或可以提供各國在發展國土安全策略時之參考。Pelfrey主張一個好的國
土安全策略，應該要能夠整合中央、地方及所有各公私部門與民眾之資
源，形成一個全方位的國土安全防護網。並且，要以預防爲核心，同時
除了反恐的整備之外，更應擴及自然災害之整備、預防與救難。而所謂
之循環，即指以整備與預防爲核心，同時聚焦於保護國土及民眾之安全
（protection）、嚇阻恐怖主義（deterrence）、機先預警之反恐或救災措
施（preemption），及減災（mitigation）等等循環相關架構之上。

　　綜合上述所論，若能依循美國國土安全之新發展之經驗與前車之
鑑，則有下列國土安全發展之五個原則宜加參酌，其即包含：預防災
害（prevention）、防災整備（preparedness）、有效即時的回應災害
（response）、災害後之復原（recovery），以及國土安全策略之評估
（assessment）。同時，亦應該有六個策略之目標必須注意，其應注意者
爲：國土安全組織之完整規劃（organization）、公私部門之共同合作機制
（collaboration）、情資之整合（intelligence）、資訊與情資的分享平臺之
建置（information/intelligence sharing）、適當反恐或救災防救的立法規範
（law），以及科學與科技（science and technology）等等措施之運作與落
實執行。又情資之整合與分享平臺之建立，則例如前述大數據警政系統之
研發與運用等等新管理機制與措施，亦甚值得援用於未來我國之國土安全
運作之上。然而，我國之國土安全未來應如何發展，則在本書之各章中，
均有根據上述之諸多原則，而衍生之各類相關之建議與論述；例如，第二
章第三節之我國國土安全在民間相關資源之運作、第七章第四節情資分享
系統之發展與其在國境執法上之運用等等均可供參酌。因此，若能融合上
述美國國土安全發展的經驗，同時能掌握這些原理，則警察或治安之公部
門，就能爲國土安全寫下嶄新的一頁，也比較能掌握國土安全發展之契
機。

---

[37] Oliver, op.cit. (2007: 125-127).

第四章

我國國土安全情報體系之概論

蕭銘慶

　　美國在911恐怖攻擊事件之後，當時的布希總統（George W. Bush）立即對恐怖主義宣戰，並全面強化「國土安全」防護措施。此外，為解決911攻擊事件中情報組織顯現的失誤與問題，2004年制訂了「情報改革與恐怖主義防制法」（Intelligence Reform and Terrorism Prevention Act, IRTPA），並依據該法於2005年設置國家情報總監（Director of National Intelligence, DNI）一職，透過整合美國情報體系的資源，改善相關的情報疏失。[1]相關的法案制訂與組織變革，目的即在整合政府相關機構與民間力量，有效防護美國本土的安全。

　　在各項變革當中，情報體系的改革更是重點所在，透過改善原本因應冷戰設計的情報體系，使其具備足夠的彈性與能力，應付各項新型的威脅，並強化情報體系在國土安全防護的效能。例如，美國國土安全部（Department of Homeland Security, DHS）在《2012至2016的年度策略計畫》（Department of Homeland Security Strategic Plan, Fiscal Year 2012-2016）當中，明確揭示國土安全防護工作的五項任務目標，其中的第一項為：「預防恐怖主義和逐漸升高的安全威脅」，具體做法則為：必須針對目前和逐漸產生的各項威脅，以及恐怖主義可能攻擊的具體目標等相關情報訊息加以蒐集、分析，並能適當分享。[2]顯現在國土安全防護的工作當中，情報工作扮演著極為關鍵的角色。

　　我國的國情與安全威脅情勢雖不同於美國，但在911恐怖攻擊事件之後，亦已積極強化各項國土防護機制措施。目前我國國土安全機制可區分為「緊急應變機制」與「備援應變機制」兩項。[3]其中的「備援應變機

1　高慶德等（民100：40-43）。

2　美國國土安全部網站，http://www.dhs.gov/xlibrary/assets/dhs-strategic-plan-fy-2012-2016.pdf。

3　所謂緊急應變機制為一旦發生緊急事件，即可依平日制訂的命令、應變計畫與體系，迅速加入救援工作。備援應變機制為事故性質、大小而間接啟動，兩者在平時即進行前置作業與事故預防處理工作。緊急應變機制包括：災害防救機制、傳染病防制機構、核子事故應變機制、國家反恐體系、海洋污染防治、國家資通安全機制。備援機制包括：全民防衛動員準備體系、緊急醫療救護體系、國防體系、民防體系、國家安

制」即包含「國家安全情報體系」。亦即在國土安全防護工作機制上，係透過國家安全情報體系進行相關情報的蒐集研析，藉由情報的先期預警，協助國土安全應變機制相關單位的政策擬訂、工作推行以及緊急應變，故而國家安全情報體系組織的運作，攸關國土安全防護工作的效能。本章目的在針對我國國家情報體系組織運作現況進行介紹探討，內容包括情報體系的發展沿革、體系現況、相關成員的組織與任務，最後提出結論，期能提供讀者對我國國家安全情報體系的發展過程與運作現況有一概括性之瞭解。

第一節　我國情報體系發展沿革

　　我國近代情報體系組織的發展過程可依政府遷臺前及遷臺後分為二個時期。由遷臺前為整肅潛伏共黨分子的國民黨內部情報組織、因應日本侵略軍事行動的軍事情報組織、抗戰勝利後的情報組織改組，到遷臺後因應動員戡亂時期的情報組織重整。隨著民主法治的深化，在2005年「國家情報工作法」公布施行後，我國的情報體系組織與工作邁入另一個由法律明確規範的年代。

壹、政府遷臺前時期

　　我國近代情報組織及其活動的歷史，雖可回溯至革命、北伐時期之「諜報」行動，但正式設有情報（安全）專責組織，負責進行情報蒐集或安全防護、祕密行動，則始自1927年國民黨上海「清共」清黨之後；當時，為求整肅潛伏共黨分子及防堵滲透而在國民黨中央組織部設立「調查科」。迄1930年擴編為「中央特工總部」，後又稱為「中央組織委員會黨

　　全情報體系、災難搜救體系。引自陳明傳、駱平沂（民100：232-244）。

務調查處」。[4]

1930年代初期，中國面臨外患（日本侵略）與內憂（中共坐大）之情勢。1932年4月，在「軍事委員會」之下，成立「特務處」，作為軍事情報活動之組織。同年9月，國民黨「黨務調查處」與「特務處」合併為軍事委員會之下的「調查統計局」，其下再分設兩處（第一處為黨情報組織，第二處為軍事情報組織），以求事權統一，整合情報活動能力。[5]

1937年對日抗戰開始，為因應戰爭需求而將上述兩處予以擴編為兩個調查統計局：一為歸屬中央黨部的「中央黨部調查統計局」（簡稱「中統」）；另一為隸屬軍事委員會之「軍事委員會調查統計局」（簡稱「軍統」）。「軍統」由於戰爭而不斷發展擴增，在組織方面設有：軍事、情報、行動、電訊、會計、總務、訓練等處及人事室、督察室、敵偽經濟研究室等單位。並於全國（東南、西南、西北）設多處訓練班，並與美國海軍合設「中美合作所」。1945年抗戰勝利，「軍統」乃改隸國防部，更名為「國防部保密局」。「中統」於1947年亦因戰爭結束而改組更名為「中央黨部通訊局」；1949年改稱為「內政部調查局」，後再改隸司法行政部。[6]

貳、政府遷臺後時期

1949年政府遷臺，為整頓全國情報體系，由「總統府機要室資料組」主持全國情報工作；1955年資料組擴編成立「國家安全局」。同年「調查局」及「國防部保密局」分別改編為「司法行政部調查局」與「國防部情報局」。同時為統合指揮管理情報體系，乃於1967年2月由總統下令，依據「動員戡亂時期情報安全會議組織綱要」，成立「國家安全會議」，取代1954年設立之「國防會議」，而國家安全局則隸屬於國家安全

4　楊壽山（民72：148）。
5　同上註（149-150）。
6　同上註。

會議，擔任後者的情報執行角色。隨後「司法行政部調查局」於1980年8月1日改隸法務部。[7]

　　由於我國於2005年以前尚未有法律明確界定情報機關，2005年2月5日「國家情報工作法」經總統公布施行後，方明確界定我國之情報機關。[8]依據我國憲法增修條文第2條第4項規定：總統為決定國家安全有關大政方針，得設國家安全會議及所屬國家安全局。另依據「國家情報工作法」第2條規定：本法之主管機關為國家安全局。第3條規定：情報機關：指國家安全局、國防部軍事情報局、國防部電訊發展室、國防部軍事安全總隊、行政院海岸巡防署、國防部政治作戰局、國防部憲兵指揮部、內政部警政署、內政部移民署及法務部調查局等機關（構），於其主管之有關國家情報事項範圍內，視同情報機關。[9]

　　故我國現今的國家情報體系包括：國家安全會議；四個情報機關：國家安全局、國防部軍事情報局、國防部電訊發展室、國防部軍事安全總隊，以及主管之有關國家情報事項範圍內，視同情報機關的六個單位：行政院海岸巡防署、[10]國防部政治作戰局、國防部憲兵指揮部、內政部警政署、內政部移民署及法務部調查局。

第二節　我國情報體系現況

　　我國國家情報體系在國家安全會議之下，透過國家情報協調會報，由國家安全局主管綜理、統合指導、協調、支援各情報機關與治安單位推動

---

[7]　桂京山（民76：7）。

[8]　張家豪（民99：58）。

[9]　全國法規資料庫網站，https://law.moj.gov.tw/LawClass/LawAll.aspx?pcode=A0020041。

[10]　行政院於2018年成立海洋委員會，作為海洋政策的統合機關。原行政院海岸巡防署併入海洋委員會成為其次級機關。海洋委員會海巡署網站，https://www.oac.gov.tw/GipOpen/wSite/ct?xItem=126154&ctNode=10462&mp=oac。

各項情報工作。有關我國情報體系組織、情報工作運作體系以及國家安全局與各情治機關之關係分述如下。

壹、我國情報體系組織

依據我國憲法增修條文第2條第4項規定：總統爲決定國家安全有關大政方針，得設國家安全會議及所屬國家安全局。另依據「國家情報工作法」第2條規定：本法之主管機關爲國家安全局。此外，「國家安全局組織法」第2條規定：國家安全局隸屬於國家安全會議，綜理國家安全情報工作與特種勤務之策劃及執行；並對國防部總政治作戰局、國防部軍事情報局、國防部電訊發展室、國防部軍事安全總隊、國防部憲兵司令部、行政院海岸巡防署、內政部警政署、內政部入出國及移民署、法務部調查局等機關所主管之有關國家安全情報事項，負統合指導、協調、支援之責。[11]

由上述相關法令內容可得，我國國家情報體系，其架構有總統重大國政方針諮詢機關之國家安全會議，下設國家安全局，職責爲綜理國家安全情報工作及特種勤務之策劃與執行，並負責統合指導、協調、支援相關情治機關所主管之有關國家安全情報事項。有關我國國家情報體系組織，如圖4-1。

---

[11] 全國法規資料庫網站，https://law.moj.gov.tw/LawClass/LawAll.aspx?pcode=A0010022。另國防部總政治作戰局已更名爲國防部政治作戰局、國防部憲兵司令部已更名爲國防部憲兵指揮部、行政院海岸巡防署已更名爲海洋委員會海巡署、內政部入出國及移民署已更名爲內政部移民署。

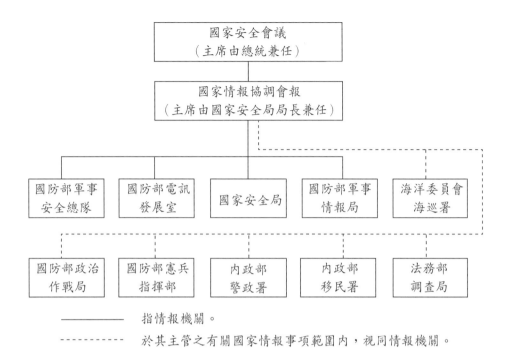

　　　　　　　　　　　指情報機關。

- - - - - - - - - - - 　　於其主管之有關國家情報事項範圍內，視同情報機關。

圖4-1　我國情報體系組織圖

資料來源：作者自繪。

貳、情報工作運作體系

　　在上述國家情報體系組織架構下，為推動情報工作，依據我國「國家情報工作法」第15條規定：主管機關應負責統合指導、協調及支援情報機關之業務。主管機關為辦理前項業務，得邀集情報機關首長召開國家情報協調會報；必要時，得邀請其他相關政府機關代表列席。[12]另依「國家情報協調會報實施規定」：國家安全局向下分別召開國際情報、大陸地區情報、臺灣地區安全情報及科技情報等四個協調會報，就有關國家安全情

12　同註9。

報事項，進行統合、協調與支援，以發揮情報工作整體功能。[13]而爲統合國家安全局與各情報機關之情報工作，另訂有「國家安全情報工作統合辦法」，以律定相關情報工作統合及協助支援事項。[14]有關我國國家情報工作運作體系，如圖4-2。

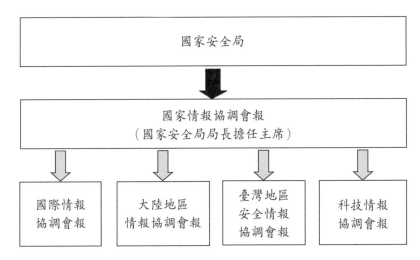

圖4-2　國家情報工作運作體系圖

資料來源：國家安全局網站，http://www.nsb.gov.tw/page04_06.htm。

參、國家安全局與各情治機關之關係

國家安全局爲我國法定情報工作主管機關，在「情治分立」原則下，統合指導國家情報工作，建構國家情報工作運作體系，惟各情治機關在「行政指揮體系」上，各隸屬其上級機關，爲行政指揮的垂直關係，但在「情報指導」上，依「國家安全局組織法」與「國家情報工作法」之規定，有關國家情報工作，應受國家安全局之統合指導，爲一「行政指揮體

---

13 國家安全局網站，http://www.nsb.gov.tw/page04_06.htm。

14 全國法規資料庫網站，http://law.moj.gov.tw/LawClass/LawAll.aspx?PCode=A0010029。

系」與「情報指導體系」雙軌運作之機制。[15]有關國家安全局與各情治機關之關係，如圖4-3。

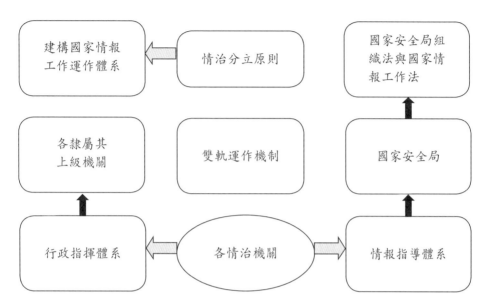

圖4-3　國家安全局與各情治機關之關係圖

資料來源：國家安全局網站，http://www.nsb.gov.tw/page04_06.htm。

第三節　國家情報體系成員之組織與任務

　　我國法定情報機關包括國家安全局等四個機關，以及主管有關國家情報事項範圍內，視同情報機關的國防部政治作戰局等六個單位；另依據「國家安全局組織法」規定，國家安全局隸屬於國家安全會議，以下分就這些相關機關的組織及任務加以介紹。

---

15 國家安全局網站，http://www.nsb.gov.tw/page04_06.htm。

壹、國家安全會議

一、機關組織

　　國家安全會議成立於1952年，最早名稱爲「國防會議」，而後於1967年改制爲「國家安全會議」。[16]1997年7月21日，總統公布第4次中華民國憲法增修條文第2條第4項：總統爲決定國家安全有關大政方針，得設置國家安全會議及所屬國家安全局，其組織以法律定之。2003年6月5日「國家安全會議組織法」修正通過，其中第2條明訂：國家安全會議，爲總統決定國家安全有關之大政方針之諮詢機關。前項所稱國家安全係指國防、外交、兩岸關係及國家重大變故之相關事項。[17]

　　另依據「國家安全會議組織法」規定，其組織包括兩部分：第一部分是由總統擔任主席，並由法定成員所參加的會議；另一部分是由秘書長、副秘書長、諮詢委員及秘書處所組成之常設幕僚機構。[18]關於總統主持之國家安全會議部分，組織法第3條規定：國家安全會議以總統爲主席，總統因事不能出席時，由副總統代理之。出席國家安全會議之人員，依組織法第4條規定，包含以下成員：[19]

　　（一）副總統。

　　（二）行政院院長、副院長、內政部部長、外交部部長、國防部部長、財政部部長、經濟部部長、行政院大陸委員會主任委員、參謀總長。

　　（三）國家安全會議秘書長、國家安全局局長。

　　此外，總統得指定有關人員列席國家安全會議。

　　至於國家安全會議常設機構部分，依其組織法第6、7、9條之規定：國家安全會議置秘書長1人，特任，承總統之命，依據國家安全會議之決

---

[16] 趙明義（民94：77）。

[17] 全國法規資料庫網站，https://law.moj.gov.tw/LawClass/LawAll.aspx?pcode=A0010021。

[18] 張家豪，前揭文（民99：60）。

[19] 同註17。

議，處理會務，並指揮、監督所屬職員。置副秘書長1人至3人，襄助秘書長處理會務，職務比照簡任第14職等。置諮詢委員5人至7人，由總統特聘之。[20]

二、機關任務

因國家安全會議並非常設機關，乃是由總統視情況需要而召開。因此，國家安全會議之性質僅爲獻策性及備主席諮詢之組織，兼從事各部會機關間有關國家安全事務之協調配合工作，會議不能以決議約束主席，而需接受主席之指示，故國家安全會議僅爲總統的幕僚機構。[21]

另依據「國家安全會議議事規則」第6條規定，國家安全會議之提案依下列方式產生：[22]

（一）總統交議之事項。

（二）行政院院長之提案。

（三）國家安全會議秘書長簽報之事項。

國家安全會議秘書長應就各項提案先行協調，並將協調結果陳請總統參考。

國家安全會議本身並無自建的情蒐管道，且衡諸「國家安全會議組織法」其他條文，亦無法進行情報蒐集、運用或指揮、指導、統合其他情報機關之職能，其任務係在提供總統有關國家安全大政方針之諮詢，若要發揮其諮詢功能，則必須充分掌握情報，而現行運作模式係國家安全會議研訂情資需求，個別逐一向各情報機關提出。[23]其在國家安全政策的擬訂以及推動情報工作上扮演極爲重要的角色。

---

[20] 同上註。

[21] 呂謙宜（民95：103）。

[22] 全國法規資料庫網站，https://law.moj.gov.tw/LawClass/LawAll.aspx?pcode=A0020034。

[23] 廖文正（民93：106）。

貳、國家安全局

一、機關組織

　　國家安全局成立於1955年3月1日，隸屬於國防會議；至1967年國防會議裁撤，同時成立國家安全會議，國家安全局亦隨之改隸。1993年12月30日，「國家安全會議組織法」及「國家安全局組織法」經總統明令公布，國家安全局隨即於1994年1月1日正式法制化。[24]

　　依據「國家情報工作法」第2條規定：本法之主管機關為國家安全局。故國家安全局依法為「國家情報主管機關」。[25]目前國家安全局相關組織業務單位如下：[26]

（一）情報業務單位

　　　　1. 第一處：國際情報工作。
　　　　2. 第二處：大陸地區情報工作。
　　　　3. 第三處：臺灣地區安全情報工作。
　　　　4. 第四處：國家戰略情報研析工作。
　　　　5. 第五處：科技情報與電訊安全。
　　　　6. 第六處：密碼及裝備管制與研發。
　　　　7. 第七處：國家網域安全工作。
　　　　8. 督察室：負責內部反情報工作。
　　　　9. 公開情報中心：負責公開情報蒐整有關事項。
　　　　10. 國家安全作業中心：國安重大緊急突發事件通報與應處。

（二）情報支援單位

　　設有人事處、主計處、政風處、秘書室、資訊室、總務室，負責情報

---

[24] 國家安全局網站，https://www.nsb.gov.tw/index01.html。

[25] 同註9。

[26] 同註24。

行政支援。

（三）三個中心

1. 特種勤務指揮中心：
   (1) 依選舉罷免法授權負責總統、副總統候選人之安全。
   (2) 掌理總統、副總統與其家屬及卸任總統、副總統與特定人士之安全維護。
2. 電訊科技中心：電訊科技情報。
3. 訓練中心：教育訓練。

二、機關任務

依據「國家安全局組織法」第2條規定：國家安全局之任務主要負責綜理國家安全情報工作、特種勤務之策劃與執行、統籌密碼管制及研發工作。

（一）綜理國家安全工作

國家安全局依法掌理國際情報工作、大陸地區情報工作、臺灣地區安全情報工作、國家戰略情報研析工作、科技情報與電訊安全工作。並對國防部軍事情報局、電訊發展室、軍事安全總隊等情報機關，及行政院海岸巡防署、國防部政治作戰局、國防部憲兵指揮部、內政部警政署、內政部移民署及法務部調查局等視同情報機關所主管之有關國家情報事項，負統合指導、協調、支援之責。

藉由召開「國家情報協調會報」及各分項會報，統合各情報機關需求，以共同擘劃情報蒐研工作，另針對國際、兩岸及國內情勢發展，定期或不定期指導各情報機關進行情蒐工作，對所獲影響國家安全或利益之情資，均以專業角度，進行深入研判、分析，並做成各類情報研析報告，依其性質分送政府決策機關參考。

（二）策劃與執行特種勤務

　　國家安全局特種勤務指揮中心，依據「國家安全局組織法」協同有關機關掌理總統、副總統與其家屬及卸任總統、副總統與特定人士之安全維護；另依據「總統、副總統選舉罷免法」，協同有關機關負責總統、副總統候選人之安全維護工作。

（三）統籌密碼管制及研發工作

　　國家安全局依法主管政府機關密碼管制政策及研發等有關事項，藉由政府機關密碼統合及管制之機制，持續建立綿密資通保密網絡，俾使政府機關在安全無虞之通聯環境下，達成政府施政目標。[27]

參、國防部軍事情報局

一、機關組織

　　由抗戰時期「軍統局」而來。軍統局簡稱「軍統」，全稱是「國民政府軍事委員會調查統計局」。再前身是軍事委員會情報處，隸屬於軍事委員會，1937年成立。抗戰勝利後，軍統局改隸國防部，更名為「國防部保密局」，局長鄭介民、副局長毛人鳳，設1處至7處；後再更名為「情報局」；1985年「江南案」後，再更名為「國防部軍事情報局」，劃歸軍令系統的參謀總長轄下。[28]

　　依據「國防部參謀本部組織法」第2條第4項規定：參謀本部掌理軍事情報蒐集研判之規劃及執行。[29]另「國防部參謀本部處務規程」第5條第13項規定：情報參謀次長室掌理國軍情報機關（構）、部隊之督導及管理等。[30]故其業務係受參謀本部情報參謀次長室督導及管理。軍事情報局

---

[27] 同上註。

[28] 高明輝、范立達（民84：131-132）；趙明義（民94：88）。

[29] 全國法規資料庫網站，https://law.moj.gov.tw/LawClass/LawAll.aspx?pcode=F0000074。

[30] 全國法規資料庫網站，https://law.moj.gov.tw/LawClass/LawAll.aspx?pcode=F0010069。

並未制定組織法，而係以編組裝備表代替。由於國防部配合軍事情報機關組織編裝及人員資料保密事項，故該局無公開組織法及組織規程可供參考研究。[31]

二、機關任務

　　1971年以前，軍事情報局之主要任務係對大陸的敵後情報工作。1962年時，情報局運用中共和蘇聯分裂之際，著手與美國中央情報局（Central Intelligence Agency, CIA）進行合作，並派遣大批情報人員進入大陸。1960年代後，大陸和海外情報工作推展日益艱困，遂以軍事和作戰情報爲主要工作。目前該局仍爲我國對大陸從事敵後情報工作最主要之機關。[32]

肆、國防部電訊發展室

一、機關組織

　　依據「國防部參謀本部組織法」第2條第11項規定：參謀本部掌理國防通信、電子、電子戰與資訊戰之規劃及執行。[33]另依據「國防部參謀本部處務規程」第5條第13項規定：情報參謀次長室掌理國軍情報機關（構）、部隊之督導及管理。[34]故其業務由情報參謀次長室督導管理。該室並無組織法，而係以編組裝備表代替，同軍事情報局由國防部對其組織編裝保密，亦無公開組織法及組織規程可供參考研究。[35]

---

[31] 依據民國94年7月1日國家安全局（九四）陽勵字第001898號函頒布之政府各機關協助國家情報工作應配合事項第4點規定，國防部應配合軍事情報機構組織編裝及人員資料保密事項。引自《國家安全法規彙編》（民97：366）。

[32] 張家豪，前揭文（民99：83）。

[33] 同註29。

[34] 同註30。

[35] 楊育潯（民96：57）。

二、機關任務

　　國防部電訊發展室爲我國對大陸通信電子偵蒐之主要單位，並以偵蒐大陸解放軍部隊演訓的戰術情報及武力犯臺預警情資爲主，係我國軍事情蒐重要機關。[36]該室位於新北市新店區莒光路，俗稱「清風園」，專責監聽大陸或國際電訊及解碼解密，係屬國防部一級特業情報機關，主要任務係對國際與大陸共軍電子情報偵蒐、初步研判與電子偵蒐技術發展人才培育，並兼具國軍電偵兵監職能，爲國家戰略、技術及預警情報重要來源。其所屬的北、中、南及外島的電監中心及所屬三十多個地面電子偵蒐站、通信情報監聽站、東南亞二座電監站及泰國、南韓、南非等據點所組成的電子偵蒐網爲國軍對中國通信電子偵蒐的主力。[37]

伍、國防部軍事安全總隊

一、機關組織

　　依據「國防部政治作戰局組織法」第2條第3項規定：本局掌理機密維護（不含國防部公務機密維護）、安全調查、諮詢部署、安全防護、保防教育之規劃、督導及執行。第5條規定：本局爲執行國軍政治作戰事項，得設專業機構、執行機構及部隊；其組織以編組裝備表定之。[38]另根據「國防部政治作戰局處務規程」第6條第9項規定：保防安全處掌理督導國軍密碼保密與本局所屬保防安全機構及部隊相關業務。[39]故軍事安全總隊現由國防部政治作戰局保防安全處負責督導。該總隊前身爲「國防部反情報調查總隊」，以工作站配置於地區，工作組配置於各縣市。[40]國防部軍事安全總隊同軍事情報局及電訊發展室由國防部對其組織編裝保密，亦

---

[36] 同註32。

[37] 同註35。

[38] 全國法規資料庫網站，https://law.moj.gov.tw/LawClass/LawAll.aspx?pcode=F0000078。

[39] 全國法規資料庫網站，https://law.moj.gov.tw/LawClass/LawAll.aspx?pcode=F0010058。

[40] 張家豪，前揭文（民99：83-84）。

無公開組織法及組織規程可供參考研究。[41]

二、機關任務

　　軍事安全總隊負責防諜情報蒐集、國軍保防及反情報工作。[42]該總隊任務主要藉由情報蒐集、調查、檢查、管制等情報工作手段，發掘影響國軍安全之情資，建立國軍安全情報檔案庫，防範敵人陰謀滲透，確保國軍整體安全。[43]

陸、海洋委員會海巡署

　　政府為統一海岸巡防事權及有效管理海域，於2000年1月28日，成立部會層級的海域執法專責機關—行政院海岸巡防署。[44]為綜理海洋事務之橫向協調功能，加強海洋政策之規劃及落實推動，使中央與地方政府縱向齊一步伐，於2018年設立海洋委員會，作為海洋政策的統合機關。[45]依據「海洋委員會組織法」第5條規定：本會之次級機關及其業務如下：一、海巡署：規劃與執行海域及海岸巡防事項；二、海洋保育署：規劃與執行海洋保育事項。[46]

一、機關組織

　　海洋委員會海巡署組織架構如下：[47]

---

[41] 楊育澧，前揭文（民96：59）。

[42] 同上註（59-60）。

[43] 同註40。

[44] 海洋委員會海巡署網站，https://www.cga.gov.tw/GipOpen/wSite/ct?xItem=3761&ctNode=782&mp=999。

[45] 海洋委員會網站，https://www.oac.gov.tw/GipOpen/wSite/ct?xItem=126154&ctNode=10462&mp=oac。

[46] 全國法規資料庫網站，https://law.moj.gov.tw/LawClass/LawAll.aspx?pcode=D0090030。

[47] 海洋委員會海巡署網站，https://www.cga.gov.tw/GipOpen/wSite/ct?xItem=5135&ctNode=

（一）內部單位：設企劃組、督察組、巡防組、情報組、後勤組、通電資訊組、秘書室、人事室、主計室、政風室、巡防區指揮部、通資作業隊及警衛隊。

（二）所屬機關：設北部分署、中部分署、南部分署、東部分署、金馬澎分署、東南沙分署、艦隊分署、偵防分署及教育訓練測考中心。

二、機關任務

該署為維護臺灣地區海域及海岸秩序，與資源之保護利用，確保國家安全，保護人民權益，依法負責掌理下列事項：[48]

（一）海岸管制區之管制及安全維護事項。

（二）入出港船舶或其他水上運輸工具之安全檢查事項。

（三）海域、海岸、河口與非通商口岸之查緝走私、防止非法入出國、執行通商口岸人員之安全檢查及其他犯罪調查事項。

（四）海域及海岸巡防涉外事務之協調、調查及處理事項。

（五）走私情報之蒐集，滲透及安全情報之調查處理事項。

（六）海洋事務研究發展事項。

（七）執行事項：

　　1. 海上交通秩序之管制及維護事項。

　　2. 海上救難、海洋災害救護及海上糾紛之處理事項。

　　3. 漁業巡護及漁業資源之維護事項。

　　4. 海洋環境保護及保育事項。

（八）其他有關海岸巡防之事項。

有關海域及海岸巡防國家安全情報部分，應受國家安全局之指導、協

890&mp=999。

[48] 海洋委員會海巡署網站，https://www.cga.gov.tw/GipOpen/wSite/ct?xItem=3762&ctNode=783&mp=999。

調及支援。

　　該署主要以維護海域及海岸秩序，與資源之保護利用，確保國家安全，保護人民為目的。除執行走私偷渡之查緝工作等司法警察工作外，亦負有情報蒐集任務。海巡署執行查緝走私、偷渡任務之同時，必須經由預警情資之蒐集及研整之情報作為，方能掌握確切不法事證，據以採取具體行動。藉由情報組織運作，作為「海」、「岸」兵力運用之依據，故海巡情報為海巡任務重要工作，亦為國家整體安全工作之一環。[49]

　　有關海洋委員會海巡署相關情報工作法令部分，依據「海洋委員會海巡署處務規程」第7條規定：情報組掌理事項如下：[50]

　　（一）情報政策、計畫之研擬、督導及考核。

　　（二）國際犯罪情資之協調、運用及聯繫。

　　（三）兩岸犯罪情資之協調、運用及聯繫。

　　（四）派駐境外業務之規劃及督導。

　　（五）走私、非法入出國與其他犯罪案件調查工作政策、計畫之研擬、督導及考核。

　　（六）防制滲透與安全情報蒐集之指導、研整、運用、督導及考核。

　　（七）情報部署與情報諮詢計畫之研擬、督導及考核。

　　（八）水文、海象、漁汛資料之蒐整及運用。

　　（九）其他有關情報事項。

柒、國防部政治作戰局

一、機關組織

　　1924年黃埔軍校創立以來就有政工制度，政府遷臺後，1950年4月實施政工改制，將原「國防部政工局」調整為「國防部政治部」，1951年5

---

[49] 張家豪，前揭文（民99：78）。

[50] 全國法規資料庫網站，https://law.moj.gov.tw/LawClass/LawAll.aspx?pcode=D0090035。

月更名為「總政治部」，1963年8月改名為「總政治作戰部」，爾後單位編組迭有調整。2000年1月15日「國防二法」完成立法三讀程序，同年1月29日經總統明令公布實施，政戰制度相關法源依據自此確立，且在「總政治作戰局組織條例」完成法制作業程序後，於2002年3月1日配合「國防二法」施行正式運作。2013年1月1日起，本局依「國防組織六法」（國防部、參謀本部、政治作戰局、軍備局、主計局、軍醫局組織法）進行組織調整，「總政治作戰局」更銜為「政治作戰局」。[51]

依據「國防部政治作戰局處務規程」第3條規定：本局設下列處、室：[52]

（一）政戰綜合處，分三科辦事。

（二）文宣心戰處，分三科辦事。

（三）保防安全處，分二科辦事。

（四）軍眷服務處，分五科辦事。

（五）軍事新聞處。

（六）主計室。

二、機關任務

依據「國防部政治作戰局組織法」第2條規定：本局掌理下列事項：[53]

（一）政治作戰政策之規劃、核議與心理輔導、福利服務、軍民關係、官兵權益保障業管事件之規劃、督導及執行。

（二）政治教育、文宣康樂、心理作戰資訊、全民國防教育之規劃、督導、執行及官兵精神戰力之蓄養。

（三）機密維護（不含國防部公務機密維護）、安全調查、諮詢部

---

[51] 國防部政治作戰局網站，https://gpwd.mnd.gov.tw/Publish.aspx?cnid=32。

[52] 全國法規資料庫網站，https://law.moj.gov.tw/LawClass/LawAll.aspx?pcode=F0010058。

[53] 全國法規資料庫網站，https://law.moj.gov.tw/LawClass/LawAll.aspx?pcode=F0000078。

署、安全防護、保防教育之規劃、督導及執行。

（四）國軍老舊眷村改建、軍眷服務與眷村文化保存政策之規劃、督
導及執行。

（五）軍事新聞之規劃、督導及執行。

（六）其他政治作戰事項。

有關該局相關情報工作法令則有「國防部政治作戰局處務規程」第6
條規定：保防安全處掌理事項如下：[54]

（一）國軍保防安全工作政策、法令之擬訂與保防人員培育、保防教
育、人員安全調查、機密維護（不含國防部公務機密維護）、
安全狀況掌握、安全防護、諮詢部署、特種勤務危安目標情報
作業等事項之規劃、執行及督導。

（二）國軍洩（違）密案件之情報蒐集、調查、處理及機密資訊鑑
定。

（三）蒐集、研析、處理及運用足以影響國家安全或利益之資訊。

（四）全國保防工作會報分工事項之規劃、督導及與各保防體系之協
調。

（五）國家情報協調會報分工事項之協調及執行。

（六）防諜情報蒐集與敵（間）諜案件之調查及處理。

（七）作戰區反情報工作之規劃、督導及與情報機關之協調。

（八）國軍反情報預算之編列及執行。

（九）督導國軍密碼保密與本局所屬保防安全機構及部隊相關業
務。

（十）其他有關保防安全事項。

---

54 同註52。

捌、國防部憲兵指揮部

一、機關組織

依據「國防部組織法」第8條：本部設後備指揮部及憲兵指揮部；其組織以編組裝備表定之。[55]憲兵指揮部編配參謀本部，下轄軍事、政戰、督察三個幕僚群及軍事訓練機構、任務執行部隊等。各單位掌理事項如下：[56]

（一）軍事幕僚單位

1. 人事軍務處：負責人事管理、人力規劃、人事勤務、軍務及招募等相關業務。
2. 軍事情報處：負責情報、軍事偵察、刑事鑑識等相關業務。
3. 警務處：負責憲兵作戰、戰備、警務勤務、教育訓練、災害防救及戰情等相關業務。
4. 後勤通資處：負責憲兵裝備整備、補給作業、醫療勤務、營繕工程、採購作業、通信、資訊及官兵生活設施等相關業務。
5. 計畫處：負責憲兵軍事戰略、施政計畫及編裝等相關業務。
6. 主計室：負責憲兵主計制度之規劃、預算、會計、內部審核、統計分析等相關業務。

（二）政治作戰部

負責憲兵政治作戰、政戰人事、福利、政治教育、政訓、心戰、文宣、康樂、新聞、軍眷服務及保防等。

（三）督察室

負責憲兵督察、監察業務及法律事務等相關業務。

---

[55] 全國法規資料庫網站，https://law.moj.gov.tw/LawClass/LawAll.aspx?pcode=F0000001。

[56] 憲兵指揮部網站，https://afpc.mnd.gov.tw:7443/AboutUs/About_Info.aspx?ID=10006&CID=2。

二、機關任務

憲兵指揮部隸屬國防部，主掌國家安全情報、軍事警察，協力警備治安、衛戍首都、支援三軍作戰，依「軍事審判法」、「憲兵勤務令」規定，掌理軍事（法）警察勤務；另依「刑事訴訟法」、「調度司法警察條例」，兼理司法警察勤務。[57]

憲兵情報工作任務可區分為「基本任務」與「專案任務」。前者係依國家安全體系分工，以特種勤務安全調查為中心，軍事、外事安全及社會治安為重點；並主動蒐證，協力軍中及社會重大刑案偵辦等；後者係因應特殊時期任務需求，形成情報工作重點，隨任務完成而結束，亦隨狀況變化，再次產生新的情報工作重點。而憲兵情報工作範圍，包括：「一般情報」與「重點情報」。一般情報之蒐集範圍為：

（一）特種勤務安全情報（指對警衛對象之危害、驚擾及地區資料等狀況之蒐報）。

（二）軍事安全情報（指對影響國防、軍事設施、營區之安全及有關軍人違法、違紀、貪瀆、洩密等狀況之蒐報）。

（三）社會安全情報（不當團體鼓煽群眾，製造騷動暴亂事件之預警活動及重大影響社會治安事件與民心士氣之狀況蒐報）。

（四）外事安全情報（外籍人士不法活動及涉外事件之蒐報）。

重點情報之蒐集範圍則為檢肅敵諜安全情報、查緝非法械彈安全情報、查緝軍中逃亡安全情報，以及查緝走私、偷渡安全情報。[58]

玖、內政部警政署

一、機關組織

我國近代警察始於1901年（清光緒27年）裁汰綠營，改練巡警營。

---

[57] 同上註。

[58] 張家豪，前揭文（民99：79）。

期間幾經變革，1972年7月15日成立「內政部警政署」。1995年3月1日成立「內政部消防署」，警消分立；2000年1月28日成立「行政院海岸巡防署」，納併原由警察執行之海洋巡防及海岸安全檢查等業務；2007年1月2日成立「內政部入出國及移民署」，將移民業務移撥分出警察機關，使得警察任務更趨專業，全心致力維護社會治安及促進交通安全。2014年配合政府組織改造，再度精簡本署組織，將警察職權集中於治安及交通二大工作主軸。[59]該署組織設置如下：[60]

（一）業務單位：行政組、保安組、教育組、國際組、交通組、後勤組、保防組、防治組及勤務指揮中心。

（二）輔助單位：督察室、公共關係室、秘書室、法制室、資訊室、人事室、政風室、會計室及統計室。

（三）署屬機關：刑事警察局、航空警察局、國道公路警察局、鐵路警察局、保安警察第一總隊、保安警察第二總隊、保安警察第三總隊、保安警察第四總隊、保安警察第五總隊、保安警察第六總隊、保安警察第七總隊、基隆港務警察總隊、台中港務警察總隊、高雄港務警察總隊、花蓮港務警察總隊、警察通訊所、民防指揮管制所、警察廣播電台、警察機械修理廠、臺灣警察專科學校。

（四）市、縣（市）政府警察局：臺北市、新北市、桃園市、臺中市、臺南市、高雄市政府警察局、臺灣省各縣（市）政府警察局、金門縣警察局、連江縣警察局。

---

[59] 內政部警政署網站，https://www.npa.gov.tw/NPAGip/wSite/ct?xItem=45740&ctNode=12571。

[60] 內政部警政署網站，https://www.npa.gov.tw/NPAGip/wSite/ct?xItem=68012&ctNode=12575。

二、機關任務

依據「警察法」相關規定，警察任務如下：[61]

（一）第2條：警察任務爲依法維持公共秩序，保護社會安全，防止一切危害，促進人民福利。

（二）第4條：內政部掌理全國警察行政，並指導監督各直轄市警政、警衛及縣（市）警衛之實施。

（三）第5條：內政部設警政署（司），執行全國警察行政事務並掌理下列全國性警察業務：

　1. 關於拱衛中樞、準備應變及協助地方治安之保安警察業務。

　2. 關於保護外僑及處理涉外案件之外事警察業務。

　3. 關於管理出入國境及警備邊疆之國境警察業務。

　4. 關於預防犯罪及協助偵查內亂外患重大犯罪之刑事警察業務。

　5. 關於防護連跨數省河湖及警衛領海之水上警察業務。

　6. 關於防護國營鐵路、航空、工礦、森林、漁鹽等事業設施之各種專業警察業務。

有關內政部警政署情報工作部分，依據「內政部警政署處務規程」第4條第7項規定：本署設保防組，分五科辦事。另該處務規程第11條規定：保防組掌理事項如下：[62]

（一）所屬警察機關（構）之機關保防工作之規劃、督導及考核。

（二）社會保防工作之規劃、督導及考核。

（三）偵防內亂、外患與危害國家安全案件之規劃、督導及考核。

（四）社會治安調查之規劃、指導、蒐集及處理。

（五）安全資料查詢工作之規劃、執行、督導及考核。

---

[61] 全國法規資料庫網站，http://law.moj.gov.tw/LawClass/LawAll.aspx?PCode=D0080001。

[62] 全國法規資料庫網站，https://law.moj.gov.tw/LawClass/LawAll.aspx?pcode=D0010108。

（六）機場、港口、貨櫃遭受劫持或破壞事件之應變及演習之規劃、督導。

（七）機場管制區人員管制及港口治安維護之規劃、督導。

（八）航空保安及安檢情報之規劃、督導。

（九）進口貨櫃落地檢查及協助舊機動車輛、引擎輸出查證作業之規劃、督導。

（十）其他有關保防事項。

拾、內政部移民署

一、機關組織

內政部移民署自草創至設署，組織從入、出分管，軍、民分管，到統合「軍民入出境聯合審查處」，改為「入出境管理處」，再移隸「內政部警政署」；2007年改制為「內政部入出國及移民署」，2015年1月2日組織改造，更名「內政部移民署」，歷經五度變革。最初僅單純執行入出境管理業務，因應國內政經發展、國際局勢及兩岸關係變化，隨著法規及組織功能之演進，逐步納入外來人口管理、防制人口販運、移民照顧輔導、兩岸交流往來、國際交流合作、移民人權保障及移民政策推動等業務。[63]

該署組織目前設四組、四室、四個大隊，負責相關工作之執行。

（一）四組：入出國事務組、移民事務組、國際及執法事務組、移民資訊組。

（二）四室：秘書室、人事室、主計室、政風室。

（三）四大隊：北區事務、中區事務、南區事務及國境事務大隊。[64]

63　內政部移民署網站，https://www.immigration.gov.tw/5382/5385/5388/7169/15869/。

64　內政部移民署網站，https://www.immigration.gov.tw/5382/5385/5388/7166/77751/。

二、機關任務

依據「內政部入出國及移民署組織法」第2條規定：本署掌理下列事項：[65]

(一) 入出國、移民及人口販運防制政策、法規之擬（訂）定、協調及執行。

(二) 大陸地區人民、香港或澳門居民及臺灣地區無戶籍國民入國（境）之審理。

(三) 入出國（境）證照查驗、鑑識、許可及調查之處理。

(四) 停留、居留及定居之審理、許可。

(五) 違反入出國及移民相關規定之查察、收容、強制出國（境）及驅逐出國（境）。

(六) 促進與各國入出國及移民業務之合作聯繫。

(七) 移民輔導之協調、執行及移民人權之保障。

(八) 外籍及大陸配偶家庭服務之規劃、協調及督導。

(九) 難民之認定、庇護及安置管理。

(十) 入出國（境）安全與移民資料之蒐集及事證之調查。

(十一) 入出國（境）及移民業務資訊之整合規劃、管理。

(十二) 其他有關入出國（境）及移民事項。

前項第10款規定事項涉及國家安全情報事項者，應受國家安全局之指導、協調及支援。

拾壹、法務部調查局

一、機關組織

法務部調查局成立於1927年，其前身為中國國民黨中央黨部執行委員會設立之「調查統計局」（簡稱「中統」），1949年4月間改制為「內

---

[65] 全國法規資料庫網站，https://law.moj.gov.tw/LawClass/LawAll.aspx?pcode=D0000135。

政部調查局」，後改隸司法行政部，1980年8月1日再改隸法務部。[66]依據
「法務部調查局組織法」第3條、第4條規定：該局組織設置如下：[67]

　　（一）十五處：國家安全維護處、廉政處、經濟犯罪防制處、毒品防
　　　　　　制處、洗錢防制處、資通安全處、國內安全調查處、保防處、
　　　　　　國際事務處、兩岸情勢研析處、諮詢業務處、鑑識科學處、通
　　　　　　訊監察處、督察處、總務處。

　　（二）五室：秘書室、人事室、主計室、政風室、公共事務室。

　　（三）一個委員會：研究委員會。

二、機關任務

　　依據「法務部調查局組織法」第2條規定：該局掌理下列工作事
項：[68]

　　（一）內亂防制事項。
　　（二）外患防制事項。
　　（三）洩漏國家機密防制事項。
　　（四）貪瀆防制及賄選查察事項。
　　（五）重大經濟犯罪防制事項。
　　（六）毒品防制事項。
　　（七）洗錢防制事項。
　　（八）電腦犯罪防制、資安鑑識及資通安全處理事項。
　　（九）組織犯罪防制之協同辦理事項。
　　（十）國內安全調查事項。
　　（十一）機關保防業務及全國保防、國民保防教育之協調、執行事
　　　　　　項。

---

[66] 同註7。

[67] 法務部調查局網站，https://www.mjib.gov.tw/teach/or。

[68] 全國法規資料庫網站，http://law.moj.gov.tw/LawClass/LawAll.aspx?PCode=I0000003。

（十二）國內、外相關機構之協調聯繫、國際合作、涉外國家安全調
　　　　查及跨國犯罪案件協助查緝事項。

（十三）兩岸情勢及犯罪活動資料之蒐集、建檔、研析事項。

（十四）國內安全及犯罪調查、防制之諮詢規劃、管理事項。

（十五）化學、文書、物理、法醫鑑識及科技支援事項。

（十六）通訊監察及蒐證器材管理支援事項。

（十七）本局財產、文書、檔案、出納、庶務管理事項。

（十八）本局工作宣導、受理陳情檢舉、接待參觀、新聞聯繫處
　　　　理、為民服務及其他公共事務事項。

（十九）調查人員風紀考核、業務監督與查察事項。

（二十）上級機關特交有關國家安全及國家利益之調查、保防事
　　　　項。

　　至於法務部調查局掌理有關維護國家安全重大政策之工作項目包
含：[69]

（一）國家安全維護

1. 國家安全維護處專責偵辦內亂、外患、洩漏國家機密、組織犯
   罪及其他危害國家安全事項等重大犯罪。

2. 依工作任務區分六項：

   (1) 反制敵諜滲透。

   (2) 防制境外滲透。

   (3) 反恐怖活動。

   (4) 反武器擴散。

   (5) 協力維護治安。

   (6) 社安防護。

---

[69] 法務部調查局網站，https://www.mjib.gov.tw/EditPage/?PageID=750fb6eb-aad6-440e-84e8-6d3689b13e6f。

（二）國內安全調查

　　國內安全調查處以確保國家安全、維護國家利益及保障民眾福祉為目的，進行有關國家安全狀況情資之蒐集與運用，包括大陸對臺活動、外籍人士不友好活動、違憲違法活動、非傳統安全威脅活動、社會安定與治安狀況預警、其他有關威脅政府運作及影響國家安全或國家利益事項。

（三）保防

1. 保防工作區分為機關保防、軍中保防及社會保防三大體系，行政院責成調查局為全國保防工作會報之協調執行秘書單位，並負責執行機密保護、防制滲透、安全防護及保防教育等保防業務。
2. 保防處掌理下列事項：
   (1) 機密保護工作之規劃、指導、查處及考核。
   (2) 防制滲透資料之蒐集、研析、運用及處理。
   (3) 機關安全防護工作之規劃、指導、研析及考核。
   (4) 國民保防教育與宣導之規劃、協調、推動及執行。
   (5) 安全查核工作之規劃、調查及處理。
   (6) 其他有關保防事項。

第四節　本章小結

　　我國的情報體系組織擔負著國家安全相關情報蒐集與先期預警的使命，亦在國土安全防護工作上扮演著重要的角色。隨著時代的演進，我國情報體系已邁入法制規範的年代，在國家安全會議以及國家安全局主導下，透過情報協調會報機制統合各情治單位，建立情報溝通合作管道。惟面臨全球化趨勢、非傳統安全威脅，以及兩岸交流互動等諸多挑戰，情報體系組織應避免以冷戰時期的思維做法，來對應現今的國家安全情勢。為符現今的國家安全需求，未來的情報體系必須契合時代的脈動，保持彈性

的作為，方能預期廣泛的威脅和風險，扮演堅實且能準確分析的角色，達成情報工作的目標與任務。

　　學者卡恩（David Kahn）曾言：「在戰爭時，情報縮短爭鬥，減少金錢與鮮血的耗損。在和平時期，它降低不確定性，緩解各國的緊張，進而幫助穩定國際局勢。這些都是情報的效益，也是情報帶給人類的和平方式。」[70]面臨現今民主法治深化的社會環境，以及更多不確定的威脅，我國的情報體系亦應隨之調整轉型，積極改善情報體系透明度不足的現象，並突顯強調情報的專業與獨立，爭取各界的支持認同。此外，必須持續深入評估情報體系中各機關的效能，加強情治單位間的協調、聯繫與合作，方可避免情報過程可能產生的失誤，俾有效協助政策制定與危機處理，奠定國家安全與社會安定的堅實基礎。

---

[70] Kahn (2009: 13).

第五章

以美國國土安全情報體系之整合論我國情報體系之發展

蕭銘慶

　　2001年在美國紐約及華盛頓地區發生的911恐怖攻擊事件，造成超過3,000人死亡以及嚴重的財物損失。[1]根據2003年3月在巴基斯坦被逮，隸屬賓拉登（Osama bin Laden）的「蓋達」（Al Qaeda）恐怖組織，也是911事件主謀之一的哈利德‧謝赫‧穆罕默德（Khalid Shaikh Mohammed）供述，恐怖分子花費5年時間來籌劃這場陰謀。[2]但這段期間的美國情報體系為何未加以發現或反應，導致這場嚴重的災難。事件發生後，美國情報體系面臨國會議員的嚴詞抨擊、報章雜誌的撻伐，加上資深情報官員三緘其口，更升高群眾對情報機關的譴責聲浪，要求情報首長下臺的聲音此起彼落。美國國會亦展開情報缺失調查行動，以瞭解情報失誤之處及原因為何，而後續的公聽會與公開證詞也披露許多情報體系的問題。[3]

　　緊接著在2003年，美國以「有情報顯示伊拉克擁有大規模毀滅性武器」為由，不顧國際社會的強烈反對，悍然發動伊拉克戰爭。然而在戰爭結束後，美國卻始終未能找到伊拉克擁有大規模毀滅性武器的確切證據，美、英等國政府利用情報機構提供虛假情報，為戰爭尋找藉口的做法遭到了國際社會的強烈譴責，並使美、英政府陷入了嚴重的信任危機，而情報體系則又再次成為眾矢之的。[4]

　　對於911事件的情報失誤，以及對伊拉克大規模毀滅性武器的錯誤評估，使得美國的情報體系和領導人都開始思考改革情報體系的機制和方法。而美國前總統布希（George W. Bush）也採取了一連串強有力的措施，除了積極進行情報體系的轉型，並在國家安全戰略和國防計畫文件中將情報提升為國家安全決策的核心，傳統上被視為支援功能的情報，成為國家安全的一個決定性要素。[5]而在情報改革的相關措施中，2004

---

[1]　Collier (2010: 59).

[2]　蕭光需譯（民95：20）。

[3]　同上註（18）。

[4]　高慶德等（民100：174-175）。

[5]　同上註（39-40）。

年立法通過的「情報改革與恐怖主義防制法」（Intelligence Reform and Terrorism Prevention Act of 2004, IRTPA），成爲推動情報統合、角色界定、組織調整、功能提升以及機制建構的重要依據，包括將「中央情報總監」（Director of Central Intelligence, DCI）改制爲「國家情報總監」（Director of National Intelligence, DNI），不再兼任中央情報局局長，以及建構情報分享機制等重要決定。[6]

　　其中設置「國家情報總監」一職，目的在解決情報體系各自爲政，缺乏資訊分享機制缺失，領導整合協調各情報機構，改進情報組織文化及活動成效，提供最高的情報洞察力等，可說是情報體系改革措施中相當重要的一環。本章即針對美國國家情報總監的設置、其對情報組織工作的啟示，以及可提供我國情報組織工作參考借鏡之處，加以介紹探討。

第一節　美國國家情報總監與現階段的情報體系

　　美國設置「國家情報總監」的想法可以追溯到1955年，當時國會委託進行一項著名的研究，建議中央情報總監聘用一名副手來管理中央情報局，以便中央情報總監可以集中精力協調整體情報工作。在接下來的50年裡，這一項建議成爲後續情報體系立法和研究報告中不變的主題。2001年9月11日的恐怖攻擊，將長期以來針對重大情報改革和設立國家情報總監的要求加以推動。911事件之後的調查，包括國會的聯合調查，以及獨立的「恐怖攻擊美國全國委員會」（National Commission on Terrorist Attacks Upon the United States），又稱爲「911委員會」。2004年7月，「911委員會」提出報告，包括情報界的全面改革，以及設立國家情報總監。

　　在報告發布後不久，聯邦政府開始進行改革。布希總統於2004年8月簽署四項行政命令，在沒有立法的情況下盡可能加強情報界的改革。對此

6　張中勇（民97b：142-143）。

國會的眾議院和參議院均通過法案，針對1947年的「國家安全法」進行重大的修訂。為了協調這兩項法案而進行的激烈討論，最終促成了布希總統在2004年12月17日簽署了「情報改革與恐怖主義防制法」。2005年2月，布希總統提名前駐伊拉克大使尼克羅彭迪（John D. Negroponte）為第一任國家情報總監，空軍中將海登（Michael V. Hayden）為第一任首席副總監，並將他晉升為上將。2005年4月21日，在白宮橢圓形辦公室，尼克羅彭迪大使和海登將軍宣誓就職，國家情報總監辦公室於2005年4月22日上午7時開始運作。在尼克羅彭迪之後的情報總監包括邁克‧麥康奈爾（Mike McConnell）、丹尼斯‧布萊爾（Dennis C. Blair）以及詹姆斯‧克雷柏（James R. Clapper, Jr.）。[7]現任的國家情報總監為丹尼爾‧寇特（Daniel Coats），其自2017年3月16日接任迄今。[8]

　　國家情報總監的核心使命是領導情報體系進行情報整合，打造一個最具洞察力的情報體系，透過有效的團隊運作，同步進行蒐集、分析和反間諜工作的結合。整合關鍵為確保國家政策制定者，從情報體系獲得及時準確的分析，藉以做出明智的決策。有關美國國家情報總監辦公室的任務（mission）、遠景（vision）及價值（values）如下。[9]

壹、任務

　　領導支援情報體系的整合、提供見解、推動效能，以及未來的投資。

7　美國國家情報總監辦公室網站，https://www.dni.gov/index.php/who-we-are/history。

8　美國國家情報總監辦公室網站，https://www.dni.gov/index.php/who-we-are/leadership/director-of-national-intelligence。

9　美國國家情報總監辦公室網站，https://www.dni.gov/index.php/who-we-are/mission-vision。

貳、遠景

透過情報體系的靈活領導，維護關鍵性的國家安全優勢。

參、價值

一、卓越

（一）我們大膽領導並採取果斷行動。

（二）我們專注於重要的事情。

（三）我們尋求並留住優秀的人才。

（四）我們為美國人民服務，並確保我們管理的每一項資源都能為國家帶來利益。

二、勇氣

（一）我們創新、想像、找出並追蹤新的可能性。

（二）我們對權力階層說實話。

（三）我們考慮全方位的風險。

（四）我們期待、欣然接受並推動改革。

三、尊重

（一）我們促進並營造多樣性和包容性的環境。

（二）我們公平、有尊嚴地對待每個人。

（三）我們謙虛行事、尋求坦誠的意見，並接受多元的見解。

（四）我們在不損害情報能力的情況下力求透明。

四、廉正

（一）我們保護和捍衛憲法，並遵守美國的法律。

（二）我們誠實、合乎道德、值得信賴。

（三）我們始終做正確的事，並以客觀公正的方式行事。

（四）我們把任務放在個人成功之前。

肆、組織

國家情報總監辦公室是由來自整個情報體系的官員所組成，並設置各處（directorates）、任務中心和監督辦公室，以支援國家情報總監作情報體系領導人和國家情報計畫（National Intelligence Program, NIP）負責人的角色。

一、各處

（一）組織效能處（Enterprise Capacity, EC）：戰略性地針對情報體系的資源、人力、體系、技術和基礎設備，依據任務進度推動轉型成果。

（二）任務整合處（Mission Integration, MI）：提供戰略情報和獨特見解，並推動國家情報相關議題的資源分配。

（三）國家安全合作關係處（National Security Partnerships, NSP）：優化國家情報總監辦公室廣泛的合作關係，運用合作機構內外的能力、資訊以及專業，以便在國家面臨的各項挑戰當中，同步參與進行活動。

（四）策略與參與處（Strategy & Engagement, S & E）：負責制定戰略和政策架構，使情報體系能提供及時、精確、具關聯性的情報，以及支援的能力，並讓情報體系在兼具複雜性、挑戰性、全球性和技術性的危機環境當中，始終保持領先的能力。

國家情報總監辦公室設有組織效能、任務整合、國家安全合作關係，以及策略與參與等處。針對國家情報總監辦公室的相關核心職能，提供情報整合更為全面的視野及策略方法。

二、任務中心

（一）網路威脅情報整合中心（Cyber Threat Intelligence Integration

Center, CTIIC）

（二）國家反擴散中心（National Counterproliferation Center, NCPC）

（三）國家反情報與安全中心（National Counterintelligence and Security Center, NCSC）

（四）國家反恐中心（National Counterterrorism Center, NCTC）

作爲擔任國家情報管理者的功能性角色，國家反恐中心、國家反擴散中心，以及國家反情報與安全中心有助於實現情報整合。對於兼具功能性和區域性的國家情報管理者，統一情報戰略是優先溝通事項和實現情報整合的關鍵計畫。國家情報管理者發展統一情報戰略是根據情報體系優先順序的要求，並依據功能和區域負責整個情報體系的統整。

三、監督辦公室

（一）公民自由、隱私和透明度辦公室（Civil Liberties, Privacy and Transparency, CLPT）

（二）平等僱用機會和多元辦公室（Equal Employment Opportunity & Diversity, EEOD）

（三）督察長辦公室（Intelligence Community Inspector General, IG）

（四）法務長辦公室（Office of General Counsel, OGC）

國家情報總監辦公室一般和特別的監督功能與職責，是由上述的各監督辦公室所負責。（此外，督察長辦公室在整個情報體系當中具有法定的職責。）

這些監督辦公室確保情報體系以保護公民自由、隱私、力求透明的方式完成任務，監督機會平等和人力多元計畫，進行獨立的審計、調查、檢查和審查，提供精確的法律指導和諮詢，以確保遵守美國憲法、法律以及相關的法規，並協助國家情報總監法定的職責，讓相關的國會委員會能夠瞭解美國所有的情報活動。[10]

---

[10] 同上註。

伍、美國的情報體系

　　美國研究情報問題的學者對於美國複雜眾多的情報機構，歷來大多習慣將之稱為「情報體系」（Intelligence Community, IC）。美國學者之所以使用「Community」作為情報機構的統稱，係強調政府部門中的某些單位，在工作上能互相協調一致去達成某些共同的目標。故所謂的「Intelligence Community」應是指所有與情報相關，並履行共同功能的機構、部門或單位所形成之特殊行政體系。[11]此外，使用「情報體系」這個名詞，代表美國情報機構已形成一個結合體，表明各機構不是互不相屬，而是在同一個情報系統中工作。情報體系的各機構和組織雖然各自獨立工作，但都承擔著國家情報工作的一部分。[12]

　　美國的情報體系，係依據1947年「國家安全法」而建立。為了維護美國國家安全，情報體系被指派處理外國情報為主。在法律和政策層面，情報體系曾被嚴密地管控其在國內活動所扮演的角色。[13]2004年「情報改革與恐怖主義防制法」提出之後，美國國家情報工作產生新的規範，情報組織機構更加系統化。[14]美國情報體系由以下十七個組織組成：[15]

一、兩個獨立機構

　　（一）國家情報總監辦公室（Office of the Director of National Intelligence）。

　　（二）中央情報局（Central Intelligence Agency）。

---

[11] Godson (1995: 121)；宋筱元（民87：475）。

[12] 高慶德等，前揭書（民100：47-48）。

[13] 陳明傳、駱平沂（民100：127）。

[14] 高慶德等，前揭書（民100：47-48）。

[15] 美國國家情報總監辦公室網站，https://www.dni.gov/index.php/what-we-do/members-of-the-ic。

二、八個國防部的機構

（一）國防情報局（Defense Intelligence Agency）。

（二）國家安全局（National Security Agency）。

（三）國家地理空間情報局（National Geospatial-Intelligence Agency）。

（四）國家偵察局（National Reconnaissance Office）。

（五）陸軍情報單位（Army Intelligence）。

（六）海軍情報單位（Navy Intelligence）。

（七）海軍陸戰隊情報單位（Marine Corps Intelligence）。

（八）空軍情報單位（Air Force Intelligence）。

三、其他七個機構和單位

（一）能源部情報和反情報辦公室（Department of Energy's Office of Intelligence and Counter-Intelligence）。

（二）國土安全部情報分析局（Department of Homeland Security's Office of Intelligence and Analysis）。

（三）海岸防衛隊情報局（Coast Guard Intelligence）。

（四）司法部聯邦調查局（Department of Justice's Federal Bureau of Investigation）。

（五）緝毒局國家安全辦公室（Drug Enforcement Agency's Office of National Security Intelligence）。

（六）國務院情報研究局（Department of State's Bureau of Intelligence and Research）。

（七）財政部情報分析局（Department of the Treasury's Office of Intelligence and Analysis）。

自1947年起由中央情報總監負責領導的龐大情報體系組織，於2005年4月22日起改由國家情報總監負責領導。其中，海岸防衛隊情報局在2002年加入情報體系；國土安全部在2003年加入；司法部緝毒局（Drug

Enforcement Administration）在2006年加入。[16]其運行體制上係「中央集權」與「分工負責」相結合，總統是國家情報系統的最高統帥和主要情報用戶，通過以其爲主席的國家安全會議對整個情報系統實施指揮和管理，向各情報部門提出和下達任務；情報系統各組成單位在國家情報總監的領導下，各司其職。[17]有關現階段美國的情報體系組織，如圖5-1。

第二節　美國設置國家情報總監對情報組織工作的啟示

　　美國設置國家情報總監的目的在解決911事件，以及長久以來情報體系的疏失與問題，並企圖整合凝聚情報體系的力量，有效維護國家安全。其在設置後陸續進行的改革，使得美國情報體系面臨轉型，對於情報組織工作具有相當的影響。以下分就美國國家情報總監設置後對情報組織體系、情報文化、情報改革及決策面向的啟示加以探討。

壹、組織體系─整合組織提升效能

　　爲因應911事件後的世局，美國設法將國內外情報結合，依據新時代的國土安全需求調整體系執掌，避免以冷戰時期的體系，來面對反恐戰爭及應付其他威脅。[18]此外，爲解決先前由中央情報總監兼任領導美國情報體系的相關缺失，美國設置國家情報總監的主要目的即在領導整合情報體系，此乃由於過去情報機構組成的「鬆散」組織模式已經無法滿足時代的要求，爲因應未來可能面臨的多樣化複雜威脅，情報體系必須向整

---

[16] Johnson, & Wirtz (2011: 546).

[17] 高慶德等，前揭書（民100：49-50）。

[18] 蕭光霈譯（民95：308-309）。

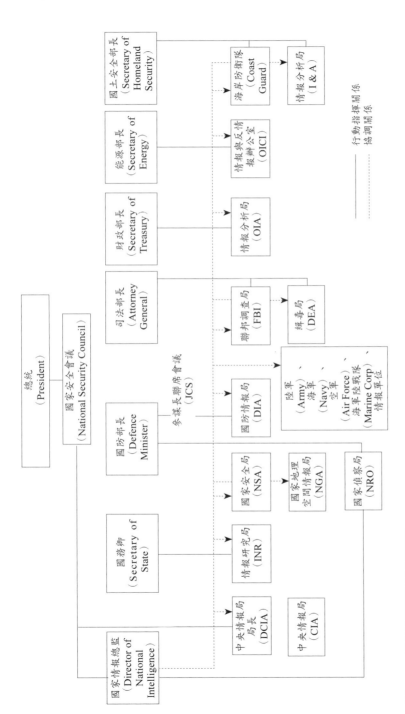

圖5-1　美國情報體系組織圖

資料來源：Mark M. Lowenthal, Intelligence: From Secrets to Policy (Seventh Edition) (Thousand Oaks, CA: CQ Press, 2017), p.45.

合的情報企業轉型。[19]故而，美國在2005年10月公布的《國家情報戰略》
（National Intelligence Strategy）當中即宣稱，爲了完成情報「通知和警
告」的使命，情報體系必須成爲「統一且創新的情報職業」，而情報機構
改革中最爲關鍵的就是設立國家情報總監。當國家領導人將其情報需求傳
達給情報管理者之後，此任務就必須透過管理者轉化爲具體目標—所指即
爲國家情報總監及其所屬機構。[20]

　　此外，美國情報體系的整合必須仿效企業的高度效率運作，而不是
機構的各自爲政。在此組織整合的理念精神下，情報組織的發展首先必須
要有強而有力的領導階層負責將整個情報體系整合轉型。透過領導階層對
情報體系的協調整合，摒除原有阻礙整合的實際界限，以及機構間各自爲
政的局面。2005年4月22日正式開始運作的國家情報總監辦公室，即是美
國情報體系邁向「整合」轉型的權力與責任機構。透過建立一個凌駕於情
報體系各成員之上的新機構，將有助於減少情報體系權力與資源的紛爭，
使中央情報局和國防部爭權奪利的長期歷史告一段落，並消除機構間的界
限。故而國家情報總監的設立是「整合」構想實現的起步條件。[21]

　　事實上，阻礙美國情報體系實現「整合」有兩項因素：一個是國內與
國外的情報分工界限過於明顯；[22]二是情報體系各機構呈現「煙囪」式的
工作模式，彼此間的工作互相獨立，且互不聯繫。但自從美國在911事件
後陸續進行組織與工作改革，上述兩個局面都已有所改觀。例如，2002年
11月美國成立了國土安全部，該部的主要任務是預防在美國國土內再次發
生恐怖主義攻擊事件，提高對應恐怖主義的能力，合併情報體系的反恐資

---

[19] 張中勇，前揭文（民97b：159）。

[20] Johnson (2009: 37).

[21] 高慶德等，前揭書（民100：431-433）。

[22] 在911事件之後，相關調查結果突顯出美國情報單位間的缺失，並因此導致了幾項政府
　　重大政策的實施，以及聯邦調查局的內部改革。其中一個組織的改革方式爲建立一個
　　單純將重點放在國內情報蒐集的國內情報機構，如英國的安全局（MI5）與負責國外情
　　報工作的祕密情報局（MI6）的任務區別。此論點的支持者認爲，這是用來解決國內情
　　報缺口最有效的方法。引自Burch (2011: 500)。

源，集中進行反恐情報分析，以克服情報機構以前存在的因相互封鎖而導致情報分析不完整的情況。[23]

而就組織的觀點而言，國家情報總監的設置係透過組織官僚等級的分工，以及決策結構的控管，將控制權力加以集中。即國家情報總監對情報體系的統一指揮與加強監督，將原本聽命於不同長官和不同目的的情報體系成員，統一步調並團結凝聚，以有效實現組織目標。[24]故而，在國家情報總監整合下的美國情報體系，不再強調組織工作的分界，實現情報知識共享模式，進而有效提升情報效能。

貳、情報文化—創造協調合作文化

美國密西根大學的卡梅隆（Kim S. Cameron）和奎因（Robert E. Quinn）教授指出，對於一個企業的變革而言，如果沒有觸及企業的根基，即組織文化的變革，改變將極為有限，且不能持久。[25]組織文化雖然與結構不同，但兩者互相牽連。組織結構的變化可以藉由通過立法來執行，但文化的變化卻不能，如果在改變結構時，不注重文化，變革結果將注定失敗。[26]

在911恐怖攻擊事件之後，《美國國會聯合調查報告》及《911委員會報告》均指出，美國情報體系各機構間無法共享訊息，明顯的地盤爭奪、競爭搶功文化，以及在對內、對外情報之間的界限分明等，是造成預警失敗的重要原因。[27]而對於情報機構與政策官員間缺乏足夠的訊息共享缺失，亦需要針對整個政府的組織和文化進行大幅度的改革。[28]

相對於首任國家情報總監改革作為多以結構重整為主，並未顯著聚

---

[23] 高慶德等，前揭書（民100：44-45）。

[24] Hastedt, & Skelley (2009: 115).

[25] 高慶德等，前揭書（民100：433）。

[26] Hastedt, & Skelley, op.cit. (2009: 127).

[27] 高慶德等，前揭書（民100：46）。

[28] Johnson, & Wirtz, op.cit. (2011: 63).

焦於組織管理與文化變革層面。第二任國家情報總監麥康奈爾（Mike McConnell）於2007年2月接任後，隨即於同年4月及9月間分別提出「100日改革計畫」與「500日改革計畫」，其主要目的即在透過企業經營、觀念調整、組織文化及管理變革等途徑，強化美國情報能力與運作成效。[29]在「100日改革計畫」和「500日改革計畫」當中都將「創造協調合作的文化」作爲轉型的第一個重點。爲了實現情報體系「整合」，需要各成員的通力合作來完成任務，打破情報體系各機構間的界限，避免以往各自爲政，保護個別的情報來源，無法進行情報共享合作。[30]

　　此外，麥康奈爾亦在2007年7月至8月間公開在《外交事務》（Foreign Affairs, July/ August 2007）發表題爲〈改革情報〉（Overhauling Intelligence）專文，指出情報組織文化必須轉變，如建立聯合運作的共同文化，包括情報蒐集與分析在內，人員輪調（joint-duty）亦將有助於組織間合作與協調。[31]而根據《911委員會報告》指出，情報界的思維方式，必須從「需要知道」（need to know）加強爲「需要分享」（need to share）。麥康奈爾對此政策更進一步地將「需要分享」（need to share）升級爲「規定責任」（responsibility to provide）。[32]在新的情報文化型塑下，期能提升情報體系的工作效率，減少情報失誤，也更能因應瞬息萬變的全球化環境與複雜威脅的需要。

參、情報改革—提出戰略規劃願景

　　美國以往關注冷戰的情報組織工作，享受了近40年相對穩定的環境，已無法有效因應情報環境的變化。[33]爲積極面對現今時代的情報挑戰，提升情報體系的能力，並規劃未來情報體系的發展，國家情報總監上

---

[29] 張中勇，前揭文（民97b：177）。

[30] 高慶德等，前揭書（民100：434）。

[31] 張中勇，前揭文（民97b：179）。

[32] Redmond (2011: 304).

[33] Hastedt, & Skelley, op.cit. (2009: 304).

任後，積極提出相關的情報戰略與規劃未來願景，作為美國未來情報工作的具體規範及指導方針。

　　2005年3月及2007年3月，美國政府先後公布兩版本的《國家反情報戰略》（National Counterintelligence Strategy），並在2005年10月公布《國家情報戰略》（National Intelligence Strategy），揭示美國情報體系未來在反情報及情報活動方面的努力方向與應有作為。[34]而為規劃出美國情報工作未來的遠景，2008年7月，前國家情報總監麥康奈爾提出《2015構想》，其中指出，在全球化的大背景下，美國需要面對的是更大的不確定性、更多的風險和更難預測的未來。為此，未來的情報體系更加需要整合與協調合作的能力，方能預期廣泛的威脅和風險，並迅速做出反應。展望2015年美國情報體系的遠景，計畫將情報體系改革成一個情報企業，實現網絡化和整合的目標。[35]

　　另根據國家情報總監辦公室2016年的《國家反情報戰略》指出，美國政府應識別、發現、運用、阻絕外國情報組織的威脅，並指導反間諜計畫和減輕威脅的相關活動。此外，強調所有美國政府部門和機構都應該在戰略實施當中，透過其本身各自的職責權力運用，以達成其使命。[36]

　　至於2019年的《國家情報戰略》則指出，戰略環境正在迅速變化，美國也面臨愈來愈多的問題，面對此複雜且不確定的世界，威脅變得愈來愈多樣且相互關聯。雖然情報體系仍然專注於一些對美國國家安全構成威脅的對手與傳統挑戰。然而，由於多方面的技術性與革命性變革，情報體系必須變得更敏捷、更創新、更有彈性，以有效應對這些威脅。而這些威脅的跨國性質也突顯情報體系持續推動與盟國及國際夥伴間合作關係的重要性。[37]故而國家情報總監在成立後，不僅積極整合情報體系，消除門戶

34　張中勇，前揭文（民97b：159-160）。

35　高慶德等，前揭書（民100：396）。

36　美國國家情報總監辦公室網站，https://www.dni.gov/files/NCSC/documents/Regulations/National_CI_Strategy_2016.pdf。

37　美國國家情報總監辦公室網站，https://www.dni.gov/files/ODNI/documents/National_

界限，並進行各項情報改革，規劃未來工作願景，促進國際合作，以因應整體環境迅速變化的要求。

肆、決策面向─優化資源提供決策

　　情報是決策的基礎，沒有情報的政策是盲目的，情報對決策的重要性不言而喻。[38]情報與決策成敗的關係密切，然而決策卻也可能造成情報的失誤。學者強生（Loch K. Johnson）即指出：「在情報管道的最後，政策決定者在情報失誤裡往往必須比情報機構負起更多的責任」。決策者在這最後階段，有時會因個人的意識型態或政治偏見而反對或拒絕他們不喜歡的訊息。此外，決策者可能永遠不會對重要的情報評估採取行動。因為他們可能有太多的考量，或認為採取對應動作是一件高度困難或花費昂貴的事情，或是因為忙碌、自大而不讀取情報報告。故而對權力說明真相將非常困難，因為他們往往選擇拒絕建言。[39]

　　早在1995年（911事件6年前），中央情報局已對當時的柯林頓（Bill Clinton）總統提出「空中恐怖主義」可能發生的警告，即飛機可能被恐怖分子使用為摧毀美國或國外的摩天大樓。[40]然而，監視或檢查在美國接受飛行訓練人員的建議，並未受到重視。對此，決策者可能因為處置這些訊息需付出的代價太大，或因其他緊迫問題而忽略這些重要的情報調查結果。[41]此外，針對911事件的調查發現，提供給總統的每日簡報（the President's Daily Brief, PDB）亦曾在2001年8月6日，指出恐怖分子可能使用商業飛機作為巡弋飛彈，攻擊美國境內的商業或政府建築物。然而，總統和高級官員忽略了這項警告。[42]

Intelligence_Strategy_2019.pdf。

[38] 張中勇（民81：394）。

[39] Johnson, op.cit. (2009: 47).

[40] Johnson, & Wirtz, op.cit. (2011: 58-59).

[41] Johnson, op.cit. (2009: 48).

[42] Hulnick (2011: 68).

　　如何讓決策者接受他們不喜歡的訊息，這個問題可能就是所謂的
「卡桑德拉情結」（Cassandra complex）。[43]德國在第一次世界大戰時的
首席參謀─施利芬伯爵元帥（Field Marshal Count Alfred von Schlieffen）
指出：「高級指揮官通常會讓自身同時成為自己的朋友和敵人，將自己的
個人意願變成為情勢的主要內容。如果收到的報告顯示出與情勢相符，他
們便會滿意地接受。然而，如果報告與其意願相違背，他們便將此視同完
全錯誤」。因此，如果面對事實的後果太痛苦，這些情報或證據將會被忽
略、壓抑，甚至否認。[44]

　　隨著冷戰的結束，美國情報體系最核心的主要問題，乃是其能否提供
美國的領導者在處理各種危機時所需的服務。[45]為了解決這個問題，唯有
儘量克服情報缺乏完美的性質，依據事實和邏輯，讓決策者願意接受情報
的服務，或儘管不完整，至少讓決策者願意加以考慮。[46]國家情報總監扮
演總統和情報體系之間溝通聯繫的橋樑，對決策具有相當程度的影響力。
除了改革情報體系各單位間決策者對情報的處置，提升情報體系預測力的
穩定準確之外，亦必須在情報分析與情報決策間擔任稱職的領導角色，以
減少情報本身的不確定性因素，提出客觀具體的情資，讓領導者願意加以
考慮或接受，並做出適當明確的決策，將有助於危機的處理與國家安全政
策的擬訂。

---

[43] 卡桑德拉（Cassandra）係希臘羅馬神話中，特洛伊戰爭時特洛伊國王普萊姆的女兒，
　　 太陽神阿波羅愛上她，賜給她預知未來的能力。因卡桑德拉拒絕阿波羅的愛，阿波羅
　　 無法收回恩賜，卻改而將這份恩賜變得毫無價值，即誰也不相信她。每次卡桑德拉告
　　 訴特洛伊人未來的事，他們根本不聽，她說木馬內藏有希臘人，也無人相信。她注定
　　 永遠知道未來的苦難，卻無法避免。引自宋碧雲譯（民92：247-248）。

[44] Kahn (2009: 13).

[45] 宋筱元，前揭文（民87：478）。

[46] Kahn, op.cit. (2009: 12).

第三節　我國情報組織工作參考借鏡之處

　　美國設置國家情報總監有其時空環境、國情特性，以及安全利益的考量，但若能從其缺失檢討、經驗教訓、改革思維以及相關做法，結合我國特有國情與不同需求，或可提供我國情報組織機制及能力的改進與提升。以下就體系整合、情報監督、合作文化、情資分享、資訊公開，以及工作價值等面向提出建議，期能作爲我國國家情報體系組織未來工作的參考。

壹、加強體系整合

　　情報體系能否有效進行整合協調，將嚴重影響情報效能的發揮。例如，美國在2001年911恐怖攻擊事件後的情報疏失調查中發現，情報機關在事件發生前對許多重要的預警情報均未進行反應處置，加上情報機關彼此間的競爭，造成情報資訊分享機制運作困難。美國設置國家情報總監一職，目的即在領導整合各情報機關，解決先前情報體系「鬆散」及「煙囪」式的工作模式，改善情報機關間因相互獨立以及彼此封鎖，造成情報分析疏失等問題。

　　我國目前法定的情報主管機關爲國家安全局，負責統合指導、協調及支援情報機關業務，並透過「國家情報協調會報」整合相關情報機關的合作協調，進行情報的交流與分享。[47]鑑於美國先前情報機關各自爲政、互不聯繫、缺乏情資分享的疏失，對此國家安全局應發揮其統合情報工作之法定地位與權限，充分運用現行的國家安全情報協調機制，在總統、國家安全會議，以及各情治機關之間擔任溝通聯繫、統合指導、協調及支援的角色，建立決策和情報面的良好互動關係，有效整合情報機關與執法單位間的協調合作，建立情報分享機制，並針對國家安全重大議題，研提評估報告與執行方案，提供最佳的情報服務，協助決策擬訂優質的政策，俾推行相關政務或解決面臨危機。

---

47 國家安全局網站，http://www.nsb.gov.tw/index01.html。

貳、強化情報監督

　　美國在911恐怖攻擊事件，以及2003年入侵伊拉克行動之後，參、眾兩院隨即針對情報疏失問題組成相關的調查委員會，如2002年的「美國國會聯合委員會」（Joint Inquiry）、2003年的「911恐怖攻擊委員會」（911 Commission）、2004年「美國參議院情報委員會」公布有關美國入侵伊拉克前情報失敗的調查報告，以及2005年「大規模毀滅性武器情報能力委員會」所提出的調查報告，不僅提出諸多情報疏失的調查報告與建議，並對美國情報體系造成改革壓力，也促成了2004年「情報改革與恐怖主義防制法」的制訂與國家情報總監的設置。[48]美國國會在情報監督上扮演著重要的角色，也成為情報改革的一大動力來源。

　　而我國的情報監督機制，係依據「國家情報工作法」第4條規定：「國家情報工作，應受立法院之監督」，故而立法院是我國情報監督最主要的單位。[49]為落實情報監督工作，建議立法院應規劃設立專責監督委員會，研擬設計配套措施，落實施政質詢，並可透過調閱資料、聽取報告、舉辦公聽會等方式，就情報機關的任務、能力、成效、控制與監督等議題進行監督問政，或仿效美國成立聯合委員會（joint committee）方式，針對情報活動或疏失進行調查，規範情報活動有向委員會說明之義務。此外，為使國家情報工作法制化、國家化更臻完備，可延攬情報經驗豐富的人員，賦予審查機密與公開情報工作的職權，在符合安全要求且避免重複其他情報監督職能的情況下，盡可能地將其調查所得結果加以公開。此外，可考慮研擬情報監督專法，或參考美國情報總監辦公室設置相關的監督辦公室或單位，以保護民眾的自由、隱私與權利，並以力求透明的方式完成情報機關的任務，避免情報工作侵犯人民權益或淪為政爭工具，藉以預防情報機關的濫權，有效保障民眾的權利。

---

[48] 張中勇，前揭文（民97b：143-155）。

[49] 全國法規資料庫網站，http://law.moj.gov.tw/LawClass/LawAll.aspx?PCode=A0020041。

參、建立合作文化

　　針對911恐怖攻擊事件進行情報疏失調查的《美國國會聯合調查報告》及《911委員會報告》均指出，美國情報體系各機構間無法訊息共享、明顯的地盤爭奪、競爭搶功文化，以及在對內、對外情報之間的界限分明等，是造成預警失敗的重要原因。[50]2007年2月接任第二任國家情報總監的麥康奈爾為強化美國情報能力與運作成效，打破情報體系各單位間的界限，將「創造協調合作的文化」作為轉型的第一個重點，並建立聯合運作的共同文化與人員輪調制度。[51]麥康奈爾積極重建情報界的文化，期能透過情報體系的協調合作，有效提升情報的效能。

　　目前國內情報體系各單位間的溝通協調係依據「國家情報協調會報實施規定」，透過國家安全局召開協調會報機制，就有關國家安全情報事項，進行統合、協調與支援。[52]為避免情報機關間產生隔閡藩籬，我國除應持續加強情報機關與執法單位之間的溝通合作協調外，亦應建立聯合運作的文化，整合提升對抗其他新興威脅的情報能力。並可參照美國建立情報機關間人員職位輪調或聯合任務制度，促進機關間與人員間的文化瞭解與交流合作，將能避免本位主義的滋生，有效提升情報體系的工作效率，減少情報失誤；或是透過優化國家安全局廣泛的合作關係，運用合作夥伴機構內外的資訊與專業能力，以便在國家面臨所有的挑戰當中，同步參與進行活動，以因應瞬息萬變的全球化環境與複雜威脅的需要。

肆、落實情資分享

　　情報機關之間存在一種將最敏感，以及最令人關注的報告加以保留的做法，直到該機關的領導人直接向高級政策官員報告時才提出，以展示該機關的效能和靈敏，並且在長官面前「得分」的文化。對於情報機關是

---

[50] 張中勇，前揭文（民97b：46）。

[51] Redmond, op.cit. (2011: 304).

[52] 國家安全局網站，http://www.nsb.gov.tw/page04_06.htm。

否願意與執法單位分享訊息，以及相關的配合問題，都可能造成後續的安全顧慮。[53]例如，在911恐怖攻擊事件之後，美國中央情報局和聯邦調查局因國會的推動，雖變得更加緊密合作，並嘗試打破兩個機構間的傳統障礙，但是一些中央情報局官員仍然不歡迎聯邦調查局介入國外事務，而聯邦調查局則是擔心中央情報局不願分享訊息的態度。[54]

　　觀諸我國目前在「情治分立」原則下，情報工作為一「行政指揮體系」與「情報指導體系」雙軌運作之機制。為增進情報機關與治安單位的情資合作，未來可研議透過法制、機制、執行等途徑，改進情報機關與治安單位間的情資分享關係，發揮情報應有之即時性及引導性作用。而在建立情報分享機制部分，可規劃建置「情報資訊系統」，內含國內、國外、兩岸、科技等相關情資與研究分析報告，除隨時更新資料外，並在嚴格的條件限制下提供情治機關使用，透過資訊科技協助資料的建立管控，強化情報機關、治安單位，以及政府部門間的資訊分享與合作，讓相關的情報機關能在此兼具複雜性與挑戰性的環境當中，始終保持領先的情報能力。

伍、適度資訊公開

　　美國在2005年設置國家情報總監之後，現階段的情報體系包括十七個情報組織成員機構，相關單位的訊息與資料可透過美國聯邦政府情報網站查詢得知。此外，美國政府陸續公布的《國家情報戰略》與《國家反情報戰略》，均已在國家情報總監辦公室網站資訊公開。除讓社會大眾瞭解情報體系相關組織、任務與情報戰略工作重點之外，亦展示其接受社會各界監督的企圖與勇氣。

　　反觀我國目前情報體系相關機關網站設置，在國家安全會議部分，僅在總統府網站內「中央政府組織系統」敘述其依據憲法及憲法增修條文「圖示」其直屬總統，說明依據中華民國憲法、憲法增修條文，以及相關

---

[53] Hulnick, op.cit. (2011: 67).

[54] Ibid. (73).

法規規定，總統為國家元首，副總統為備位元首，總統府係因應總統依據憲法行使職權需要所設置之機關，國家安全會議則係總統為決定國家安全大政方針之諮詢機關。[55]另國防部軍事情報局、國防部電訊發展室，以及國防部軍事安全總隊等三個情報機關均未建置單位網站，而此三個情報機關亦尚未有組織法或組織規程，而以「編組裝備表」代替，無從查考相關資訊以瞭解組織運作狀況。在現今民主社會資訊公開趨勢下，建議情報機關除應保密之相關工作內容外，或可就現今的情報工作政策、重點、組織等內容適度公開，建置機關網站宣導，讓社會各界得以瞭解，藉以反映其對國家安全的重要性，建立情報的專業形象，除接受各界的監督外，並可爭取民眾的肯定與國會的支持，吸引更多優秀人才加入，讓情報工作符合時代潮流與需求。

陸、開創工作價值

　　美國成立國家情報總監最重要的任務在於領導支援情報體系的整合，藉以維護國家安全優勢。唯有在強力優質的領導支持下，國家的情報服務方能更加精進。故而，整合國家的情報資源需要一位擁有支配政府所有經費和人員權力的機構。在此任務之下，為統整情報工作的方向，避免各自為政的紛雜，國家情報總監辦公室明確律定其工作價值為卓越、勇氣、尊重與廉正。在「卓越」部分指出，行動面向必須採取大膽果斷行動、情報工作為美國人民服務；「勇氣」部分指出，必須對權力階層說實話、期待、接受改革的推動；「尊重」部分指出，謙虛尋求坦誠的意見、接受不同見解、在不損害情報能力的情況下力求透明；而在「廉正」部分指出，必須保護捍衛憲法、遵守美國的法律，以誠實、合乎道德、值得信賴的方式行事等，此均有別於以往傳統情報活動祕密晦暗的性質，已揭櫫一個新的情報工作觀點與價值。

　　觀諸目前國內情報機關仍鮮少針對情報工作價值具有開創性的觀點

---

55 中華民國總統府網站，https://www.president.gov.tw/Page/105。

與做法，多停留於傳統觀點，如強調工作紀律、管理效能、裝備精進等事項。對於上述美國國家情報辦公室就工作價值的揭示強調，諸如對決策者「說實話」、避免情報「政治化」的問題、[56]檢討情報工作的「祕密」性質與程度，讓傳統情報活動欠缺透明的問題得以改善。此外，在面臨可能產生的工作爭議，「依法行政」乃為首要的恪遵原則，此不僅是情報活動執行的圭臬，亦將是人權保障的利器。對此國內情報機關或可參考採用，藉以提供明確的工作方向，並可進一步促成情報事務的革新，建立嶄新的情報工作精神。

第四節　本章小結

　　911恐怖攻擊事件暴露了美國情報體系的積習與問題，也促成情報體系加速改革的腳步。其中設置的國家情報總監一職，除了展現美國對於情報體系領導、整合及監督等問題的改革企圖與用心之外，更顯示出國家安全需要可靠的情報來提供決策優勢。此外，國家情報總監的設置代表著情報體系必須符應當前國內、外情勢的特性與需求，保持彈性作為，積極提升情報效能，為決策者提供最精緻明確的服務，這些都是值得我們參考的長處所在。

　　反觀我國，面臨現今的全球化趨勢、非傳統安全威脅，以及兩岸交流互動等諸多挑戰，我國的情報體系組織應避免以過去傳統的思維做法，來對應現今的國家安全情勢。為符應現今的國家安全需求，以及更多不確定的威脅，透過加強體系整合、強化情報監督、建立合作文化、落實情資分

---

[56] 所謂「政治化」係指決策者塑造情報，以符合其政策或政治偏好，此狀況可能以公開或隱蔽的方式出現。雖然此專有名詞暗示著受害者為情報分析人員，由決策者操縱情報，以滿足自身需求。然而，情報專業人員也有可能自我政治化情報，以官僚機構或個人來影響評估和報告。亦即，情報管理人員和分析人員提出「迎合」的訊息和分析，以滿足決策者的期望。引自Wirtz (2011: 172)。

享、適度資訊公開，以及開創工作價值等作爲，應能提升情報組織的工作
效能，有效維護國家安全與社會安定，維護並創造民眾最大的福祉。

第六章

國土安全架構醫院緊急事故應變運作模式

曾偉文

　　2000年7月19日「災害防救法」公布實施後，中央至地方在應變階段雖已建立健全之三層級災害應變中心及完善的運作機制，然而對關鍵基礎設施未建構完整緊急事故管理體系，遇有緊急事故就無法提出系統性的因應方法，對於災變現場各類救災資源之整合、協調、指揮、部署及調度，亦未有一共通模式化的架構及標準化的處理原則。2003年爆發嚴重急性呼吸道症候群（SARS），從醫院內感染，疫情擴及全臺北市，也重創臺灣SARS醫療防護網就是一例，致使災變現場指揮淪為多頭馬車及令出多門之情況，因而影響應變與救災之成效。最主要的問題在於當災害事故發生時，往往會產生許多瞬息萬變的狀況與繁複的事務，並且所有的救災戰力都將被派遣到事故現場，這些戰力可能包含有許多不同單位的人員、裝備，以及器材；同時，不同的人員或裝備、器材可能又必須面對不同的狀況與任務需求。在此種情況下，如果沒有良好的事前管理規劃與指揮作業機制或系統，則不知所從或者各行其事的混亂場面，將是不可避免的情況。因此，包括醫院在內的各關鍵基礎設施，平時都亟需建立緊急事故管理與救災作業時統籌工作、協調聯絡，以及互相支援的機制與體系。

　　醫院災害管理的規劃，過去多重視在緊急應變作業上，隨災害管理結合醫學所發展出的災害醫學，開始瞭解醫療體系面對一個衝擊事件，如果從預防、規劃、執行、指揮、管制來分別追蹤檢查，透過管理與教育訓練落實作業，方可減少災害的衝擊與危害。所以，災害應變是一種可教育來增強的能力，可準備與演練來降低災害危害的管理方式。因此，災害的處理不只是災害發生之後的應變，也包括了災害之前的減災與準備；這些觀念後來逐漸發展成為緊急應變管理的架構。醫院每日都面臨不能中斷營運的挑戰，為了有效管理緊急狀況，不論外部火災、地震、風災、水災等天然災害引起的緊急狀況，或內部的突發事件、傳染病、設施的故障等危機，醫院都必須投入時間和資金，為因應緊急狀況及危機來預做準備，才能在事故發生時將衝擊減至最低。

　　事故現場指揮體系（Incident Command System, ICS）源於1970年代美國加州森林大火肆虐，在美國森林管理當局與消防救災單位的協調、統合與努力下，開發出既可因應不同災害需求，又可處理不同災害規模，以

及掌握各種不同需求的事故現場指揮系統。此一系統被開發出來之後，在不斷累積運用經驗下，經過檢討與修正，隨即開始受到許多不同重要關鍵基礎設施單位的注意與運用；而醫院緊急事故指揮系統（Hospital Emergency Incident Command System, HEICS）也在1980年末期開始發展，一直作為美國醫院緊急事故管理的重要基礎。事實上，全世界的先進國家醫院都在學習用這套系統來管理醫院緊急事故。加州於2004年核定之緊急事故標準管理系統（Standardized Emergency Management System, SEMS），使用HEICS第4版（HEICS IV）於加州緊急醫療衛生局推動架構來作為醫院緊急指揮系統時，開始發展成現在使用的HICS的雛型。美國在歷經2001年911的恐怖攻擊、2004年的SARS和2005年墨西哥灣的卡崔娜颶風的考驗下，說明了在緊急應變管理計畫運作架構下，醫院對緊急狀況的事故，都須有預先計畫，並讓人員有足夠的訓練方能因應。足見災害事故指揮系統，在災害事故處理中，日益重要的地位。

　　近年來，我國在石崇良、石富元等醫師推動下，已著手建立醫院緊急事故應變的雛形，經由這些系統的建立，不論是地方或中央，可以讓醫院隨時在緊急事故應變中，都能提供所有標準化的作業程序。[1]特別是，臺灣的區域醫院及醫學中心等醫療機構，近年來競相朝向大型化發展，超過1,000床的醫院是普遍現象，在緊急應變上的困難度也面臨了很大的挑戰。因為，當醫院規模變大之後，員工也變多，相對上每個員工彼此及對環境的熟悉度就比較低，而且通報的層級必定較多，對於應變作業的啟動，有相當不利的影響。而病患及員工逃生避難的路線，也相對拉長許多，這些對於應變工作，更是重大挑戰。加上比起其他公眾場所，醫療機構先天上就有許多易致災的因素，例如醫療機構內到處是行動不便的人，每天活動的人非常多且複雜，而醫院運作需靠非常精細的後勤服務，一旦受損立即會影響醫院的運作。因此，本章以醫院緊急應變管理的核心觀念為主軸，藉由瞭解醫院緊急事故應變管理體系運作，對緊急應變管理有基

---

[1]　石崇良、石富元（民91.5），「醫院災難應變模式回顧與前瞻」，臺灣醫學，6：3，頁364-373。

本認識，進而能對醫院緊急應變指揮系統操作有進一步的瞭解，並藉由規劃應變基本流程，來模擬醫院應變處置的運作模式，讓我國醫療衛生單位，未來能藉由教育訓練與演習，降低各種危害對醫療設施所帶來的衝擊與風險。

第一節　醫院緊急事故管理

壹、醫院緊急事故管理內涵

美國在經歷許多重大災害後，瞭解包括醫院本身受災在內，所有災害一定會涉及傷、病患，一旦發生災害，醫院大多會受到衝擊。因此，醫院必須受到地方、州、聯邦等相關單位的監控。故針對醫院緊急事故管理，就牽涉到許多法規體系的要求，其中政府發布的法規及非政府組織參考標準都有，包括：

一、美國醫療機構評鑑聯合會（Joint Commission on Accreditation of Healthcare Organizations, JCAHO）standards（e.g., Environment of Care (EC) C 4.10, which requires a hazard vulnerability analysis, and EC.4.20, on emergency exercises）。

二、緊急醫療勞動法（Emergency Medical Treatment and Active Labor Act, EMTALA）。

三、醫療保險流通與責任法（Health Insurance Portability and Accountability Act of 1996, HIPAA, Title II）。

四、超級基金及再授權法（Superfund Amendments and Reauthorization Act, SARA）。

五、職業安全衛生 Occupational Safety and Health Administration Hazardous Materials Regulations 29 CFR Part 1910（Hazardous Materials, Personal Protective Equipment, and Toxic & Hazardous Substances）。

六、聯邦醫療保險和聯邦醫療輔助計畫服務中心（Centers for Medicare

and Medicaid Services, CMS）。

七、美國材料試驗協會（American Society for Testing and Materials, ASTM）F-1288 Guide for Planning for and Responding to a Multiple Casualty Incident。

八、美國國家防火協會（National Fire Protection Association, NFPA）Standard 99 Healthcare Facilities, and Standard 1600 Disaster/ Emergency Management and Business Continuity。

九、美國職業安全衛生署（Occupational Safety and Health Administration, OSHA）一Best Practices for Hospital-Based First Receivers of Victims from Mass Casualty Incidents Involving the Release of Hazardous Substances。

　　在美國，不管是政府機關的法規或是相關機構的標準，所有法規標準的要求都要在緊急應變作業計畫（Emergency Operation Plan, EOP）內能夠呈現。因此，在醫院的緊急應變管理人或委員會，除應定期瞭解法規標準增修的差異，為掌握所有新的資訊，透過不斷的教育訓練檢討或網上搜尋最新資料來檢視EOP的內容，使應變計畫在符合實際需要條件下，在災害發生時情況下來與運作，地方及中央的衛生主管人員亦隨時給予督導。若未照規範調整或修整，未來在醫院評鑑或檢查時，醫院執照可能會被吊銷，甚至被公布醫療環境不佳，對於醫院形象會有負面的衝擊。儘管在法規和標準要求下，美國災害管理與指揮系統，在提升醫院的緊急事故整備與應變發揮了一定的功能，但在經過洛杉磯醫院急診室有暴力攻擊，以及受到龍捲風襲擊仍造成很大衝擊，確實還有不斷檢討的空間。由於醫院EOP不只是針對部分特定災害，而是要能因應所有緊急事故，因為醫院是國土安全重要的基礎設施，一旦醫院出現問題，在災害中將無法收容傷、病患，因此醫院所有的事故，不論規模與類型的應變，皆應是被考慮與檢視的情境。

貳、醫院緊急應變指揮系統發展歷史

　　緊急應變指揮系統概念發展係於30多年前，美國加州於1970年時的一場森林大火，在13天之中，造成16人喪命、700多棟建築物損毀、超過50萬英畝的土地被焚毀，這場大火每天大約達到1,800萬美金的損失。雖然所有的災害應變單位盡他們最大的能力合作，但許多溝通與協調合作上的問題，大大降低了他們的工作效率。因此，美國國會命令美國農業部（USDA）林業署設計一套指揮系統，目的是要改善南加州山林野火防護機構與其他單位的合作效率。在這場火災之後，緊急應變指揮體系開始被提出來，最開始是用在消防部門作為大量傷患事件救災之用，後來逐漸推廣成為各種專業或機構災害應變的基本指揮架構。在1987年，北加州的醫院協會（Hospital Council of Northern California）採用這系統作為醫院緊急應變的共同指揮體系，隨後在1991年第1版的HEICS就被開發出來，在1992年至1993年進行第2版（HEICS II），而1998年由San Mateo郡所發展出來的第3版（HEICS III）就是目前臺灣醫院較常見的版本，這個版本歷經911恐怖攻擊、炭疽熱攻擊等危機，讓醫院緊急應變指揮系統有更成熟的實際運作。[2]

　　然而，由於美國在這段期間緊急應變體系做過很大的調整，特別是2002年「國土安全部」的成立，取代聯邦緊急應變署的地位（FEMA變成DHS下的一個機構，而不再直屬於總統指揮）；國家應變指揮體系（National Incident Management System, NIMS）取代了原先的國家機構間指揮體系（National Interagency Incident Management System, NIIMS）。[3]特別是NIMS的制定，不只是規範機構之間緊急狀況時的指揮架構，更規

---

[2]　Choy Cheuk-sing, Wang Tzong-luen, Chang Hang (2003), Spontaneous Implementation of Hospital Emergency Incident Command System (HEICS) during SARS Epidemics, Annals of Disaster Medicine, 2: 1, 2003, pp.14-19.

[3]　聯邦緊急事務管理署，國家緊急事故管理系統網站，http://www.fema.gov/incident-command-system。

範了機構內部的緊急應變架構，原先的ICS架構，是一個比較概念性的架構，包括醫院在內的各個機構只要合於這種精神即可。然而在NIMS規範下，就更具體且較具強制力；因此，HEICS面臨到必須做一些調整來符合NIMS的規定。其次，在二十一世紀，恐怖攻擊變成非常重要的議題，HEICS在處理一般災害大致上功能組織都足夠，但是在技術性比較高的災害事故（例如，生物恐怖攻擊、化學武器攻擊等），原先的體系就不太能因應；另外，有一種普遍的批評就是組織太複雜、架構太大、學習操作上比較困難。特別是，對小型醫院更難以落實，最後導致了新版本HEICS的修定，2006年名稱也將改為HICS（Hospital Incident Command System），主要是強調這一套系統不只是「緊急狀況」下可以使用，而在非緊急的特殊情況，一樣可以使用。

參、我國醫院緊急應變管理機制

　　我國醫院緊急事故管理機制，以目標性的規範在「醫院緊急災害應變措施及檢查辦法」中。雖然條文很簡單，但從精神看來，所要求的即是醫院緊急應變管理機制所應達到的目標。而在醫院災害管理與緊急應變實際工作，則是依照圖6-1醫療機構緊急應變管理系統的九個步驟來運作，這些內容在我國醫院評鑑都為較具體的項目，相關要求會在下節中加以說明，茲就各步驟內涵分述如下：

一、**緊急應變管理委員會**（Emergency Management Committee）：依醫院評鑑條文要求，所有醫院皆需成立相關的緊急應變管理委員會，因此大部分的醫院也都有成立，其主要責任在確認醫院可能面對緊急應變狀況，負責緊急應變管理之規劃評估程序、人員預算需求，並追蹤改進措施的進行，以及確認所有的醫院工作人員都有受過適當的教育訓練。一般主任委員由院長擔任，委員成員包括：醫療、行政等副院長、醫療部、急診部、管理中心、總務、勞安、護理、資訊、社工、感染、外科、內科、輻射、檢驗、藥劑，及醫事等相關單位主管所組成，惟多數醫院尚未設置專責秘書作業單位及人員。

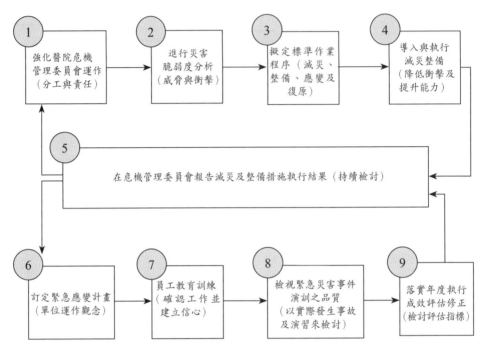

圖6-1　醫療機構緊急應變管理系統流程

二、**危害脆弱度分析**（Hazards Vulnerability Analysis）：進行災害危害脆弱度分析，才能針對最常發生的災害或是衝擊性最大的災害進行規劃。醫院評鑑也有提到，使用災害脆弱度分析辨識，可能影響醫療機構提供病人服務之潛在風險（緊急狀況），以利於研擬完整之緊急應變管理計畫。

三、**標準作業程序**（Standard of Procedure）：就減災、整備、應變及復原提出策略性做法，作為緊急應變管理計畫（Emergency Management Program, EMP）預防、減災、準備、應變策略發展的基礎。

四、**個別災害應變指引**（Incident-specific Guidance）：針對不同的危害，制訂醫院相關的緊急應變作業指引。每一種危害，都有其特殊、與眾不同的地方（例如，生物病原災害、輻射、毒化災、火災、電腦當機、停電等），不管緊急應變作業計畫規劃得多仔細，一定無法應付

所有的情況，所以各種可能災害特有的處置都要分別規劃。

五、**持續減災與整備**（On-going Mitigation & Preparedness）：針對災害分析的結果，思考如何減少災害的衝擊與火災危害。減災與預防是平常最重要的工作。

六、**緊急應變作業計畫**（Emergency Operations Plan, EOP）：制訂醫院整體的緊急應變作業計畫屬於緊急應變管理計畫的應變部分。這部分在評鑑中也有要求，所以醫院都有壓力去制訂相關的計畫；然而這部分要如何整合醫院各單位去規劃，是相當技術性的工作。在美國，所有醫院撰擬EOP時，有六項重要功能內容必須納入檢討，其中包括：溝通、所需資源與資產之取得、安全與保全措施、任務之指派、設施與設備之功能能維持運作，以及服務功能不受影響。

七、**運作與執行**（application）**以及外部協調機制**（external coordination）：將相關的應變計畫及教育訓練實際在醫院執行。緊急應變時，要在應變工作中，發揮預期的效果，就必須要有事件管理程序（incident management process）的觀念，制訂醫院與外部機構（如消防局救災救護指揮中心、衛生局等）的協調機制；因為，醫院不會單獨去面對災害所帶來的連鎖效應影響的各種衝擊，如果沒有外部協調機制，會讓醫院失去很多外來的協助，每個地方單位的文化與行政作業都有所不同，必須參考醫院所在的縣市來考慮。

八、**教育與訓練**（education & training）：制訂醫院人員相關的災害緊急事故教育訓練計畫是非常重要的工作，因為教育及訓練才是讓應變計畫真正能推行的關鍵。緊急應變管理的推動與管理需要辦理很多例行的教育訓練，除了桌上模擬訓練外，並以加入情境方式，在不影響病人狀況下，進行經常性演練或訪視來評估成效，然後進行後續的改善措施。所以，教育訓練與演習評估是落實災害緊急應變管理最重要的步驟。過去國內對此部分皆相當重視，相關法規、醫院評鑑及各衛生局的年度考核，都要各層級既有醫院每年必須進行災害應變實兵演練及桌上演練。同時，也都要求對於全院及新進的人員進行相關講習。但是，從幾次醫院災害的應變看起來，教育或是演習的結果，可能與

預期的效果有一些落差。對於緊急狀況下，醫院內每一個員工要能根據應變計畫，有效率地去進行相關的應變計畫，必須在平日有適當的教育與訓練才能達到。至於要如何規劃，並且進行相關的教育訓練，可能是緊急應變準備期最重要的工作，也是整體緊急應變工作成敗的關鍵。

九、評估（evaluation）：評估進行的成效，並且進行修改。這部分是工作的總結，但是也是所有工作的開始。一場細心規劃的演習，不只有教育的價值，更能讓醫院各單位人員瞭解目前的準備及可能的弱點，對於應變準備非常重要。

肆、我國醫院評鑑基準要求

在2018年版之評鑑基準，並未詳列與醫療照護環境安全相關之查核項目，但依評鑑條文1.1.11（遵守相關法令，並提供合宜教育訓練）之要求，所有醫療機構皆應遵守與醫療衛生相關之法令或規定。以防火安全為例，醫院除依醫療衛生相關規定外，亦應依照建築及消防相關規範的要求。未來，我國國土安全如有相關法令，需要醫療設施配合之全災害減災、整備、應變及回復正常運作要求，亦可納入評鑑標準檢視內容之要項。另外，根據醫院評鑑基準（特別是從1.8.3到1.8.8）及醫療衛生相關之法令或規定，依硬體設備設施、人為管理應變與潛在災害風險因素建立相關之查核項目，協助醫院建立預應式之風險管理機制，降低醫療儀器、設施與設備失效及意外事故發生之風險，以確保照護環境之安全。

醫療機構的減災方式多以風險分析或以預應式的風險評估法來進行，例如，以危害脆弱度分析（Hazard Vulnerability Analysis, HVA）針對醫院遭受各種災害衝擊風險評價的方法進行分析；[4]這些預應式風險評估方法也多源自美國醫療機構。由於在美國評鑑基準中，要求醫療機構

4　Carroll R. Risk Management Handbook for Health Care Organizations. ASHRM, Jossey-Bass, Sanfrancisco CA (2009: 512).

負責人每年至少必須有一項進行中的預應式計畫（proactive plan），用來辨認病人安全的風險以確保病人的安全、評估潛在的失效模式（failure mode）、找出每種可能的失效模式進行可能造成之效應分析（effect analysis），與應對於危害程度最高之失效模式進行根本原因分析（root cause analysis）；而美國國家防火協會在2012年版NFPA 99醫療設施標準中，也將HVA等方法推薦給醫療產業界使用，因此，未來這些減災的分析評估方法也會被廣泛應用於我國醫療照護產業之緊急管理計畫中。[5]

在醫療設施緊急應變管理計畫的整備，其實是對應未來緊急應變作業計畫六大功能來做相關內容的準備，因此整備的內容應詳加考慮下列項目：

一、**危機狀況相關人員之聯繫溝通**：必須考慮當災害發生時，內部的聯繫溝通對象包括員工、民眾、外部權責單位、病人、媒體、供應商，甚至其他醫療機構、可能轉（後）送病人之接收醫院等；因此，聯繫溝通之整備工作必須考量：

（一）醫院內部相關人員初期通報、後續聯繫與現場處理之相關訊息。

（二）醫院外部相關人員初期通報與後續聯繫之相關訊息。

（三）確保與下列人員或單位保持聯繫暢通：

　　1. 病患及其家屬（相關權責單位）。

　　2. 當病患轉介到替代醫療設施所需協助之相關團體。

　　3. 社區與媒體。

　　4. 重要物資、服務及器材設備供應商。

　　5. 轉介之替代醫療機構。

（四）病患醫療資訊（醫囑、護囑及藥囑）提供給相關單位適當時機及方法。

---

[5] DeRosier J, Stalhandske E, Bagian J, Nudell T. Using Health Care Failure Mode and Effect Analysis TM: The VA National Center for Patient Safety's Prospective Risk Analysis System. Journal on Quality Improvement. 2002; 28 (5): 248-266.

（五）醫院必須要有資通訊備援系統。

（六）與附近同等級以上醫療設施之合作協議或計畫內容包括：

　　　1. 在緊急指揮管制作業資訊息交換方式。

　　　2. 人員及物資的協助。

　　　3. 災害事故病患及傷者轉介安置。

二、**災害應變所需資源與物資之取得**：依據災害脆弱度分析所決定之需求，建立災害事件應變所需之藥品或其他物資〔如醫藥材、通訊器材、轉（後）送病人之交通工具等〕之取得程序等，包括：

　　（一）所需醫療及非醫療相關人力資源。

　　（二）災害應變及復原期間所需之醫療資源與設備。

　　（三）災害應變及復原期間所需之藥品來源。

　　（四）災害應變及復原期間所需之非醫療資源補給。

　　（五）災害應變內部人員所需的後勤協助。例如，解決住宿、交通、身心壓力等所需資源。

三、**安全與保全措施**：確保災害緊急事故發生所需之安全與保全措施，如與警察單位支援院區管制、毒化學、輻射等危害物尋求支援處理等，工作內容包括：

　　（一）內部保安及安全作業。

　　（二）涉及安全與保全相關人員的任務分工。

　　（三）危險物品及廢棄物處理。

　　（四）核、生、化物質隔離與除汙。

　　（五）病患管制。

　　（六）災害時進口管制。

　　（七）必要時經與相關單位風險評估，限制人員留置在醫院安全處所就地避難。

　　（八）管制醫院內部避難，避免與搶救人流衝突。

　　（九）醫院附近交通管制。

四、**傷病患疏散醫療支援相關**工作：配合已建立與規劃緊急應變指揮體系，必須指派規範醫護人員在應變任務之角色與責任。例如，由誰負

責決定災害等級、如何啟動EOP、由誰判斷緊急狀況是否可解除、具體之緊急事故報告架構與程序、確保員工與家屬之支持、提供有效之訓練等。另外，下列病患臨床的支援工作也是非常重要的，包括：

（一）在避難過程中及完成後，延續病患醫療評估及治療。

（二）避難過程中醫療特殊需求 。

（三）避難完成後病患清潔及衛生。

（四）病患醫療上必需品。

（五）遺體處理。

（六）如必須水平疏散，甚至垂直移動所需醫療支援。

（七）疏散時，病患所需醫囑、護囑及藥囑等相關資訊。

（八）疏散時，病患所可以承受的運送方式。

五、**緊急狀況下確保設施與設備之功能維持運作**：依據災害脆弱度分析所決定之需求，確保設施功能維持正常運作，如：緊急供電、醫療用氣體、供水、無線通訊、防火設施及消防安全設備、維持醫院運作之發電機油料及抽吸系統等。

六、**確保病人之服務功能不受影響**：為確保病患不會因醫院災害，受到醫療影響的二次災害，必須確保病人之核心服務與支援功能（support activities）不受影響，包括病人之各項診療安排（如檢傷分類、治療、入院、轉送）、確保體弱病人（避難弱勢）可得到正常之醫療與建立病人臨床資料之文件追蹤系統等。因此，外部的協調聯繫及內部的教育訓練，對於落實緊急應變管理計畫整備相關項目內容格外重要。

第二節　醫院緊急事故管理體系

壹、醫院緊急應變管理計畫

醫院緊急應變管理計畫包含很多的內容，主要以減災、整備、應變及

復原重建作爲基礎建構，來因應不同的危害與威脅。其中包括：院內遭遇的緊急事故，以及院外災害移入的大量傷病患狀況；此緊急事故管理的減災、整備、應變及復原重建四大面向也是建構醫院應變計畫中訓練及演練的架構，以此架構來做準備，亦較能符合我國相關的法規及標準的要求，相關的預防措施也都能以較系統化的方式來予以規劃。

美國醫院在發展本身EMP時，須參考很多資料來撰寫，包括國家事故管理體系／事故指揮系統、國家應變計畫、美國國土安全總統令（HSPD-5），以及聯邦持續運作準備規章（FPC65）等指導文件；除此之外，也有非政府機關的規範標準，必須在發展EMP時作爲參考。我國雖未有相關文件可供參考，但近年來針對醫院緊急應變管理相關研究頗多，可以用以檢視所有發展醫院緊急應變管理計畫及緊急應變作業計畫，在本章所建議的相關參考文獻，亦可以在網站中找到部分參考資料，作爲撰擬醫院緊急事故管理計畫的參考。有關醫院緊急應變管理計畫的內容要項，可參考附錄一。

貳、緊急應變管理人

因爲醫院裡醫療系統的整備漸趨複雜且重要，因此很多大型醫療設施都已開始指派特定人員，來擔任兼職或全職的緊急應變管理人，此類似我國消防機關所要求設置防火管理人的概念，以專人來負責緊急事故的管理相關計畫推動工作。理論上，緊急應變管理人必須整合所有醫院的資源來規劃緊急應變整備工作，包括：所有作業程序、協調或修正緊急作業計畫、辦理訓練及演練，且須寫檢討報告。管理人也要代表院方參加不同層級的整備會議，包括：地方層級、區域層級，甚至中央層級。因此，緊急應變管理人所需的背景，應具備災害醫學正式及非正式的教育與訓練，在緊急應變管理工作也須有較佳的實務經驗，熟悉事故指揮、地方及區域的醫療系統運作，特別是在緊急應變程序部分，應爲緊急應變管理人背景的要求重點。

參、緊急應變管理委員會

　　「緊急應變管理委員會」（有些醫院稱之爲「醫療照護環境委員會」）由醫院每個部門的代表所組成，對於任何各項災害應變計畫是否落實可行至關重要，因此，這個組成的代表就愈顯重要。由於緊急應變涉及警察單位、消防、醫療救護、緊急救護、緊急事故管理及公共衛生等問題，因此委員會可以釐清緊急事故裡各個角色和責任，並且預先指派各別的網絡聯繫。這種彼此熟悉有助於當事故發生時，設定緊急狀況的優先順序、資料共享及聯合決策。委員會須定期開會，成員包括各個主要部門臨床或非臨床的代表，從醫院的各個單位或部門來挑選，比較資深或積極的委員會主席應該依照醫院的政策及規範來推選。委員會的重要工作包括：

一、每年須更新完整的、全災害的緊急事故管理計畫；

二、每年都要確認危害脆弱度分析；

三、依照所分析出來的危害來發展EOP標準作業程序；

四、整理醫院的作業計畫，提供持續運作；

五、確保醫院所有的職員及醫護人員能夠依照醫院的要求及法規的基準來接受訓練，確保他們能夠瞭解災害應變的角色及責任。

　　委員會應該要設定所有會議的期程，以及能達到當年設定的目標，委員會的各分組也必須完成所有應完成的相關計畫，提供規劃的訓練和演練，委員會每次的會議紀錄都應該廣泛的傳達到醫院的每個人員，讓內部人員都能瞭解委員會在緊急事故管理計畫裡的每個活動。另外，對於醫院裡需要讓所有人都知道的重要訊息還包括印送應變計畫，可於最新應變計畫中發布，或在有關安全相關活動的場合來做專題報告；爲了確保所有委員會的運作可以落實，委員會的主席須定期並主動向院長、緊急應變管理人報告可能會遭遇的問題及困難，以及所需要的協助，讓管理階層知道委員會所面臨的問題，以思考並尋找資源來解決。

肆、全災害緊急應變作業計畫

緊急應變作業計畫提供針對所有真實威脅、危害和其他事故，從應變到復原階段，醫院所應有的策略，特別是醫院內所使用對於應變的架構和程序，能提供全面指導基準，以及可依循協調的參考文件；除了針對火災、水災、電力中斷、電腦當機、傳染病、暴力恐嚇、輻射危害物質等事故特殊需求外；緊急狀況經常會執行的疏散、轉置、接收及獨立運作等計畫，更應不斷的詳細檢視。有效率的EOP目標在完成ICS的所有應變作業，包括作業組內的各分組相互間所需的協調聯繫，其中重點包括：管制規劃、在緊急事故前、發生時及事後部門和組織間的角色與責任、衛生及醫療作業、內部及外部聯繫、後勤支援、財務、設備、病人追蹤、傷亡管理、除汙、機房設施及公共區域作業、安全與保全，以及與外部單位協調溝通。

醫院的EOP必須考量地方、區域及中央EOP的需求，並以各層級應變計畫不衝突為最重要原則。由於EOP內的相關資訊，不論對內處理事務或對外聯繫對於決策都十分重要，因此確認所需的相關資訊、資訊的獲得方式、使用及分享以及發展多重的防護系統，以確保系統的堪用性是非常重要的。

伍、危害脆弱度分析[6][7]

危害脆弱度分析是對於發展緊急應變作業計畫的一項重要的依循程序，經過HVA的分析，可以作為特定事故之計畫，因為HVA可以協助辨識、安排優先順序及界定影響醫院的威脅。瞭解醫院所面臨事故的威脅特性，才能採取特定的步驟，以降低威脅所造成的衝擊，確保醫院的功能正

---

[6] Thomas JH, The Environment of Care-Acompliance Guide to the Joint Commission's Management Plan. 3rd Ed. HCPro, Inc. MA (2008: 104-111).

[7] The Environment of Care Handbook. 3rd Ed. The Joint Commission/Joint Commission Resource. Oakbrook Terrace, Illinois (2009; 1: 105-132).

常運作；而HVA的程序中，有兩個主要風險評估的項目，包括：

一、**事件發生的可能性（機率）**：經由回顧事故發生來估算，或事故發生往後預測的推算。

二、**威脅所產生的嚴重性及損害**：包括人命安全、醫院的運作、基礎設施及環境條件所造成的衝擊。

　　每一項威脅型態的風險，都能用以上兩項相互作用來予以計算，風險亦可藉由減災的作為降低發生的可能性，例如，定期測試發電機性能，則可降低斷電的可能性；或降低損害嚴重結果，例如，若使用堅固的建材建造分間牆隔間，地震所造成的傷害就明顯降低。但是，HVA並不是分析結束就永久作為發展EOP的依循，而是必須每年重新檢視，以確保新的威脅被納入分析。在醫院醫療體系中，HVA是由緊急應變管理委員會來執行，一旦檢核完HVA，針對最新HVA改變來調整醫院的EOP，最優先的風險將成為年度災害演練的項目。

陸、業務持續（孤立）計畫

　　據世界衛生組織（WHO）過去的經驗發現，當災害來臨時，受災國家的醫院如已失去50%以上的營運能力，幾乎無法提供醫療救援，若無法及時改善，災害的傷亡情形將隨著時間的流逝不斷擴大（WHO, 2009）；反之，若醫院能在災害中保持正常運作，順利發揮醫療功能，將帶給災時民眾安全穩定的作用，發揮醫院公共衛生與醫療照護的能力，並成為受災害創傷公眾的醫療處所。

　　近年來，有愈來愈多的研究以國土安全的視角，探討災害影響醫療照護等公共服務的嚴重性（Michel-Kerjan, 2011），因為，類似醫院攸關人命安全公共服務，遇有大規模災害，必須仰賴外部的基礎設施系統才能持續營運，並收治大量傷、病患（Achour & Price, 2010）；因此，醫療照護設施的業務時序運作也成為災害管理重要的顯學。而國外近來的相關研究，也著重在醫療設施硬體結構功能性（Mehani et al., 2011）（Wilkinson et al., 2012）；或著重在醫院危機管理（Mostafa et al., 2004）、公共衛

生應變（Senpinar-Brunner et al., 2009）、醫院地震預防策略（Peek-Asa et al., 1998）、天然災害對醫院風險評估（Loosemore et al., 2011）[8]、災時醫療照護物資管理（VanVactor, 2011）以及如何提升災時醫療照護能力（Ukai, 1996）；有關災害對於醫療設施的影響，以及影響醫療設施所造成持續營運的困難，也成為相關的研究主流（Achour, 2014）。反觀國內，過去在醫院災害風險量化與脆弱度評估技術較少有文獻，即使有，也是針對醫院火災風險來進行（曾偉文等，2011）；或類似國家災害科技中心依國外針對地震災害醫院持續營運的必要條件，介紹相關因子須納入考量（李沁妍，2012）；考量我國醫院設置時，建築結構與地理位置皆有一定等級抗災考量，如直接受到結構衝擊，災時與災後醫院孤立計畫亦無實踐的能力，因此，國內有學者將研究重心，置於醫院因外部支援中斷，憑藉自身能力，持續提供醫療服務進行實證調查評估之技術與指標（如附錄二），並對醫院持續運作系統脆弱度進行描述（張文成、曾偉文，2015）。

柒、醫院事故應變計畫指導文件

　　醫院潛在災害事故計畫是十分耗時，且充滿不確定性；此外，計畫過程中所需的經驗，都影響了計畫的內容及效用。在美國，不論是管理計畫或是應變作業計畫，政府部門及專業機構皆有正式文件，用以檢視EMP與EOP是否符合每項特定事故要求的根據，例如，特定事故應變計畫（Incident Planning Guide, IPG）可以協助醫院評估暨有的管理計畫，或協助修整該計畫。在美國，IPG已經被國土安全部指定十四項醫院相關之國家級事故情境，包括：防疫、恐怖攻擊等，作為所有社區醫院EMP與EOP的參考。除了上述的十四項外，還有一般醫院可能面臨的十三個額外的內部威脅，例如，火災、風災、水災等，亦可作為擬定計畫時的參考。每一個IPG的形式，則是依據四個階段時序來作為架構，包括：立即的0至2小

8　Loosemore et al. (2011: 210-221).

時、一般的2至4小時、大於12小時，以及解除動員和復原等四部分。除包
含此四時段中計畫所須考量的重要工作外，主要還是提出系統化的注意事
項供計畫撰擬人員與審核人員參考，俾能針對事故考量真正緊急事故作業
計畫的需求，這些基本資料內容可以在本章參考資料中查詢。

捌、外部單位協調與專業支援

　　包含各地方單位、區域及國家層級相關單位，若無法整合全面醫院
緊急應變體系的相關單位，對於醫療衛生來說，要發揮緊急事故的整備和
應變是很難達到功效的。因此，外部單位的協調和專業支援的實作，一直
是醫院緊急事故管理所努力的目標。特別是，大規模災害緊急醫療，以及
醫療衛生整合管理系統，以促進落實醫院參與社區的防救災規劃、培訓、
演練。所以，醫院相關代表應積極主動參與緊急事故管理相關的會議，包
括：公共安全（如警察、緊急醫療、消防單位）、公共衛生、緊急事故管
理、行為／心理衛生，以及其他相關公共和私有部門災害防救相關會議。
藉由各個醫院代表參與相關事故應變的活動，可以瞭解在事故發生時，從
中央、地方到社區裡所有人員的角色及責任，也可以獲悉各層級的應變計
畫及程序，確立可用的經費並瞭解相關人力、物力支援，以及所撰擬計畫
執行的可行性。

第三節　醫院緊急應變指揮系統

壹、緊急應變指揮系統基本原則

　　緊急應變指揮系統當初是因為1970年加州發生的森林大火，為了能
夠讓中央與聯邦一體協同合作，所提出整合計畫的一項成果。這項研究
之前，相關的研究已經發現在重大災害發生及處理時，存在一些問題，包
括：溝通不良、無統一的專業術語、低效率、醫療技術無法搭配、缺乏標

準的管理架構，導致無法整合、控管、工作效率不佳、人員的相關責任無法釐清，以及缺乏系統式的計畫過程。

　　因為上述的種種原因，各種規模或類似的事故經常缺乏完善管理，造成災害應變安全上極大的風險，更難以避免不確定性的損失、資源無法有效運用，及很多財務上的浪費。所以ICS在發展時，便考慮到必須確定其架構可以適用在任何型態、任何規模的緊急災害。不論在日常時間或計畫內的預期事故，都能有清楚明確的指揮鏈；此體系結構也允許不同機構、部門加入，可以有效解決問題，並賦予參與人員或代表相關責任；緊急應變作業人員能提供所須的後勤及行政的支援，而非各自為政；以及確保所有人員的工作可以互相支援但不會重複。

　　因此，最後建立ICS有基本的八大原則，這些原則的意義與對應變組織的助益，包括：通用的語言（common terminology）、整合的訊息溝通（integrated communication）、模組化的組織（modular organization）、統一的指揮架構（unified command structure）、能夠掌控的組織大小（manageable span of control）、統一的行動計畫（consolidated action plans）、全面資源管理（comprehensive resource management），及事先預設的應變設施（pre-designated incident facility）。當醫療院所面臨的災害夠大，必定會牽涉到院外的許多機構，例如，其他的醫院、消防、警察機構、民間的救難組織等，在這情形下，醫院運用ICS的優勢將更明顯。因此，現今的HICS之所以能有效改善緊急應變時的效率，主要是因為上述原則下所衍生的幾項優點，包括：固定的管理與指揮架構、確認每個角色的應變職責、彈性的作業編組可以適應各種不同的事故情境、建立資料紀錄內容讓文件更具完整性與正確性、院內各機構間或是與院外的機構，如消防、警察等單位，有共同的應變語言來進行溝通、預劃清楚的應變事項，以及優先執行順序，提高緊急應變計畫的效率。

貳、事故應變管理運作

　　在事故應變管理中，必須瞭解HICS是一個管理體系，而非一個組織

架構。每一件事故或事件都須有特定的功能需求，所有可能遇到的問題都須經過評估，讓計畫可以補救處理並實施必要的資源分配。由於緊急事故種類太多，不可能投入所有的資源因應各種的緊急事故，而且每個醫院所在地理位置、緊急事故風險也不一樣，有些緊急事故是共有的，如火災等，有些緊急事故是有地區性的，如水災、危害物質、地震衝擊較嚴重等。所以危害分析是在緊急事故準備建構之初的重要步驟，如此才能確認投入應變的人力與物力是有效的。因此，通過目標管理（Management by Objects, MBO）是對事故應變管理一個極爲重要的基礎，其成敗與緊急事故的指揮系統息息相關，整個指揮體系的作業階段，不論管控或目標都要含括在MBO裡面。ICS這個組織跟日常的行政架構並沒有直接相關性，最主要是以功能目的性爲導向，且希望能減少角色及頭銜的混淆，因此，並非職位愈高，就一定在指揮體系擔任特定角色。

　　不論在醫院的何處，只能有一種指揮體系，特別是只能有一個人擔任事故指揮官的角色。此事故現場可能是火災或其他重大意外事故，統一的指揮體系即是要以單一的方式來建立。在事故發生時，事故指揮官或是各單位的代表、收容醫院及其他相關主管機關代表在分工時，都是在一個單一的指揮體系下運作，使用統一版本的事故行動計畫（Incident Action Plan, IAP）來作爲應變的相關事項。指揮官會提供統一的指令，指導指揮或是作業幕僚組織，並以單一的指令來指導，才不至於造成混亂。HICS可以允許負責人員有代理授權之行爲，形成指揮架構；另外一個重要概念爲必須確保有效的管制跨度以確保人員安全，並且所有人員都可以做到其所分派的職責。一般而言，指揮跨度是一個人從上到下，可以提供指導管制是三至七個人員，在某些特殊狀況下，例如低風險、人員的工作相似性高、處理的事情差不多等，不一定要到三至七個，也可以更多；就像HICS指揮體系下有四個部門一樣，每個部門下面有三至七個小組。

　　標準的HICS所有的職稱有三個重要目的，第一是降低在醫院內或外部其他醫療設施的混淆，提供統一的標準給所有應變人員辨識；其次是希望允許適才適所，以資格爲主而非資歷作爲應變指揮的基礎；最後，這些職稱可以讓醫院的外部具資格人員參與應變作業。所以爲了協助事故的管

理，HICS會打破原來醫院的建制來做一些區分，主要層級架構包括：

一、部門（sections）：於緊急應變指揮系統組織架構中，擔任各主要功能的角色（例如，執行部門、計畫部門、後勤部門、行政／財務部門）；該層級領導人稱為「主管」。

二、課（branches）：既用於控制相同類別，但跨單位或組別的一個角色（例如，醫療照護課、任務支援課）；該層級領導人稱為「課長」。

三、科（divisions）：係以事故的發生區域位置（例如，一樓）所訂定，皆有一主管領導。此層級通常為除了醫院之外，更頻繁參與緊急應變的單位，例如消防隊或地方主管機關；該層級領導人稱為「科長」。

四、隊（group）：它被建立於HICS組織架構中的執行部門，係為各種資源組合，針對災害應變時，執行特定任務且不侷限於單一區域位置的團隊；該層級領導人稱為「隊長」。

五、組（unit）：係於各課（branches）內負責各種特定功能的組織要素，於執行、後勤或財務行政的運作（例如，住院組、現況分析組、物資供應組）；該層級領導人稱為「組長」。

六、個別資源（single resources）：它被定義為個人或者設備及其工作人員的補充，可以是組別內的單一人員，亦或者是已被任命為主管的個體。

除了上述的組織單位以外，還有幾個外部重要的組織單位來搭配，例如，警察、緊急醫療救護及消防等單位來參與緊急事故處理，但這些組織並不是醫院裡常設的HICS指揮體系。如前所述，HICS也同意讓更有經驗的人來執行指揮官的角色，允許在任務交接時更換指揮人員，所以在指揮權轉移時，必須要有指揮權轉移的狀況簡報、應變需求說明及現有資源的簡報，內容包括：事故狀況、應變需要及實際運用的物資來源。另外，衛生安全的相關醫療作業也應被定時來檢視，特別是會引起社會關注的事故，也應該要做深入討論，例如，火災發生X光線外射、實驗室病菌的外洩造成重大環境汙染。因為，二次事故若處理不當，將導致社會輿論臆測與媒體過度渲染而造成恐慌。指揮權轉移還須將相關文件交接，如有無線電、跑馬燈、螢幕、e-mail等通訊設施，可以通告有關指揮權轉移的相關

事項，新接任的事故指揮官則必須確認各級指揮人員所提報告內容，特別是應變的相關事務及執行目標等內容。

參、緊急事故管理組織

事故管理團隊的組織架構是以醫院的指揮功能來區分，並分別代表其在事故管理團隊裡所擔任的權責及劃分，圖6-2代表事故管理人員在單位主管層級下所組織的團隊。這張組織圖針對每一種型態的事故，事前已經明確的劃分重要的功能，但此組織圖並不建議在每一個緊急事故裡都要被啟動；圖中指揮體系及作業、計畫、後勤與財務行政等四部門之職責與運作將分別說明如後。

肆、指揮體系

醫院的指揮中心其實是由事故指揮官所主導，其對醫院指揮中心的所有執行事項負有完全的責任。因此，事故指揮官可以指定、指揮幕僚人員來給予協助，包括：

一、新聞官（Public Information Officer）：主要處理內部及外部相關資訊的對口，包括媒體及其他相關組織，負責有關設施內部和外部所有協調的相關資訊分享。

二、安全官（Safety Officer）：主要是在監管所有被指派人員相關的安全狀況並予評估，監督所有應變作業，以確保未有不安全的相關作業狀況發生。

三、聯絡官（Liaison Officer）：主要工作為所有外部支援單位的聯繫，有時也會被指派到地區的緊急事故作業中心，或是在指揮現場進行協助，必須與外部單位聯繫；亦即，在有些狀況，其中一位聯絡官會被派到醫院的指揮中心，另一位也許會被派到地區的EOC或是現場的前進指揮所來執行職務。

四、醫療及技術專家（Medical/Technical Specialists）：主要提供諮詢，依照緊急事故狀況來提供資訊。原則上，負有醫療專業背景，在事故應

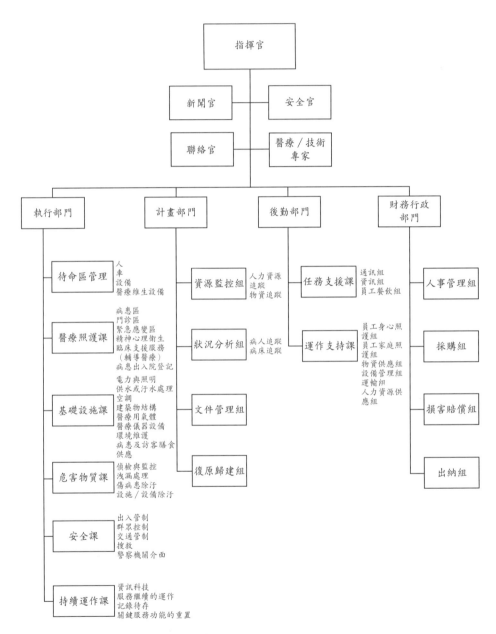

圖6-2 醫院事故管理團隊組織架構

變時，提供事故指揮官專業看法與建議，亦即由一群在醫療領域上具有專業背景的人員所組成。例如，感染疾病、法律問題、風險管理、醫療倫理等專業人員，提供事故指揮官所須的建議，以及相關的協助資源。

依照不同的狀況，有作業行動、計畫幕僚、後勤支援及財務行政等部門分別予以啟動，所有部門的主管都會指派經過訓練合格的資深人員來擔任，各部門下的應變職位也是由經過訓練合格的人員來擔任。當這些人員被指派至不同單位的指揮體系後，必須經由簡報瞭解應變情境，所有的應變主管都必須被記錄在事件管理團隊的表單當中，並經由院內無線電及抬頭顯示系統掌握相關資訊，以便在應變作業啟動時可以清楚的知道誰負責哪些事情。各部門主管都須有訓練合格的副主管來協助與替換，如果單位主管沒有在醫院的指揮中心時，副主管可以代理指揮主管的職務。

伍、作業部門

醫院緊急事故其實常常牽涉到傷、病患，所以在作業部門，有責任依照作業部門指揮官所提示的策略目標來執行應變作業，通常作業部門不論是在人員或物資，都是應變需求最大的一個單位。因此，在管制作業上，必須讓作業部門所屬各單位小組擁有一條鞭的指揮架構，較容易執行相關應變作業，作業部門組織啟動的複雜程度，須看實際情況的需要，以及能夠參與相關合格應變人員的多寡來決定，有關作業部門下設各單位（課）所負責的職責如以下說明。

基礎建設以及醫療持續運作單位，會設置於作業部門內，主要是在落實維護院內傷、病患持續醫療照護的基本需求，因為這些應變作業過程中，醫護單位提供醫院運作非常重要的醫療照護技術服務資源，並配合各單位的支援才能執行該項應變任務。例如，後勤單位所提供之人力、物力支援，讓負責操作醫療照護相關人員，即使在事故當下還能正常運作；而安全人員在應變過程中還能維持秩序；資通訊人員，在事故發生過程，維護電腦系統作業，以及資料的分享給予相關不同的部門。某些內部經常發

生的緊急事故，如電力中斷、缺水或電腦系統當機等，如何持續醫院醫療
照護重要的功能，並能馬上恢復正常運作狀態，是前述各單位應變的重要
責任。

　　危險物品組並非是在每個緊急事故內都要啟動，但當內部或外部危險
物品有影響醫院之虞，該組之啟動就非常重要。HICS允許針對單一任務
來組織、部署及運作，其中包括：臨時編組及先遣小組（strike team）。
例如，在流行病大規模傳染時，可以成立臨時小組，以專門負責負壓擔架
或專門遞送藥劑作為其任務，而臨時編組亦可以各應變單位人力的組合，
如幾個加護病房的護士、勞安部門技師、院內行政人員等的組合，在特定
任務下賦予適當的工作，亦可在作業部門編組單位下，依指揮人員要求來
進行作業。所以作業部門的主管，或醫療照護組的組長有責任編組派遣臨
時編組，執行賦予指定的作業目標，一旦目標完成，該組就可以賦予其他
新的任務或解散。

　　待命區在作業部門是非常核心的位置，空間必須能容納裝備器材及藥
品。待命區的主管，應受命將該區管理的相關資源，送至醫院有需求的位
置，所以待命區的主管應與後勤部門保持緊密的合作關係，並瞭解應變作
業需求的內容，確保所有所需資源，包括：人員、器材、藥品及車輛等，
能夠盡快派送到正確位置。事實上，一個超過12小時應變作業的大型災
害事故，所需的物資可能大到要有不同的專責待命區來執行。因此，不同
待命區的主管須互相協調不同物資的待命位置，例如，區分醫療待命區、
車輛待命區、人員待命區等，這是一個很重要的新概念。當執行部門的各
個小組在執行各種緊急應變工作時，可能需要很多人力、物資、器材、藥
品或運輸能量。過往，這些資源都有賴與後勤部門的協調運作，因此常常
有緩不濟急的情況發生，而且也增加了許多橫向聯繫的複雜性；然而，在
新的HICS中設立了「待命區」，這個單位負責評估執行部門各組所需的
資源，並通知後勤部門預作準備，一旦後勤單位準備好時，就會將相關資
源送到這個區域等待進一步的調度，各小組一旦缺少物資與人力，便可以
直接從此區域調度。這樣一來，資源的供給就可以更快速地提供給前線工
作的單位，也可以給後勤部門有更多的時間來募集或準備。換言之，「待

命區」的工作在於統管後勤部門備妥之待命資源，包括：物資、人力、運輸、藥品，適時、適地、適量補充到第一線執行部門，俾利其繼續應變工作。

在各個層級裡提供一個完整的群組指揮體系，是整體應變非常重要的一環，緊急應變作業計畫應該詳述在危害分析所得出的不同災害情境，各個單位的角色與責任，而各個單位的指揮體系也應該保持24小時全天候聯繫不中斷，相關資料與設備隨時須保持堪用，包括：工作行動表（job action sheet）、編組辨識背心（或臂章）、電話或無線電、HICS啟動表，以及準備需要的相關資料（包括：電話簿及操作程序的守則）。每個單位的負責人都要能跟組員有定時的溝通方式，除能消除應變作業的恐懼及焦慮，並掌握正在進行工作的進度與狀況，只要發現管理上無法解決的事情，須馬上根據EOP緊急事故作業計畫，通報相關的主管機關。

另外，每個部門及相關單位都須準備所需的器材及設備資源，來因應不同的內部緊急事故，包括：停電、失去照明及缺水等基本事故狀況。其設備資源包括：閃光棒、瓶裝水、禁止使用廁所的標示、一般的移動式／化學藥劑馬桶、衛生紙、洗手液、防止感染的濕紙巾、疏散座椅、擔架等等。在緊急狀況下，這些所須設備器材的派送，必須要由醫院的指揮中心來處理，有效的管理及分配。因此，所有的需求都必須通報到醫院的指揮中心，一旦狀況結束，這些資源及設備就必須重新回復至原待命區並隨時保持備用狀態。

一、病患照護作業

在醫院內，常有許多緊急事故會牽涉到病患及傷者，因此，醫療照護組必須負起外部急性傷病患者，以及已經在醫院內接受醫療照護須持續治療病患的責任。有關病患的醫療照護有可能區分：病患區、門診區、緊急應變區、精神心理衛生、臨床支援服務（輔助醫療）、病患出入院登記等作業單位。緊急狀況時，這些作業單位的主管會聚集於急診室，指揮人員依實際狀況，協調實施檢傷分類及治療等作為，這些醫療的行為，其實都

是必須依據醫院EOP的附件有關大量傷、病患處理方式來進行。一旦病患到達醫院，就必須快速地做檢傷分類，並提供治療位置。醫療照護是不能有所延遲的，因此，檢傷分類人員對於醫療的優先順序必須非常清楚，在事先準備套環或手環標記，作為應該治療優先順序的依據。有關病患的掛號登錄程序、基本病歷資料等作業，也必須儘速有效地完成，才不至於產生延誤治療，甚至造成治療位置分配錯誤的混亂場面。

病患若遭受危險物品的汙染，必須讓接受過專業訓練及穿戴防護裝備的人員，依標準作業實施除汙程序，才能進入醫院接受進一步的治療。特別是核、生、化重大緊急事故，除汙是醫院拯救生命的一項重要步驟，所以不管是住院、門診或是臨床的部門，都應該與醫療照護作業單位保持協調溝通。

另外，醫療照護與後勤兩單位須有緊密的合作，以確保所需的人員、裝備及資源能供應無虞，也要與待命區管理人保持協調溝通，確保物資能送到需要的醫療照護區域；若發生所需資源不足的狀況，醫院指揮中心（HCC）應即依作業準則，請求地區的緊急應變中心來協調及調用相關的物品。另外，為求各醫療設施對於所提供的醫療行為應該有一致的醫療照護方式，地方的主管機關或區域醫院協調中心（RHCC），都應針對事故傷、病患的醫療照護原則做出指導，也就是不同傷患的醫療，不會因為不同醫院而接受到不同治療，讓各醫院都會提供延續性的治療，而各醫院指揮中心彼此間可以透過視訊會議，彼此溝通訂出一致的醫療程序。

二、醫療持續運作

以往關於基礎設施運作的部分是歸後勤部門管理，但是在實際運作時卻發現，執行部門的進行和這些基礎設施的支持，有著密不可分的關係，不論水、電、空調、燈光、醫療氣體等都是執行醫療工作時迫切需要的設施。尤其是在災害事故發生後，原有的基礎設施常常不能有效地發揮功能，此時基礎設施組的人員就必須緊急搶修或採取其他備援措施，盡快提供線上醫療服務所需要的功能。因此，在新版的HICS中，就把與第一線

執行部門有直接關聯的後勤單位，整合到執行部門中，以隨時支援醫療單位所需的基礎設施功能。

　　醫院醫療持續運作大致上功能包括：確保電力與照明、供水或是汙水處理、空調、建築物結構、醫療用氣體、醫療儀器設備、環境維護及病患膳食供應等。因此，負責此項工作的應變單位功能，即是要協助受影響的院區，確保醫療功能的維持、復原或補充，並以設定的復原時間目標（Recover Time Objective, RTO）作為災前減災與整備的目標。為能達到初擬的復原時間目標，完成設定的復原策略，復原策略中應詳細說明受災區域裡的醫療復原計畫，因此，負責醫療持續運作的單位，必須能執行下列事項：

　　（一）協助獲取有關復原所需物資。

　　（二）如果須更換醫療作業地點，應協助基礎設施以及安全部門完成遷移相關事宜。

　　（三）協調後勤部門及有關通訊單位的主管、資訊單位主管，以及受影響區域，恢復並檢視醫療功能，以確保其合乎正常運作的要求

　　（四）協助各受影響區域醫療服務單位恢復正常運作。

三、保安與安全作業

　　保安作業的功能由指揮中心的安全官督導，其主要工作是讓其他執行部門各分組的工作可以順利進行，減少外界的干擾。另外，保安作業單位也必須與醫院外部的警察機關保持密切的聯繫，必要時申請支援。因此，安全管制大致功能應包括出入管制、群眾掌控、交通管制、搜救協助，及擔任消防與警察機關介面，負責協助與消防、警察或是其他行政機關聯絡相關事宜。

（一）全部封鎖 VS. 限制探視

　　在事故發生之初，很多重要的作業有其必要性，限制進入醫療設施或院區的作業應該是其中一項。針對不同事故，有其相關保安限制的考量條

件，過去在醫院處理緊急事故對於保安作業並沒有很重視，但由於有愈來愈多暴力行為，包括：幫派暴力、醫療人員與病患間衝突、恐怖攻擊的案例，因此，現在醫院的保安措施都被要求加以考慮，並且要有完備的計畫及訓練，用以執行並應付這些緊急狀況。

事故發生時要限制進入的決定，應由現場指揮官、資深醫務人員、保全部門主管來共同決定。所有相關作業，就必須依照緊急應變作業計畫來完成，決定後要立刻向所有同仁、大眾宣布這些保全限制，並指派人員在通道、車道及相關出入口加以封鎖。封鎖行為可能使用人力，也可能為自動控制系統，這是由門禁管制單位（Access Control Unit）執行，被封鎖的出入口必須予以監控，以確保沒有其他意外事故發生，不論是針對內部或外部的門禁，都必須有告示牌來顯示該出入口已封閉，一旦決定立即限制出入，這些牌子要能馬上布署。因此，平時最好是放在出入口附近，以便抵達現場時可以直接取用放在適當明顯處所。在火災或其他緊急事故時，也要考慮外部單位應變人員的進出，確保不會因為保安措施而影響搶救人員的進出動線。

在醫院內部，應設置特定檢查哨加強監控，即使戴有臂章的應變人員，包括所有病患照護的醫療應變人員，若有可疑行為，還是應就其攜帶的物品及個人做檢查；某些場所需要有更多保安人員支援，如緊急應變部門、藥局、醫院指揮中心因作業需求，要求加強保安措施，此時，保安措施就應配合考量安全狀況或人力實際需求，採取限制相關人員進入某些特定區域的協助管制作業。

（二）支援安全人力

支援保安人力對執勤中的保安人員來說是非常重要的，所需人力多寡和事故型態及發生時間的長短有關，常常因特殊因素需將相關人員召回，並重新指派非保安人員來做特定保安工作，期能夠幫助內部與外部相關單位的溝通介面。因此，在EOP計畫裡必須明確註明，其所協助執行職務及工作範圍，讓支援保安人力知道如何與現場的作業人員搭配，瞭解外部支援人力部署的應變程序及所依循的規範；在到達現場指派任務同時，應先

討論個人防護裝備、如何使用通訊器材等事宜。若利用地方相關機關來支援，人力還是不足的話，可以考慮採用定型化契約，先行和地方或較大的私人保全公司約定，在發生緊急情況時，能夠派遣經過訓練的人員擔任相關的保全工作，並且相關部署或管制人員費用，在計畫裡都必須詳細的預先規劃。

（三）交通管制

在發生有些大型災害的情況下，大量傷、病患被送到醫院，相關家屬也會湧進醫院，媒體也會在醫院附近找尋適當地點進行實況轉播及訪問。在這種情況下，各車輛進入到院區內須加以管制，除了車輛進出須管制檢查外，人員及裝備也須被檢查，以上項目是由交通管制單位負責。有些醫院院區較大，會與其他醫療設施並用，有些與醫學院並用，有些則與老人安養院或護理之家共用院區，不同單位如何協調管制交通進出，就亦顯重要。特別是，當大規模災害發生時，由於人車湧入，很多急診（EMS的服務）須被調整，讓急診服務不能受到影響，甚至中斷急診服務。因此，為了確保急診單位空間能完全淨空，以利除汙的進行，就須要劃定淨空區。由於停車空間也不能阻擋，故所有進出系統及收費系統都應保持敞開，民眾就醫時常把車輛停於院區內，造成交通堵塞，甚至有些車輛因受損或遭化學汙染而被棄置於院區內，如何把車輛移至別處以不影響院區內之緊急應變作業，也是相當重要的。惟必須考量相關政府機關的調查與資料蒐集，拖離院區的車輛也須將其相關資訊記錄下來，包括：車型、車號及放置地點都皆須予以記錄並公告，讓病患或家屬方便日後可以很快的找到所屬車輛，這些交通的進出管制都要在計畫內有詳細規劃。

（四）個人物品管理

大量傷、病患入院後，可能會有隨身物品，如何在出院前或相關親友到達現場前幫病人保管，是很重要的問題。物品有可能被汙染，如何除汙並避免交叉感染、確定保護證物（監管）不會因混亂而被蓄意破壞或者偷竊，造成更大汙染的擴大，都是必須要考量的。監管流程的程序也應該

要被追蹤，不能有所疏漏。因此，EOP必須把本項工作策略及目標詳細說明，惟牽涉病人隱私、公務單位物品追蹤（如實驗醫療樣本），如何保護這些證物也應予以考量。

四、危險物品管理

危害控制最主要工作是對危害物質偵檢與監控、洩漏處理、傷病患除汙、設施設備除汙等。意外事故涉及到危險物品，不論醫院內部或外部，所產生的緊急事故，指揮官都會啟動危害物質處理小組，因此，EOP都會強調這個小組的功能。危害物質小組有個人的裝備器材，應變內容包括：確認有害物質（監測小組）、洩漏應變（洩漏應變小組）、傷患除汙（傷患除汙小組）。所有的除汙器材，也有除汙器材小組負責；所有的個人裝備及除汙程序，對醫院也是非常重要的，如果人員與裝備器材不能因應，即須向其他醫院及消防單位調用。在應變程序內，有足夠的空間用以執行監測、除汙及管制危險物品，也是必要加以考量的。因此，須有足夠空間執行前置處理，讓個人防護裝備有場所可以穿脫，以及幫助門診或非門診需要的病患，執行除汙動作。在HICS中，特別強調對於醫院中危害物質的應變，是因為這些醫院中的危害物質包括：毒化物、輻射物質或是生物所引發的災害。因為這些災害的發生，往往都會嚴重到可以癱瘓醫院整體醫療照護正常的運作，在應變上，也都各有其特殊性，一旦處置方式錯誤，常常會波及工作人員的安全，釀成更大的災害，因此必須要有獨立的應變單位，來執行相關應變的工作。此外，不見得每個醫療機構都有相關危害物質處理的能力，所以這個組的成員可能來自於組織外部的團體，但是他們同樣必須接受執行部門的指揮，危害物質組往往也都與醫療或技術專家、安全官保持密切的合作，必要時啟動相關的應變計畫。

在作業部門中，除上述單位在特殊情況下，有些緊急事故屬於內部緊急事故，有可能需要臨時建立其他作業單位，例如，疏散、就地避難或設施內之火災事故，在HICS啟動後，為因應一些小的事故處理，但不能影響HICS整體運作，因此，指揮官可指派資深的指揮人員到現場，成立特

殊事故處理小組來予以因應。

陸、計畫部門

　　計畫部門工作主要協助指揮官運籌帷幄，確認重要資料的蒐集、發送，經由各部門蒐集資料、擬定處理辦法、評估後續的發展，並儲存保管所有資料。基本上，分為以下四個小組，視實際的需要來指派人員擔任：

一、文件管理組：協助指揮中心蒐集相關的資訊與分析，主要工作在掌握緊急事故發展現況的所有相關資訊，並確定所有應變事項皆有紀錄，並分別建立檔案列管及查詢。

二、資源監控組：管理緊急人力的調度，在一般緊急應變中也都是必要的，主要工作為管理尚未有任務指派的人員或志工，並接受要求調度人員。

三、復原歸建組：要恢復醫療正常服務，必須經過審慎評估，特別是醫師的調度及醫療設施器材的運轉，不像一般的人力與物力資源那麼容易確認，時常必須要較資深的醫師與高階管理人來執行這項評估工作；主要工作在管理對於未有任務指派的醫師或醫療相關人員，應統籌管理並接受支援請求。

四、狀況分析組：掌握病患的動向與資料，對內提供病患管理，對外提供家屬做查詢，協調並掌握病患所有的醫療照護狀態。包括確實掌握病患動向，瞭解病患目前的狀態及所在位置，以及更新病患資料，提供家屬和相關人員關於病患目前地點及病情等資料。

　　以往人力資源、醫師調度及病患資料等工作，大部分放在作業部門醫療相關單位，沒有特別獨立出來，所以這些功能往往因為其他醫療工作的排擠效應，而變成無人可執行的狀況，因此放在計畫部門較能落實其主要功能。

柒、後勤部門

　　後勤部門主要區分任務與運作的相關支援，重點在維持醫療環境持續

服務、食物充足及醫療物資的充分補給。由於大型醫院或整個區域醫院啟動應變作業，所負責的範圍要比以前擴大，功能要求更多，因此，後勤物資的供應就愈顯重要，主要分工可視情況爲下列分組：

一、**設備管理組**：評估目前設施的狀況，進行搜索、救援。維持醫療設施的狀況良好，以確保醫療作業的進行，負責災害的控制與環境的維護。

二、**資通訊組**：組織及協調所有內部及外部的資通訊系統，也是所有資通訊文件的保管，負責資通訊系統的建立與維護。

三、**運輸組**：組織並協調所有傷患之運送、救護車和其他運輸工具的調用、管理人力和物資的運送，負責傷病患、人員、器材等的運輸全盤工作。

四、**物資供應組**：管理所有後勤物資的供應，一般器材或是醫療相關的專用設備也包括在其中，即提供醫院內醫療或非醫療的設備與器材。

五、**餐飲組**：視緊急事件的種類與持續時間長短，管理飲用水、食物，必要時實施配給公物。

　　後勤組的工作多而且雜，更會受到災害種類的不同而改變。因此，任用適當的人去解決專業技術的問題，各後勤應變單位主管只要決定大方向，並且監督進度即可。

捌、財務行政部門

　　此應變單位在過去的緊急應變比較被忽略，但由於近年來醫院規模朝大型化發展，緊急應變的時間相對延長，員工或是民眾的自我意識提高，都使得財務行政配合緊急應變方面的需求比過去大幅增加。這部分最主要是協助緊急應變的實質進行，而不會受限法令規章來阻礙緊急應變。財務行政部門的功能通常用在比較長時間、大規模的緊急事故應變。對於短時間、小規模的事件可能不太需要啟動，有時可以視實際的需要而啟動，或是合併任務給幾個小組去執行，其主要工作包括：

一、**人事管理組**：負責記錄工作人員的時間，彙整工作人員加班的時數等

人事管理作業，作為獎懲、補假或是報加班的依據。

二、**採購組**：負責購買及出納等全盤事宜，特別是與開口契約廠商緊急採買應變所需醫療或非醫療等物資。

三、**損害賠償組**：負責緊急事故所引起之員工、病患、家屬或是民眾的訴訟或賠償等事務，包括對於內部或是外部的爭議，特別是病患及家屬的訴訟相關證據的處理與保存。

四、**出納組**：在緊急事故期間，負責所有支出精確的帳目、報表與分析管理帳目。

第四節　醫院緊急事故應變流程規劃

依照緊急事故規模及發展時序，針對緊急事故等級區分及啟動階段，將其緊急應變之流程區分院級應變、外部支援及區域應變等三階段分述如次，有關HICS應變部門主管、任務分工與對應職務建議，如附錄三。

壹、院級應變

一、院級應變動員及流程說明

（一）院級應變啟動單位

醫院事故指揮系統以整合各類型組織，經過系統性策劃，使醫療機構能夠面對不同種類的災害，在共同的應變指揮體系下，透過不同的應變計畫，達成預設的目標。

HICS依照其功能性，可分成四大部門：作業、計畫、後勤、財務／行政部門。而在緊急事故災害成長期，並不需立即啟動所有部門，驚動全員而影響醫院作業運作。當緊急事故到達院級應變等級，建議優先啟動的單位如下所述：

1. 醫院事故指揮中心：事故指揮官、聯絡官、發言官、安全官。
2. 執行部門：基礎設施課、安全課。
3. 計畫部門：資源監控組、狀況分析組。
4. 鄰近外部單位。

（二）病患疏散作業流程

醫院的緊急事故災害，有時候會嚴重到需要做部分，甚至到全面的疏散。現今醫療型態有許多病患需要仰賴諸多複雜的儀器設備維生，一旦要疏散，勢必造成極大的困難，對於病患的生命安全也是一大威脅，特別是重症病患。

對於緊急事故災害規模已擴及到無法控制，如果不立即疏散病患，恐會造成病患傷亡。

1. 疏散啟動程序：

當事故指揮官接獲災害狀況通報後，應立即判斷且確認需要疏散的規模（一個單位、一棟建築物或整個院區），即下達啟動疏散的指令，為避免醫院現場人員驚慌，應使用「代號」由總機（中控室或緊急應變指揮中心）廣播，全文如「○○病房（視緊急事故單位），紅色N號」，複誦二到三次。其中，代號的定義建議如下：

(1) 0號：預警或狀況正在查證中。
(2) 1號：部分疏散，不需人力支援。（仍需行政協調作業）
(3) 2號：部分疏散，需要人力支援。
(4) 9號：全院疏散。

2. 疏散作業流程：

(1) 水平、垂直及全院疏散程序：

　A. 緊急事故現場：移出該單位區域。
　B. 水平疏散：移至該建築物同一樓層的其他位置，但必須有防煙區劃的狀況。
　C. 垂直疏散：根據事故指揮官的指示，將病患移至其他樓層。
　D. 全院疏散：移出該棟建築物。

(2) 後送區設置作業：

後送區的設置，必須由人力資源管理組的保安人員及後送協調員，共同設置後送區（通常在醫院大廳外……等，不受災害影響之場地），準備接獲來自緊急事故現場送達的傷、病患，且立即進行檢傷分類，等待出、轉院等後續作業。

按照國際規範，制定的分類標誌應該是醒目的、共識的、統一的。因此，當今國際通行的分類標誌使用，包括港澳地區在內，我國現也已統一採用的有：紅、黃、綠、黑四種顏色的標籤，分別表示不同的傷、病情及獲救的輕重緩急之先後順序，其定義如下：

 A. 紅色：表示傷病情十分嚴重，隨時可致生命危險，為急須進行搶救者。也稱「第一優先」。（如呼吸心跳驟停、氣道阻塞、中毒窒息、活動性大出血、嚴重多發性創傷、大面積燒燙傷、重度休克等）。

 B. 黃色：傷、病情嚴重，應儘早得到搶救，也稱「第二優先」。（如各種創傷、複雜、多處的骨折、急性中毒、中度燒燙傷、疾病已陷入昏迷、休克等。）

 C. 綠色：傷、病人神志清醒，身體受到外傷但不嚴重，疾病發作已有所緩解等。可容稍後處理，等待轉送，也稱「第三優先」。

 D. 黑色：確認已經死亡，不做搶救。

當進行了初步的「檢傷分類」後，據此搶救小組成員應立即給已受檢的傷、病患者，配置不同顏色的標籤（傷票）。

標籤既是表明該傷、病患者傷勢病情的嚴重程度，同時也代表其應該獲得救護、轉運先後與否的依據。

標籤一定要配置在傷、病員身體明顯部位，以清楚明白地告知現場的救護人員，避免因現場忙亂，傷病人較多，以及搶救人員及裝備不足等情況下，遺漏了危重的「第一優先」的積極搶救；或者有限的醫療資源搶救力量用在並非急迫需要搶救的傷病員身上，而真正急需者得不到優先。

標籤通常配置在傷病者的衣服、手腕等明顯醒目處，必要時有重要記載還應配備。同時，對神志清醒的傷病人，救護人應囑咐傷病人注意事

項，以使傷病人必要時據此提醒救護人員及交接後接收醫療機構人員。

3. 現場疏散程序：

(1) 病患資料保護：

護理人員回到緊急事故現場進行疏散作業，確認需要照護病患、員工人數及現場機器設備，且經由資料確定緊急事故現場應有的病患數量及種類，準備疏散作業，並蒐集病歷（醫囑、護囑、藥囑），必須確認這些資料已隨著病患移出，即使不是在同一波移出，亦應於最短時間內，讓病歷回到病患身邊，以利轉送後續醫療作業。

(2) 判斷疏散路徑：

從緊急事故現場疏散到後送區時，現場指揮官須與緊急應變指揮中心聯繫，確認病患疏散之避難路徑，且依病患類型及依賴程度決定疏散方式，對其進行適當保護措施後，正確的送到後送區。

(3) 病房區域淨空：

醫護人員完成此任務時，應回到人力資源供應組待命，隨時接受人力資源供應組組長指派任務。當病患疏散完畢，組長應清點人數，確定所有人員都已回來，沒留在緊急事故現場。

工作人員應確認緊急事故現場（病房）所有區域已經淨空。當該病房淨空之後，工作人員可以在門口標示。例如，放個枕頭或者螢光棒作爲標示。

（三）疏散作業注意事項

緊急事故災害可能衍生出諸多災害。例如，電力、氣體、通訊、網際網路中斷，或化學、輻射、生物傳染源外漏等災害。以上任一種災害，皆可成爲疏散作業的障礙，甚至造成人員傷亡。

1. 通訊持續運作：

在緊急事故災害發生時，通訊小組主管須確保以下單位能保有正常通訊功能，且於電力、通訊系統中斷時，能即時給予通訊器材（如無線電、衛星電話等）必要通訊聯繫，包括以下幾個單位：事故指揮中心、人力資源供應組、後送區、疏散小組，及所有部門主管等。

2. 藥物：

(1) 確保有足夠數量的藥物、靜脈輸液或血液，能與病患一起運送至接收醫院，以避免接收醫院之庫存量瞬間耗盡。若無法同車運送，至少同一批次為佳。

(2) 轉院之病患若需靜脈輸液來穩定生命跡象或生理狀況者，應於轉院前，即換上新的點滴瓶，以避免於路途中受阻，造成生命危險。

3. 病患追蹤：

　　狀況分析組負責病患追蹤作業，每位轉運（包含院區或醫院間）的病患，都必須留下詳細資料紀錄，以利後續追蹤，包括：病患姓名、病歷號碼（或身分證字號）、病房或疾病分類、接收的醫院、運送的車輛、藥品等有無隨同運送的紀錄，以及隨車工作人員的姓名及聯絡方式，以便追查。

貳、外部支援

一、緊急事故影響及外部支援單位

（一）緊急事故後續影響

　　醫院任何緊急災害事故發生，皆有可能引發與災害關聯的連鎖效應，帶來醫療作業中斷及病患傷亡，當然緊急事故亦不例外。以下針對緊急事故可能影響的狀況，分述如下：

1. 電力中斷：緊急發電機無法即時供電、備用油料不足或設備損壞等，造成病患維生設備、醫院資訊系統停止運作，導致人員傷亡。

2. 通訊中斷：醫院通訊系統（電信、網路）故障，造成醫院內、外部溝通中斷，通訊及資訊系統停擺，導致行政作業大幅增加，引發工作人員不足。

3. 垂直疏散：緊急事故災害持續擴大無法控制時，隨時面臨全院垂直疏散的狀況。此時，需要一些外部單位協助，病患輸送、交通及路況管制，係極為重要。

（二）外部支援單位

　　緊急事故災害擴大，已跨及其他區劃或樓層時，醫院自己本身應變計畫及能力無法所及，應由醫院緊急指揮中心適時向外部單位請求支援，協助醫院災害應變作業，以保障病患、家屬／訪客及醫院員工的人身安全為首要。上述緊急事故影響事件，外部支援單位涵蓋如下：

1. 台灣電力公司、緊急發電機油料、醫療氣體等供應協合廠商。
2. 中華電信（或其他電信業者）、資訊工程協合廠商。
3. 消防隊、警察單位。

二、外部支援啟動原則

（一）緊急事故事件啟動及注意事項通報119消防單位，請求協助時，應鎖定且正確撥號，並報告以下內容：
1. 事故之種類（緊急事故或救護）。
2. 緊急事故建築物名稱（某某醫院）。
3. 緊急事故處所（樓層位置、某某病房）。
4. 緊急事故之狀況（例如，火災事故起火位置、燃燒物、燃燒程度、有無待救人員）。
5. 其他。

（二）119消防隊到院前準備及應注意事項：
1. 交通管制組應事先針對院區主要交通幹道進行管制，且已將封鎖線及消防隊車輛停放位置設置妥當，以利消防車、救護車進入救援。
2. 消防隊進入院區搶救路線必須暢通，逃生路線設置應避免與其重疊。

（三）電力中斷、資訊系統中斷及維生氣體中斷等應變計畫，須由外部支援協助應變事項。例如，電力與照明組於緊急發電機監控運作狀況，電力中斷應變計畫應事先訂定電力使用優先順序，在顧及病患生命安全之前提，爭取緊急應變時之續航力，在緊

急發電機油料應設安全庫存量，且與油料供應廠商簽定緊急供油合約等。

參、區域應變

一、我國區域醫療緊急應變中心

　　為強化醫療機構對緊急災害之反應力及行動力，前行政院衛生署（現衛生福利部）委託醫療機構設置區域緊急醫療應變中心（REOC），以利24小時監控災情及迅速反應。因此，當災害規模已超過醫院之外部支援單位之等級時，即可啟動REOC協調及整合災害應變工作，其主要執掌包括：災情監控、掌握緊急醫療資訊、資源狀況及建置資料庫、協助規劃災害有關緊急醫療事件之復健工作、災害演練、跨縣市災害時協助中央衛生主管機關調度區域內緊急醫療資源、協助調度急救責任醫院派遣相關人員處理大量傷病患，及病患後送機制之協調等。以2011年高雄某醫院緊急事故案例為例，該緊急事故事件疏散全棟病患已超出該院及外部支援單位之能力，因此南部緊急醫療應變中心即啟動，加以協助疏散、轉院及後續醫療支援等，就是區域應變的實際運作案例。

二、區域應變啟動

　　區域應變啟動及作業範圍包括：

（一）大量傷患或是大規模災害現場評估

　　對於大量傷患或是大規模災害現場評估，救災救護醫療人員一到達現場，應立即蒐集現場相關的資料，傳送回救災救護指揮中心及系統，以促進緊急動員的決策。現場評估應包含下列三方面：

　　1.描述現場：迅速且扼要去檢視大規模災害現場，將整個情況回報告給指揮中心。

　　2.現場安全：判定現場可能存在的危害因素。

　　3.病患情況：提供所有傷患大致的評估並回報訊息，包括：需要醫療

照護的人數、大致上傷情的種類及嚴重度、將後送到特殊醫療院所的病患數目。

（二）啟動緊急意外事件處置系統

在大規模災害現場，會有各種不同專業的人進行各種工作，如果彼此工作無法配合及協調，資源無法整合運用，則整個效率將會非常差。爲預防災害現場工作團隊混亂的情況，特別發展出緊急意外事件處置系統（Incident Management System, IMS）運作。在IMS的運作下，任何時候現場不能沒有總指揮，在最早到達現場的救災人員中，由最資深、最有經驗或是位階最高者擔任總指揮，統理指揮聯絡與協調，直到指揮權可以安全轉移爲止。

（三）完成啟動各部門職能分工

依照IMS啟動執行部門、後勤部門、計畫部門與行政財務部門之運作。依任務性質適當地分層、分組負責執行，必須避免層級太多，效率不彰。

（四）醫療指揮系統

緊急事故處置體系內的醫療部門應有獨立的醫療指揮系統（Medical Command System），在緊急醫療開始之時就必須儘速完成，以提供災害緊急應變時醫療組織系統功能的運作。評估該地區醫院的空床數目、醫療資源，必須注意到更多層面的問題，完成與其他應變行動的配合，達到災害救護醫療的核心任務。

（五）救災現場傷、病患立即照顧

救災現場首先要做的是搜索與救援，災民有可能遭埋困且不容易發現，必須進行有效救助，以免造成傷患更大的傷害。把病患分成不同的等級依序救援，進行生命徵象評估與檢傷分級。在大量傷患的情況下，就檢傷的階段，以START爲原則只執行很迅速簡單救命的處置，如大出血的止血、呼吸道的處理等，以免耽誤其他病患的急救處理。

（六）衝擊區外臨時急救站之病患醫療作業

臨時急救站離衝擊區在走路範圍內可到達，在資源有限時，臨時急救站最好在安全的建築物或帳篷內，接近災害的地點且在轉送的道路旁，非最終的醫療處理單位。可以使用步行、輪椅推床或各種輔助設施等方式將病患送過去，須與災害的現場維持足夠的距離，並在清晰的無線電通訊區域內，以確保人員安全。其與到院前救護差不多，只能提供暫時的醫療，傷、病患在此接受規則的監測，可再進行檢傷分級修正，接受簡單的醫療，如氧氣給予、靜脈注射、傷口止血包紮、進行骨折夾板固定等必要之疼痛控制。

（七）後送區傷病患之醫療作業

病患需接受再次的醫療評估，考慮附近支援醫院的處置能力及運輸所需要的時間與方式，配合病人的情況，依序將病患後送至醫院接受確定的醫療，並可完成較完整的現場醫療。例如，建立靜脈管路、注射破傷風疫苗、抗生素、必要時進行胸管引流手術等。

附錄一：醫院緊急應變管理計畫檢查表

　　緊急應變管理計畫並沒有標準格式，其中的緊急應變作業計畫只是EMP的其中一個項目。這個檢查表是針對醫院危機管理計畫的各個項目給一個指導方針，所以檢查表內之項目順序沒有強制性，不一定要依照此格式，有些資料可以用附錄的方式呈現，相關資料可以填在參考資料的欄位裡。此文件的目的並非將美國醫療機構評鑑聯合會（the Joint Commission）所規範的所有危機管理標準做詳細的要求，所以醫院在使用此表格時，要參考醫聯會所出的性能要求項目來對照此檢查表。

計畫項目		
計畫說明	參考資料	狀態
A.政策、目的		
B.審查機制、認可主管（院長或執行長）		
C.範圍、適用性		
D.國家事故管理系統針對醫療目的所採用的項目		
E.計畫想定		
F.主管單位、責任		
・安全委員會／計畫組織圖		
・計畫主管單位及人員		
G.計畫評價		
・目標、目的		
・年度審核		
1. 減災	參考資料	狀態
A.危害脆弱度分析（HVA）		
・選擇3～5個最明顯衝擊的災害		
・分析出來的HVA和社區裡的HVA相結合		
・HVA的年度審查		
B.針對分析出來的3～5項風險，從減災作為做總結		

計畫項目		
2. 整備	參考資料	狀態
A.針對HVA所做的整備行動		
B.採取的制度體系（ICS），例如醫院的事故指揮體系（HICS）		
C.醫院的計畫和社區的總體計畫整合		
D.所有相關會議的紀錄。例如，緊急應變管理委員會、醫院整備計畫委員會、其他社區計畫團體		
E.備忘錄（MOUs）、其他協議		
F.訓練計畫（例如，新進人員的指導、NIMS訓練、IS課程紀錄、HICS訓練紀錄、儲務訓練所有的相關紀錄都包括在這裡面）		
G.演習、演練的紀錄		
・演練綱要		
・事故行動計畫		
・評估（行動報告後）		
・改善計畫（修正行動計畫）		
H.營運持續計畫		
・辨識重要功能、系統、技術，以及被指定賦予的責任		
・重要功能與系統持續運作計畫（例如，備援設備和通訊系統等等） ・（特別需注意的是醫院的持續運作計畫，不一定要跟EMP結合，但需註明於下方作參考。）		
3. 應變	參考資料	狀態
A.緊急應變、危機作業企劃與宗旨		
B.醫院指揮中心的啟動		
C.與社區聯繫協調的啟動，包括與其他的醫療設施、媒體等等		

計畫項目		
3. 應變	參考資料	狀態
・醫院狀態／能量		
・事故管理		
・病患管理		
・資源分享		
・罹難者追蹤		
D.HICS的參考資料		
・工作分配表		
・事故計畫		
・事故應變指導手冊		
・HICS的表格		
E.財務的追蹤與紀錄		
F.醫院危機的相關規定		
G.含括3～5個HVA所分析出最會遭受災害的特別應變計畫，如地震、大規模疏散、傳染病。每一個特別計畫需與EOP相結合，而且是屬於EOP的附件，裡面應包括一連串的政策、程序與參考草案在EOP裡面		
H.醫院手術與其他延長照顧的計畫（參見CHA手術計畫檢查表）		
I.如果有所未敘述性計畫或協議，醫院必須要把所有臨床資源分配詳細說明（包括：現場搶救人員、醫療團隊）		
J.96小時持續應變能力		
・當醫院無法對地區提供至少96小時的時候的應變程序、如何辨識其是否能達到96小時的能力及建立應變程序（包括：聯繫、資源、設施、人員、安全與保全等項目）		

計畫項目		
3. 應變	參考資料	狀態
·需把所有應變的程序都記錄下來（如延遲醫療服務、資源的確保、醫療服務的縮減、後勤補給的資源；特別是災害區域外的後勤資源補給、局部的疏散，及必要時整棟疏散）		
K.通訊系統（主要及備援）		
·醫療緊急通報網絡		
·醫療用的無線通訊		
·危機管理系統及針對緊急應變的網絡等等		
·其他的工具（例如，電話、行動電話、衛星電話、E-mail、呼叫器、對講機等等）		
L.緊急事故聯繫的策略		
·一般人員及醫療人員		
·外部的機構		
·媒體		
·病人及其家屬		
·後勤補給設備供應商		
·其他醫療組織		
·要給第三單位的病患資料		
·替代醫療的位置（例如，醫院本身其他的場所或是政府有授權替代的醫療場所）		
M.資源及資產的管理		
·資產及資源的庫存、添加、監控、補給（例如，燃料、食物／水、藥品、醫療資源／設備、麻醉藥品、個人防護裝備等等）		
·醫院物資資料表（HICS 258）		
·人員的資源（食物、水、休息、醫療、身心狀況的安撫照護、寵物照護）		

計畫項目		
3.應變	參考資料	狀態
·與其他醫療組織分享資源和資產		
·交通運輸（例如，病患、人員及補給品的交通工具）		
N.安全與保全的管理		
·檢視內部的安全與保全的機制		
·控管人員的進出與行動		
·利用社區相關單位協調保安事宜		
·危險物品和廢棄物的管理		
·核生化物質隔離與除汙		
O.工作執行的角色與任務的管理		
·一般人員跟醫療人員的角色和責任		
·通報的指導		
·訓練		
·從其他醫療機構過來的人員之受理與運用		
·志工的受理與運用（臨床與非臨床）		
·工作執行的辨識（戴識別證、穿背心、繡臂章）		
P.設施的管理（例如，電、水、燃料、醫療用氣體及其他重要設施）		
Q.臨床與資源行動的管理		
·管理病患臨床活動（例如，分流、治療區、調度、入院、如何迅速轉院、出院）		
·疏散（參見疏散檢查表）		
·所有的開刀服務。例如，開刀病床、探視病患、取消選擇程序等等（參見手術計畫檢查表）		
·較嚴重傷患的臨床服務		
·病患的衛生和環境的需求		

計畫項目		
3. 應變	參考資料	狀態
．病患的心理衛生需求		
．已交接的管理／大量死亡處理的程序（參見CHA大量死亡的處理的檢查表）		
．病人臨床相關資訊之紀錄與追蹤		
．特別部門以及確認需求的一些特定責任（例如，勞動資源、志工、緊急應變部門、飲食、環境服務、特定的區域的運作及醫藥、呼吸治療、社會服務）		
4. 復原重建	參考資料	狀態
A.復原重建行動的啟動（也許在應變階段就可以開始啟動）		
B.恢復成正常運作（分階段、得到許可、優先順序、檢查表的確認）		
C.事件的評估		
．多準則的事件簡報		
．應變計畫評估（行動計畫報告裡）		
．計畫的改善／EOP的更新（重新更正行動計畫）		

資料來源：http://www.calhospitalprepare.org/node/253。

附錄二：持續運作評估指標

　　醫院持續運作評估指標，計電力、資通、供水、燃料、醫療氣體、急重症資源、管理運作，及醫療設備器材等八大類、五十四項指標，進行檢視。

一、電力系統：工務主管、總務主管負責評估

指標項目／判斷基準	等級		
	低	中	高
1. 發電機供電反應時間 　　判定基準：低：啟動時間需20秒以上；中：能在11～20秒內動啟動；高：能在10秒內動啟動供電。			
2. 發電機供電能力符合需求 　　判定基準：低：提供0～30%的重要電力；中：能提供31～70%的重要電力；高：提供71～100%的重要電力。			
3. 緊急發電機定期進行負載測試（每次之負載至少為錶定之30%及同時測試ATS功能），每次至少30分鐘 　　判定基準：低：每3個月以上測試一次；中：每1～3個月測試一次；高：每月測試一次。			
4. 針對急重症區域與需使用設備維持病人生命之照護單位（如需使用呼吸器之呼吸照護病房）定期測試緊急供電功能 　　判定基準：低：每3個月以上測試一次；中：每1～3個月測試一次；高：每月測試一次。			
5. 天然災害發生時之發電機系統保護措施 　　判定基準：低：在地下層無獨立區劃；中：在獨立區劃地下層並有抽水設施；高：在二樓以上。			
6. 電氣設備線纜及管道安全 　　判定基準：低：無獨立區劃；中：區劃不完整；高：全部獨立完整區劃。			
7. 地區供電穩定程度 　　判定基準：低：每月跳電一次；中：每半年跳電一次高：每3年跳電一次。			

指標項目／判斷基準	等級		
	低	中	高
8. 連接變電站饋線型式 判定基準：低：與變電站之饋線未設兩迴路；中：至少與一變電站之饋線配設兩迴路；高：至少與二變電站之饋線各配設兩迴路。			
9. 控制盤支援負載功能 判定基準：低：少於30%；中：30～60%；高：60%。			
10. 醫院重要區域照明（急重症病人診療區域如：急診、開刀房、加護病房等） 判定基準：低：小於50%之區域；中：51～80%之區域；高：大於81%之區域。			

二、資通訊系統：工務主管、總務主管負責評估

指標項目／判斷基準	等級		
	低	中	高
11. 天線與天線支架牢固程度 判定基準：低：3年內遇有災害損壞並影響功能；中：3～5年內遇有災害損壞未影響功能；高：5～10年內未有損壞。			
12. 低壓電狀穩定程度（網路、電話等線路） 判定基準：低：每3個月故障一次；中：每年故障一次；高：每3年以上故障一次。			
13. 內部資訊系統（intranet）穩定程度 判定基準：有紀錄以來，低：平均每半年中斷一次；中：平均每年中斷一次；高：平均每3年中斷一次。			
14. 平時使用通訊設備外替代系統狀況 判定基準：僅1種替代通訊工具；中：2種替代通訊工具；高：3種（含）以上之替代通訊系統。			
15. 資通訊裝備之安全性（含交換機、伺服器等） 判定基準：低：位於地下層；中：位於避難層；高：在二樓以上樓層。			

指標項目／判斷基準	等級		
	低	中	高
16. 內部通訊系統安全 　　判定基準：低：無全院對講機系統；中：部分單位有對講機；高：全院所有單位皆有堪用對講機。			

三、供水系統：工務主管、總務主管共同填答

指標項目／判斷基準	等級		
	低	中	高
17. 水源容量每床300公升可供應72小時 　　判定基準：低：僅足夠供應24小時以內；中：足夠供應24～72小時；高：足夠供應72小時以上。			
18. 水源儲存設施安全程度 　　判定基準：低：水源全儲放在地下水池；中：50%以上儲放在地下水池；高：50%以上儲放在二樓以上重力水箱。			
19. 替代水源給供水系統 　　判定基準：低：可提供30%以下需求；中：可提供30～80%以下需求；高：可提供80%以上需求。			
20. 輔助幫浦系統 　　判定基準：低：在地下層無獨立區劃或無輔助幫浦；中：在獨立區劃地下層並有抽水設施；高：在二樓以上有輔助幫浦系統。			

四、燃料儲存（瓦斯、汽油、柴油）：工務主管、總務主管、勞安單位主管負責評估

指標項目／判斷基準	等級		
	低	中	高
21. 三天以上燃油儲量 　　判定基準：低：少於3天；中：3天；高：超過3天。			

指標項目／判斷基準	等級		
	低	中	高
22. 燃油儲槽固定安全程度 判定基準：低：無固定且儲槽空間不安全；中：固定不適當；高：適當固定且儲槽空間安全。			
23. 燃油儲槽儲存位置防水與安全程度 判定基準：低：在地下層無獨立區劃；中：在獨立區劃地下層並有抽水設施；高：在二樓以上且有門禁安全監視管制措施。			
24. 供油系統安全（閥、管及相關連接） 判定基準：低：報修頻率每年一次以上；中：報修頻率每3年一次以下；高：報修頻率每5年一次以下。			

五、醫療氣體（二氧化碳CO_2、氧氣O_2、氧化亞氮、笑氣N_2O）：工務主管、總務主管負責評估

指標項目／判斷基準	等級		
	低	中	高
25. 3天以上醫療氣體儲量 判定基準：低：少於3天；中：3天；高：超過3天。			
26. 醫療氣體儲槽鋼瓶及相關設備固定程度 判定基準：低：無固定；中：固定方式不佳；高：固定良好。			
27. 醫療氣體儲存位置安全程度 判定基準：低：在地下層無獨立區劃；中：在獨立區劃地下層並有抽水設施；高：在二樓以上且有門禁安全監視管制措施。			
28. 醫療用供氣系統安全（閥、管路及連接） 判定基準：低：報修頻率每年一次以上；中：報修頻率每3年一次以下；高：報修頻率每5年一次以下。			

指標項目／判斷基準	等級		
	低	中	高
29. 醫療氣體儲槽或鋼瓶及相關設備與安全防護 判定基準：低：無專用區域亦無專門人員執行門禁安全與處理突發安全事件；中：有專用區域但無專門人員執行門禁安全與處理突發安全事件；高：有專用區域亦有專門人員執行門禁安全與處理突發安全事件。			

六、急重症診診療所需醫療與檢驗設備及資源：醫工主管、急重症診單位主管負責評估

指標項目／判斷基準	等級		
	低	中	高
30. 手術室及恢復室等醫療設備故障時之備援與緊急修護能力 判定基準：低：無備援設備且無法在24小時內修護；中：無備援設備但能在24小時內修護或有備援設備替換；高：有備援設備且能在原損壞設備於72小時內修護。			
31. 輻射影像及核輻射醫療設備故障時之備援與緊急修護能力 判定基準：低：無備援設備且無法在24小時內修護；中：無備援設備但能在24小時內修護或有備援設備替換；高：有備援設備且能在原損壞設備於72小時內修護。			
32. 檢驗室設備故障時之備援與緊急修護能力 判定基準：低：無備援設備且無法在24小時內修護；中：無備援設備但能在24小時內修護或有備援設備替換；高：有備援設備且能在原損壞設備於72小時內修護。			
33. 急診醫療設備故障時之備援與緊急修護能力 判定基準：低：無備援設備且無法在24小時內修護；中：無備援設備但能在24小時內修護或有備援設備替換；高：有備援設備且能在原損壞設備於72小時內修護。			
34. 加護或恢復單位醫療設備故障時之備援與緊急修護能力 判定基準：低：無備援設備且無法在24小時內修護；中：無備援設備但能在24小時內修護或有備援設備替換；高：有備援設備且能在原損壞設備於72小時內修護。			

指標項目／判斷基準	等級		
	低	中	高
35. 藥局設備與內裝故障時之備援與緊急修護能力 判定基準：低：無備援設備且無法在24小時內修護；中：無備援設備但能在24小時內修護或有備援設備替換；高：有備援設備且能在原損壞設備於72小時內修護。			
36. 產房及新生兒醫護設備故障時之備援與緊急修護能力 判定基準：低：無備援設備且無法在24小時內修護；中：無備援設備但能在24小時內修護或有備援設備替換；高：有備援設備且能在原損壞設備於72小時內修護。			
37. 燒燙傷醫療裝備故障時之備援與緊急修護能力（如無免填） 判定基準：低：無備援設備且無法在24小時內修護；中：無備援設備但能在24小時內修護或有備援設備替換；高：有備援設備且能在原損壞設備於72小時內修護。			

七、危機管理委員會及防災中心：危機管理委員會執行秘書負責評估

指標項目／判斷基準	等級		
	低	中	高
38. 危機管理專責組織 判定基準：低：無專責組織；中：有專責組織未實際運作；高：有專責組織且實際運作。			
39. 委員會成員多元化（包括緊急應變所需六大功能之單位代表：溝通、資源與資產之取得與管理、安全與保全、員工責任指派、基礎設施維護、臨床服務與支援功能） 判定基準：低：3個；中：4～5個；高：6個功能之代表。			
40. 成員知悉危機發生時所承擔之緊急應變責任 判定基準：低：<50%之成員知悉其責任；中：51～80%之成員知悉其責任；高：>80%之成員知悉其責任。			
41. 緊急應變中心專用場所 判定基準：低：無；中：指定空間；高：有空間並具資通訊會議功能。			

指標項目／判斷基準	等級		
	低	中	高
42. 緊急應變中心所在位置之適當程度 判定基準：低：非避難層；中：非避難層但易於進入；高：避難層且易於進入。			
43. 應變中心具資通訊設備 判定基準：低：無；中：具有資通訊設備與上網功能；高：可提供遠距群組視訊會議與上網功能。			
44. 應變中心有替代通訊系統 判定基準：低：<2種替代通訊工具；中：2種替代通訊工具；高：>3種以上之替代通訊系統。			
45. 應變中心聯絡資料為最新版本 判定基準：低：無資料；中：有資料但3～12個月間未更新；高：3個月內最新資料可稽。			
46. 緊急應變組織成員皆有任務卡 判定基準：低：無；中：質與量皆不足；高：所有成員工皆有。			

八、緊急堪用之醫藥、資源、設備及器材：依評鑑標準1.8.7醫工主管負責評估

指標項目／判斷基準	等級		
	低	中	高
47. 藥品 判定基準：低：無；中：無法支撐72小時；高：可支撐超過72小時。			
48. 急重症醫療器材 判定基準：低：無；中：無法支撐72小時；高：可支撐超過72小時。			
49. 抽吸設備 判定基準：低：無；中：無法支撐72小時；高：可支撐超過72小時。			

指標項目／判斷基準	等級		
	低	中	高
50. 維生設備 　　判定基準：低：無；中：無法支撐72小時；高：可支撐超過72小時。			
51. 拋棄式感染個人防護裝備 　　判定基準：低：無；中：無法支撐72小時；高：可支撐超過72小時。			
52. 心肺復甦裝備 　　判定基準：低：無；中：無法支撐72小時；高：可支撐超過72小時。			
53. 檢傷分類標籤及其他器材 　　判定基準：低：無；中：無法支撐72小時；高：可支撐超過72小時。			
54. 食材準備 　　判定基準：低：無；中：無法支撐72小時；高：可支撐超過72小時。			

資料來源：張文成、曾偉文，2015。

附錄三：HICS應變部門主管、任務分工與對應職務參考表

部門	應變層級	職稱／單位	主要任務
指揮中心	指揮官	院長	組織及指揮緊急執行中心（EOC）。指揮所有和醫院緊急應變相關的作業，視情況啟動及進行疏散等緊急應變計畫，協調各部門工作。
指揮中心	發言官	副院長	提供必要的資訊給社會大眾或媒體。
指揮中心	聯絡官	管理中心	負責內部各部門之間，或其他院外單位聯絡本院的聯絡。
指揮中心	安全官	政風室主任	監控所有緊急救援行動、環境的危險狀況、組織防護行動及協助總務室安全控管，並給指揮官安全上的建議，實際執行可能由各組相關的人員去進行。
指揮中心	醫療／技術專家	感染科主任	提供事故現場指揮人員關於醫療及醫學倫理及相關技術必要的諮詢及協調援助。
執行部門	主任	總務室	接獲指揮官任務指示必須啟動緊急應變團隊後，召集本部門人員，確定人事、調兵遣將，各課人員就定位，接受任務派遣。
執行部門	待命區管理者	護理科主任	指派待命區各組長任務分配，指導並督導盤點資源、評估需求並與服務部門協調運作、調配及籌備充足適量之資源，以供應前線作業之所需。
執行部門	火災應變課課長	總務室	負責消防自衛編組執行的各項目標。
執行部門	醫療照護課課長	外科主任	決定任務編派及極大服務量，確認手上現有資源後向執行部長回報。
執行部門	基礎設施課課長	總務室	定時向上級報告設施設備、儀器等狀態、調度、替代、維修、損壞情形，是否有無法處理之狀況，並尋求聯絡官向外協助。

部門	應變層級	職稱／單位	主要任務
	危害物質課課長	總務室	毒化物控制目前分布現況，事故目標和策略；規劃系統實施計畫和決定。
	安全課課長	總務室	負責維護現場安全及秩序。
	持續運作課課長	病歷室主任	評估災害後營運持續之空間及是否須啟動各組營運持續及復原計畫。
計畫部門	主任	秘書	主導整個計畫部門所有的運作。確定重要資料的蒐集、發送。從各部門蒐集資料、擬定處理辦法，並評估後續的發展，儲存所有資料。
	資源監控組組長	總務處	掌握各項資源（人力、物資）數量、分布、用途之資訊，維護此類資料完整與更新。
	狀況分析組組長	總務處	蒐集災變處理進行中各種狀況資訊，研擬因應對策，並預測發展狀況。
	文件管理組組長	病歷室	辦理醫院指揮中心（HCC）召開planning meeting時，開會通知及會議記錄事宜。
	復原歸建組組長	病歷室	隨著災變事態演變（例如，規模縮減），持續地更新、統一災變復原歸建計畫，直到奉核的最終版本。
後勤部門	主任	總務室主任	將所負責的工作內容統整、管理團隊組織，並確認職務；協助通知對策、執行策略、任務分配及資源供給。
	任務支援課課長	總務室	立即建立HCC通訊及資訊系統以確保連結，評估既有通訊及資訊設備需求擴充量或企劃修復之需求，及評估可維持手邊食物及水的供應及需求。
	運作支持課課長	社服室主任	指示所有的組長評估現有的設備、資源、醫療存貨和人員需求，向服務部部長報告狀態。

部門	應變層級	職稱／單位	主要任務
財務／行政部門	主任	會計室主任	確認、分派本部門各小組工作任務。
			配合緊急災變需要，協調各組工作。
			提供緊急災變必要之經費。
	人事管理組組長	人事室	負責登錄員工及志工服勤時數、加班時數等差勤管理。
	採購組組長	總務室	確認採購標的物之規格及價格分析，進行訪價招標事宜或建立可即時供應廠商名單。
	損害賠償組組長	會計室	執行災變期間發生之賠償及索賠作業。
	出納組組長	會計室	維持災變期間正常會計帳務處理及請款作業。

執行部門

組別	職稱／單位	主要任務
待命區管理者 人力資源組	護理科督導	評估執行部每個單位人力問題和需求並協調資源，包含外來資源的處置。
		指導全部的組員評估人力需求、人員的輪替，外來支援人員之安置。
運輸工具組	護理科督導	與運輸傳送組組長共同合作、保持聯繫，協調所需之運輸工具資源調派至需求區，持續整合運輸需求之傳遞與分配。
資材調度組	護理科督導	提供計畫部門資財情資維護管理師回報設備／資財之情資。
		向服務部門資材供應組長持續整合溝通設備／資材需求、傳遞與備量。
醫療器材組	藥劑科主任	定時向資材情資維護管理及資材供應組長報告藥品進出與庫存情資。特別是會影響應變措施進行之重要藥品。

組別		職稱／單位	主要任務
火災應變課	通報聯絡組	中控室	負責緊急事故內外部關係人通報作業（緊急召回人員、119通報、院內其他單位廣播）。
	滅火組	總務處	負責攜帶滅火設備前往火場支援滅火作業。
	避難引導組	總務處	利用緊急廣播、手持麥克風（擴音器）等器具協助避難引導作業進行。
	疏散組	總務處	前往火場協助病患疏散作業。
醫療照護課	住院組	護理科護理長	依據緊急應變計畫，指示護理站成員優先評估及選定適合出院的病人，由護理站主管與醫療照護課課長協調辦理出院。
			評估各護理站的緊急狀態及臨床需求，並與醫療照護課及員工關懷與供應支援課協調調度。
	門診組	護理科護理長	確認門診患者動向、檢傷與就醫順序、離院患者之注意事項與後續追蹤。
	急診組	護理科護理長	主導並執行所有緊急治療區作業的進行，確定傷患已檢傷而接受適當的治療，控制病患的後續醫療動向。
	心理衛生組	精神科	給予工作人員適當情緒支持，指導正確的放鬆訓練及壓力處理方式，維持工作人員心理衛生健康。
	臨床支援組	檢驗科主任	共同合作評估後勤單位現有的設備、必需品、藥品清單與工作人員需求，並向醫療服務部門主管、後勤服務部門主管、計畫部門的物資補給管理者報告結果。
	病患出入院登記組	護理科	即時更新病患出入院登記資料，並給予病患動向追蹤管理師。
基礎設施課	電力和照明組	總務室	評估電力及照明等狀態。
			與安全管制課結合確保電力機器設備與安全性。
			評估及監控電力與照明使用量及供給，如有無法處理之情況，尋求聯絡官向外協助。

組別	職稱／單位	主要任務
供水或汙水處理組	總務室	協調本院供水及汙水系統的檢驗。協調援助其修復或校正危險物、漏出物或致汙物。
空調組	總務室	監控空調負壓使用量及供應，評估隔離病房正壓及負壓狀況，壓力測試是否正常。
建築物結構組	總務室	適當時候籌劃現有醫療服務建築結構是否撤離的可能性或改變位置或擴展。持續監控設施設備運作是否正常及製作損壞報告，並向基礎建設運作課課長報告。
醫療氣體組	總務室	持續監控及評估醫療用氣體使用量及供給。
環境維護組	總務室	確保維護環境清潔成員遵守安全政策及流程。與醫院感染控制人員配合，確保再次使用設備進行消毒，依據設備消毒方法、經由預期的使用、廠商的推薦及醫院現有的政策。
膳食供應組	營養室	定期與各部門聯繫，確認所需物資；建立可即時供應廠商名單，並緊急採購低感染性的包裝食材及包裝水。
危害物質課 偵檢／監控組	總務室	協調危害物質之偵測及監測。
洩漏處理組	總務室	協調危害誤置洩漏現場之應變計畫。
人員除汙組	總務室	協調危害物質現場人員除汙之活動。
設施／設備除汙組	總務室	設施與設備之除汙工作。
安全課 出入管制組	政風室	管理病患、家屬及員工之出入院狀況。
群眾秩序管制組	政風室	維護現場安全及群眾秩序控制。
交通管制組	政風室	協調交通動線及運輸車輛管制。

	組別	職稱／單位	主要任務
	搜救組	政風室	協調失蹤員工、病患和家屬之搜尋。
	法務機關聯繫組	政風室	負責和外部法務機關協調醫院之安全。
持續運作課	資訊科技組	資訊室	協助資訊持續運作或重置，減少中斷必要之服務。
	服務持續運作組	病歷室	負責掛號資料與處方登錄至電腦；各櫃檯臨時問題解決與處理工作。
	文件保護及保存組	病歷室	確保機關重要文件（含公文、病歷、帳單及報表等）存放安全或須移至安全地方，與下列人員共同合作，適時搶救並保存，以便必要時異地重建。
	關鍵功能重置組	總務室	協助醫院服務轉移至替代運作地點及減少服務中斷。

計畫部門

	組別	職稱／單位	主要任務
資源監控組	人力資源監控組	人事室	人力普查：協同人事室、後勤部門「人力資源供應組」，普查志工、在勤與不在勤（但屬可用人力）之員工之數量、分布及姓名。
			建立人力追蹤機制。
	物資追蹤組	總務室	定期與各部門聯繫，確認所需物資供應。
			密切注意會影響物資需求與供應的因素，如病房清空決策。
狀況分析組	病患動向管理組	護理科	掌握來院病患動向，以及轉院、離院、出院狀況。
	病床使用管理組	護理科	掌握病床數量、可用狀態、分布位置及使用情形，緊急時連臨時架設的行軍床或擔架都要納管。

組別	職稱／單位	主要任務
文件管理組	企劃中心	辦理醫院指揮中心（HCC）召開planning meeting時，開會通知及會議記錄事宜。
復原歸建組	企劃中心	隨著災變事態演變（例如規模縮減），持續地更新、統一災變復原歸建計畫，直到奉核的最終版本。

後勤部門

組別		（預擬）職稱／單位	主要任務
任務支援課	通訊組	人事室	建立及維持通訊設備之通訊正常並持續提供給各單位。
	資訊組	總務室	提供同仁架設電腦軟、硬體及周邊設施服務。
			統籌分配電腦軟、硬體。
			確保IT系統持續正常運作。
	員工餐飲組	營養室	評估食材、飲水短缺狀況。與各部門人員共同合作，列出短缺的必需物資以及訂定餐食、飲水配給原則。
運作支持課	員工身心照護組	護理科	提供員工情緒支持、學習情緒管理及必要時心理輔導轉介。
	員工家庭照護組	護理科	定期與各部門聯繫，確認各部門是否有工作人員、家屬照護需求，予以適時提供服務。
	物資供應組	總務室	準備接收補充的設備，資源和配藥。與資源補給調度管理總監聯繫追蹤物資供應狀況。
	設備管理組	總務室	評估現有電力情形，與基礎建設課電力照明、空調、醫療用氣體、環境清潔維護小組長合作，取得全面設施狀況報告及獲得設施系統現況報告。
	運輸組	總務室	評估病患，職員和用品的需求，向人力資源供應組請求人員幫忙聚集運輸病人的設備。

組別	（預擬） 職稱／單位	主要任務
人力資源 供應組	人事室	分類盤點災變發生時可用之員工及志工人力，建立可即時供應之人力名單。保持充足人力資源供應，配合各單位需求，指派並提供足夠的人力。

財務行政部門

組別	（預擬） 職稱／單位	主要任務
人事管理組	人事室	負責登錄員工及志工服勤時數、加班時數等差勤管理。
採購組	總務室	確認採購標的物之規格及價格分析，進行訪價招標事宜或建立可即時供應廠商名單。
損害賠償組	總務室	執行災變期間發生之賠償及索賠作業。
出納組	會計室	維持災變期間正常會計帳務處理及請款作業。

第七章

國土安全、移民與國境執法

陳明傳、駱平沂

　　依據聯合國經濟與社會部門的人口署報告（United Nations, Department of Economic and Social Affairs, Population Division），統計至2017年為止，全球各地的移民人數從1990年的1.53億（152,542,373人）增加到2017年的2.58億（257,715,425人），占全球人口的3.5%（至2015年全球人口數為7,383,008,820人）。其中至2017年，已開發國家之地區其移民總數為145,983,830人，占當年移民人數的56.6%；開發中國家之地區移民總數為111,731,595人，占當年移民人數的43.4%，低度開發國家之地區則占較少數。若以洲區分之，則以亞洲的移民人數最多為79,586,709人；占當年移民人數的30.9%，其次為歐洲為77,895,217人，占當年移民人數的30.2%；再其次為北美洲為57,664,154人，占當年移民人數的22.4%。[1] 這顯示我們處於全球化的世代，必須面對愈來愈普遍的移民現象，而各國移民政策皆不同，且對於移民政策的定義亦有不同。廣義而言，移民政策係指入出一國國境所涉及之相關政策，特別是針對意圖停留在該國及在該國工作者。綜言之，包含投資、學生、難民等各類移民之政策與法制、非法移民與國境管理等等事務。

　　國際移民組織（International Organization for Migration, IOM）公布的《2010年世界移民報告》預測，到2050年，全球跨國移民人口將較現時急增68%，達4.05億人。報告指出，亞洲、非洲和拉丁美洲等新興經濟體，正逐漸成為各方趨之若鶩的移民選擇；美國則仍是全球移民首選，今年有4,280萬人湧入，約占全球移民人口2成。報告稱，目前全球跨國移民總數為2.14億人，較5年前增加約2,300萬人。此外，今年各國國內移民總數已達7.4億人，兩者相加，全球目前有近10億移民人口。報告指出，移民人口增加，關鍵在於發展中國家勞動人口明顯增長。[2] 各國政府應加大對移民的財政支持和教育培訓，改善移民生活條件，否則社會問題將進一步惡

---

[1]　United Nations, Department of Economic and Social Affairs, Population Division, Total International Migrant Stock, Workbook: UN_MigrantStock_2017.xls,Table 1 - International migrant stock at mid-year by sex and by major area, region, country or area, 1990-2017.

[2]　文匯報，〈2050全球移民人口破4億〉。

化。

　　聯合國全球移民委員會公布全球移民報告曾指出，全球近2億移民
人口前往其他國家工作，成為推動全球經濟成長的重要因素。[3]在全球化
（globalization）的過程中，人口移動本是自然的現象。為了謀求更好的
出路，中國大陸的非法移民在20年內仍將持續遷徙，而這樣的問題將是今
後臺灣與世界各先進國家必須共同面對的問題。據2012年中國社科院《全
球政治與安全》報告顯示，中國正在成為世界上最大的移民輸出國，目前
約有3,500萬華人散居世界各地。在中國大陸，不斷上漲的生活成本、城
市化進程中的環境汙染等因素都使得中國人頻頻移民海外。[4]

　　在臺海兩岸間經濟水平尚未趨於一致的情況下，居於弱勢的一方仍將
會千方百計的進行偷渡或非法移入，渠等為了避免淘金夢碎，勢必刻意避
開警方的查緝，由此衍生的色情、詐欺、擄人勒贖等犯罪問題、性病傳播
問題、國家安全難以維護問題，都將衝擊到國內的治安，亦對國境安全形
成嚴峻的挑戰。人權是指一個人作為人所享有或應享有的基本權利，是人
類社會最高形式和最具普遍性的權利；因而警察人員在執行國境治安問題
時，仍必須考量此重要的執行規範與價值。

　　筆者認為，面對如此複雜的執法環境，當局應該建立人權與社會安
寧兼容並蓄的人口移動政策，以便於有效執法與結合外來之人力資源。以
公私協力合作之概念，調整兩岸刑事司法互助的策略框架，共維兩岸地區
性之治安；並以筆者所建構的「市場─守護理論」尋求較佳的犯罪防治策
略。而情資的交流對治安工作至為重要，美國911遭受恐怖攻擊事件殷鑑
不遠，是以分享及建構國境安全情資整合與分享平臺，以情資作為治安導
向的國家安全新策略，以及運用資訊統計管理新技術機制，不僅可以節省
有限的國家安全資源，尚可有效解決治安問題，應具有實用之價值。

---

[3]　大紀元，〈全球移民概況一覽表─兩億移民為全球帶來兩兆美元經濟收益〉。
[4]　大紀元，〈中國再現移民熱大陸富人成移民主體〉。

第一節　全球人口暨兩岸人口移動與執法問題概述

壹、全球人口移動概述

　　如前述之國際移民組織所發布的報告，全世界的移民達到有史以來最高峰。報告還指出，中國是「輸出」移民最多的國家，而美國則是吸納移民最多的國家。報告分析了移民大量增多的原因，其中主要包括共產主義制度的瓦解、經濟全球化和內戰頻繁。過去40多年中，愈來愈多的人離開自己的國家，移居他鄉；10年前，全世界移民數為1.2億人，今天則達到2.14億人，預計本世紀內移民人數還將繼續上升。統計顯示，雖然歐洲是合法和非法移民的主要目的地，亞洲和北美吸引的外來移民人數等同於甚至超過歐洲。根據這份報告，中國是向外移民人數最多的國家。到90年代初，在世界各地的中國移民超過了3,000萬人。另一方面，美國則是吸納外來移民最多的國家，每年收留的合法移民就有100萬人，再加上30多萬非法移民。[5]

　　另根據前述之聯合國人口署統計，至2017年，全球移民人口為占全球人口總數3.5%，相當於全球第五大國巴西的人口數，而且正快速增加。過去35年來，全球移民人口從1970年的8,200萬人，2000年增為17,500萬人，2005年更增為近2億人，至2010年突破2億人，2017年更增加至2.58億人（257,715,425人）。估計每年非法移民人口介於250萬至400萬人間。據美國研究中心Pew Hispanic Center的估計，2000年到2004年間，每年來到美國的合法移民人數平均大約在60萬人，而非法移民卻高達70萬人。[6]

　　如前所述，在全球化的過程中，人口移動本是自然的現象，而發展中之國家每一年將有大量人口進入就業市場，但因人數過多而將有許多人找

5　BBC Chinese. Com.

6　陳明傳（民98）。

不到工作，因此就會使用各種合法與非法手段進行移民。以我國為例，外籍及大陸配偶自2010年截至2019年2月止約已達19萬人，入出國移民署對外籍配偶實施照顧輔導，係以「融合新血，共建和諧多元新社會」作為政策主軸，並以「社會照護」的積極態度與整體的視野，持續關注並因應新移民所衍生的問題。2019年移民輔導業務，在保障移民人權方面，將持續檢討、修正各項移民權益相關法規及措施，營造更友善的移民環境，全方位推動移民輔導工作，協助新移民適應在地生活，保障新移民之權利與福利，逐步落實各項移民人權保障；同時加強照顧新移民家庭及其二代子女培育，同步提升新移民人力素質，強化國家發展競爭力。[7]

貳、臺灣地區移民狀況之概述

　　臺灣地區移民之狀況，在移出部分若以美國為移出國，則如表7-1所示，截至2010年止，居留美國而非於美國出生之外國族裔共有39,955,673人，其中臺灣出生移民美國之華人則共有358,460人，占美國外國族裔比率之0.9%。[8]從此表可看出，美國外國族裔移民美國者確實非常的眾多，臺灣地區僅占一小部分。而臺灣移民美國之人數，亦呈穩定成長之趨勢，其中80至90年代成長之比率則明顯較快，近期則較為趨緩，足見臺灣於1980年代解嚴後（1987年，西元1987年7月15日解嚴）之社會亂象，與近期的社經逐漸走穩，確實對於民眾之移民產生一定之影響。又從排名名次之消長，亦可觀察到1980年至1990年，從32名快速的成長至19名，而1990年至2010年則呈現倒退之負成長趨勢，然名次仍比1980年代排名較為前面。美國為移入之大國，華人或臺灣民眾之移出狀況，亦有以美國為優先之選擇。因此，從臺灣民眾之移入美國，亦可窺知臺灣移出之趨勢與梗概。

---

[7]　內政部移民署，移民署願景。

[8]　Migration Policy Institute. Taiwanese Immigrants in the United States, January 31, 2012 spotlight by Kristen McCabe. Also see July 22, 2010 spotlight by serena Yi-Ying Lin Also see, U.S. Census Bureau, Total and Taiwanese Foreign-Born Populations, 1980 to 2008.

表7-1　1980年至2010年移民美國之外國人與臺灣出生移民美國之比較統計

年別	非美國出生之外國人	臺灣出生美國之華裔		
		人數	占所有外國裔之比率	排名[1]
1980年	14,079,906	75,353	0.5%	32
1990年	19,797,316	244,102	1.2%	19
2000年	31,107,889	326,215	1.0%	21
2008年	37,960,773	342,444	0.9%	24
2010年	39,955,673	358,460	0.9%	此年未標示名次

註1：排名之數字表示臺灣出生之華裔占所有移民美國之外國人比率之名次。

資料來源：Data for 2000 from the 2000 U.S. Census of Population and Housing; data for 2010 from the U.S. Census Bureau's American Community Survey 2010. Data for earlier years comes from Campbell Gibson and Emily Lennon, Historical Census Statistics on the Foreign-Born Population of the United States: 1850 to 1990 (U.S. Census Bureau Working Paper No. 29, U.S. Government Printing Office, Washington, DC, 1999. Available online.)

　　另根據內政部人口統計資料顯示，自2010年起至2019年2月止，合法登記之結婚當中，與本國國民結婚之大陸港澳地區與外籍之配偶，總計共有187,645人，約有19萬人，如表7-2。[9]由於大陸地區及外籍配偶人口激增，已明顯衝擊到我國移民管理與面臨修訂移民法規之狀況，歷經朝野與民意代表取得共識，於2005年11月8日立法院三讀通過「內政部入出國及移民署組織法」，並於同年11月30日總統華總一義字第09400192921號令制定公布在案，因而確立內政部入出國及移民署組織法源依據，揆諸「移民署組織法」第2條，對於移民事務之規範，與外籍配偶入臺團聚、在臺依親居留有關，我國對於外籍配偶之家庭團聚之保障與管理、家庭團聚權與國家利益兩者該如何取得平衡，為應關注之議題。

9　內政部戶政司全球資訊網，結婚人數按雙方原屬國籍分。

表7-2　2010年至2019年國人與大陸港澳地區及外籍配偶人數

年　別	男性之大陸港澳及外籍配偶人數			女性之大陸港澳及外籍配偶人數		
	大陸港澳	東南亞	其他國家	大陸港澳	東南亞	其他國家
2010年	807	549	2,436	12,525	4,663	521
2011年	995	520	2,575	12,468	4,367	591
2012年	1,116	664	2,557	11,597	4,120	546
2013年	1,074	616	2,500	10,468	4,207	627
2014年	1,178	706	2,637	9,808	4,760	612
2015年	1,314	742	2,630	9,141	5,510	651
2016年	1,320	823	2,774	8,493	6,288	661
2017年	1,431	981	2,892	7,519	7,588	686
2018年	1,391	1,149	2,845	6,825	7,600	798
2019年截至2月止	242	186	515	1,137	1,227	137
總計	10,868	6,936	24,361	89,981	50,330	5,169

資料來源：內政部戶政司全球資訊網，結婚人數按雙方原屬國籍區分之；戶政司之報表中之外籍配偶包含外裔，外裔其係指外國籍歸化（取得）我國國籍者。

又如表7-3所示，2015年6月底在我國外籍人士（不含大陸人士）共計775,332人，86%來自東南亞國家；持居留簽證者計687,000人，持停留及其他簽證者88,000人；與2014年同期相較，在我國外籍人士增加63,000人，主要為持居留簽證者之增加，其中又以外籍勞工為大宗。同期，在我國外籍人士以外籍勞工579,000人占74.7%最多（主要分布在桃園市、新北市及臺中市），尚未歸化取得國籍之外籍配偶51,000人占6.6%次之（主要分布在新北市、臺北市及桃園市），二者合占在我國外籍人士之81%。與上年同期比較，外籍勞工人數增加63,000人或12.0%，其增加人數為產業外籍勞工占80.1%，社福外籍勞工占19.9%；在我國尚未歸化取得國籍之外籍配偶人數增加7,000人或16.4%。外籍勞工以印尼籍占41.0%、越南籍占28.1%及菲律賓籍占20.6%較多；與2014年同期相較，以越南籍增加

28,000人，菲律賓籍增加19,000人之變動較大；在我國尚未歸化取得國籍之外籍配偶以越南籍占33.8%最多，泰國籍占14.0%次之，與2014年同期相較，以日本籍增加1,000人最多。2015年6月底在我國停留外籍人士77,000人，主要為商務及觀光者，其中以美國籍占25.6%最多，日本籍占15.3%次之。就近5年之居留人數變動觀察，外籍勞工之原屬國籍以越南籍者比率增加5.8%變動最大，泰國籍者則呈減少趨勢。[10]綜上，即可瞭解我國外僑以及移民人口變遷的一個梗概，其即為外來人口持續的增加，從1980年至2015年幾乎增加有34.8倍之多，然自2010年至2015年之間有漸緩之趨勢。而歷年來在我國外籍人士，則均以外籍勞工占較多數，白領之外僑較少。而在我國尚未歸化取得國籍之外籍配偶人數增加7,000人或16.4%。以上各種外來人口的現象，值得我國在維護治安與國境執法時之參酌。

表7-3　在我國外僑人數按國籍別分類

國籍	2015年	2010年	2000年	1990年	1980年
印尼	254,083	170,431	83,519	1,413	981
越南	198,776	126,346	26,792	33	71
菲律賓	129,294	80,809	93,636	806	675
泰國	67,685	75,341	139,527	1,082	933
馬來西亞	20,528	19,194	6,672	6,159	4,104
日本	26,080	31,969	9,939	6,616	5,328
美國	29,389	30,429	9,967	6,684	5,519
其他國	49,497	57,853	18,137	5,847	4,691
外國人總計	775,332	592,372	388,189	28,640	22,302

資料來源：內政部，統計通報，僅援用2015年及2010年之統計資料節錄；以及加上維基百科之2000年、1990年、1980年等年之節錄作為比較。[11]作者重新自行編制之。

---

[10] 內政部，統計通報104年第32週。

[11] 維基百科，在臺外國人。

　　根據內政部統計處之2018年第2週內政統計通報，說明截至2017年11月底，外來人口計999,693人（含外僑及大陸港澳地區人數），較去年同期增8.3%。2017年1月至11月內政部移民署及各治安機關查獲在臺非法活動之違法外來人口33,088人，占外來人口3.3%，較上年減少0.1個百分點。同期查獲之違法外來人口中，男性占50.5%，略高於女性之49.5%，並以越南籍15,565人（占47.0%）、印尼籍11,415人（占34.5%）較多。外來人口違法態樣，以行蹤不明外勞占61.0%最高、單純逾期停留者占17.0%次之、非法工作者占10.9%居第三。由於人口流動國際化、產業與社福外勞引進，及自2008年起陸續放寬大陸地區人民來臺觀光限制、推動兩岸大三通及陸客自由行等因素，外來人口入出我國境人數日益增加，其在臺期間亦衍生違法（規）情事。而內政部移民署及各治安機關均致力查緝外來人口在臺非法活動，如執行面談、查察、訪視、查緝、人口販運防制及移民輔導等勤務，以維護國家安全及社會治安穩定。近年在臺之外來人口自2012年704,000人逐年上升至2016年1,002,000人，5年間增幅4成2；而每年查處違法人數雖由2012年24,000人增加至2016年33,000人，占外來人口比率始終介於3%至4%，並略呈下降趨勢，顯示外來人口被查處違法的比率，並未因外來人口增加而上升。[12]然而，外來人口整體之違法違規之案件，卻仍然是逐年的攀升，因此如何管理外來人口，以便在開放外來人口來臺之政策下，同時亦能維護國內之社會安寧與秩序。

參、非法移民問題（黑數）暨兩岸人口移動概述

　　人口移動包括移民、國內移民、國際移民、非法移民等類型。其中，非法移民指的是沒有合法證件或未經由必要之授權，而進入他國之人民。若非法移民的過程，是透過第三者之協助而完成，就涉及了非法交易（trafficking）與偷渡（smuggling）。非法交易是一個較複雜之概念，

---

[12] 內政部統計處，〔行政公告〕107年第2週內政統計通報〈106年1-11月查處外來人口違法比率未隨外來人口增加而上升〉，發布日期：107.1.13，10:00。

不僅要考慮移民進入國家之方式，也要考慮其工作條件及移民是否同意非法進入；其主要目的不僅是從一個國家到另一個國家之非法移民，也是在經常侵害其人權情況下剝削其勞力。非法交易是一種非自願性的，很可能是誘拐、綁架、強制性勞動、監禁及其他人權侵害的結果；而無證明文件之移民（undocumented migration）一般多屬志願性，雖然是非法的進入他國，但其目的則在自由選擇其工作及定居。由於外國人走私（alien-smuggling）集團之運作及腐敗的政府官員受賄而使非法移民情形加劇。此外，發展中國家之暴力衝突，經濟危機與自然災害亦會造成大量移民。[13]

　　偷渡已然成為是全球之議題，在發展中國家的很多地區，季節性、循環性、臨時性以及永久性人口流動，已經成為人民生活不可分割的一部分。對於收入狀況不斷惡化的很多人來說，移徙將為自己和家人帶來更好的生活，甚至是生存的希望。人口販運亦已成為全球性的商業犯罪問題，沒有一個國家可以避免人口販運問題，它帶給組織型的犯罪集團龐大的非法利潤。據美國國務院估計，每年約有18,000名至20,000名婦女、兒童及數千名男性被人口販運，60萬人至80萬人被跨越國境販賣。聯合國兒童基金會估計全球每年有200萬人被人口販運，有2,700萬人被奴役，至少有6,000萬名兒童被以嚴重形式之童工剝削，全球人口販運的不法所得更超過70億美元。

　　清治初期，為了尋求更好的生活，閩、粵居民寧冒瞞騙官府與魂斷黑水溝的危險，前仆後繼的渡海來臺謀生。從渡臺悲歌之中：「勸君切莫過臺灣，臺灣恰似鬼門關，千個人去無人轉，知生知死都是難」，不難想見當時偷渡來臺者的悲苦遭遇。時至今日，縱使科技文明昌盛，各類交通工具更加平穩安全，人道與法治訴求也益發受到重視，然而設法偷渡來臺打工之大陸地區人民，在橫渡臺灣海峽期間所遭遇的悲苦情境依舊；僅容數人活動的狹窄船艙內，往往擠進數十人，汙濁的空氣加上髒汙的環境，讓

---

[13] 汪毓瑋（民91）。

人忍不住要嘔吐，甚至暈死過去。[14]尤其在2003年8月26日晚上，從閩、粵地區偷渡來臺的大陸女子，於苗栗外海，被狠心的人蛇集團「丟包」推落海中，6人不幸淪為波臣。1996年6月間基隆八尺門防波堤外，也曾有類似情況發生，[15]400年前「知生知死都是難」的悲慘情況，仍不斷在臺灣海峽上演。

　　根據勞委會的統計，到2005年底為止，在臺打工的外勞人數為327,000多人，其中非法逃跑的外勞人數為21,000多人，大多為從事家庭看護工的越南勞工。而由於兩岸政策尚未解禁，無法引進大陸勞工，所以在臺打工的大陸勞工幾乎都是偷渡來的，因為主管機關不是勞委會，並不清楚大陸非法勞工的數目。[16]然又根據內政部移民署2015年年報，2015年度移民署查獲逾期停（居）留外來人口（不包括行蹤不明外勞）共6,761人，其中大陸人士1,645人，外國人5,116人，較2014年6,531人（其中大陸人士1,492人，外國人5,039人）增加230人。又為了因應國內產業及長期照護需要，外籍勞工引進人數不斷成長。截至2015年底，外籍勞工人數累計已逾58萬人，而行蹤不明外勞人數亦隨之不斷增加。為持續降低行蹤不明外勞在臺人數，並遏止非法聘僱、媒介及防制人口販運，強化外籍勞工之安全管理，並進而維護社會安定與國家安全，移民署結合行政院海岸巡防署、國防部憲兵指揮部、法務部調查局、內政部警政署等各國安單位之查察能量，實施「加強查處行蹤不明外勞在臺非法活動專案工作」（祥安專案），定期實施聯合擴大查察工作，並管控各機關執行成效。2015年度各國安單位合計查獲行蹤不明外勞達16,851人。[17]由上述查獲逾期停（居）留外來人口，以及行蹤不明外勞之統計數據顯示，外勞、大陸勞工以及逾期停（居）留外來人口之管理，確實是個棘手的人流管理問題。

　　陸委會法政處引述相關國家的資料，作了以下的表示：「根據中國

---

[14] 聯合報（民93），2004.9.18.。

[15] 聯合報（民93），2003.8.27.。

[16] 廖千瑩、邵心杰報導〈32萬外勞2萬非法，「陸勞」都是偷渡來的〉。

[17] 內政部移民署，104年年報（民105：11）。

公安部門及中國學者的估計，每年約有8萬至10萬名中國非法移民往外遷徙，總計散居世界各國的中國非法移民約有50萬人，偷渡成功率約為20%至40%。但多數專家學者認為，這一數字被嚴重低估。」[18]。

若以一個對於大陸地區人民非法在臺黑數（dark figure）之實證研究為例估計之，則由其研究中之問卷調查發現，則可用下述六種類型之黑數加以初估之：1.未查獲的大陸地區人民非法在臺占實際全部非法在臺人數約78.78%；2.合法入境非法工作未查獲人數占實際合法入境非法工作人數約76.50%；3.非法入境未查獲人數占實際非法入境人數約76.89%；4.未查獲假結婚人數占實際人數約77.58%；5.未查獲非法工作人數占實際人數約78.57%；6.未查獲逾期停留人數占實際人數約77.14%。六種態樣之黑數估計之平均數均約在77%左右，標準差在15至18之間，表示經過問卷調查實務工作者之估計，大陸地區人民非法在臺人民約有77%左右的黑數存在，此估計呈現穩定一致。且受訪者特性如受訪者之身分、性別、年齡、學歷等對六種態樣黑數之估計皆無顯著差異。在質化訪談方面，警察單位根據被查獲的大陸人民供稱，則10餘人中約僅有2、3人被查獲；換言之，被查獲者僅約占總數的20%。[19]為了謀求更好的出路，中國大陸的非法移民在20年內仍將持續遷徙，而這樣的問題將是今後臺灣與世界各先進國家必須共同面對的問題。

肆、兩岸跨境犯罪與執法問題概述

自1987年臺灣開放赴大陸探親後，由於兩岸地理位置相近、語言文化相通，復因交通、資訊科技便捷，民間互動漸趨頻繁，兩岸間跨境犯罪已從量增而質惡，加上因兩岸政治現實，司法互助合作無法實現，不法分子洞悉此種空隙，遂勾結串聯，進行跨境擄人勒贖、偽造貨幣、詐欺洗錢及走私毒品等重大犯罪，嚴重危害人民生命、財產安全。

---

[18] 大紀元網系轉載2004年8月5日自由時報報導，〈50萬中國非法移民散居世界各國〉。
[19] 謝立功、陳明傳等（民95）。

　　多年來，兩岸間最具代表性的刑事司法互助協定，就是1990年的「金門協議」，該協議係針對雙方偷渡犯與刑事（嫌疑）犯之海上遣返事宜所達成之協議。隨著政治情勢的改變、社會狀況的多元發展，顯已無法因應兩岸間各式各樣的犯罪現象。「金門協議」乃透過財團法人海峽交流基金會及兩岸紅十字會之居間協調聯繫，辦理兩岸刑事案件情資傳遞暨刑事犯、通緝犯之遣返工作。為加強海峽兩岸合作打擊犯罪，兩岸在1993年4月間舉行之辜汪會談中，將「有關共同打擊海上走私、搶劫等犯罪活動問題」及「兩岸司法機關之相互協助」列入協商議題；惟因兩岸局勢持續低迷，仍無法建立更好之共同合作打擊犯罪管道。唯在2009年海基會董事長江丙坤和海協會會長陳雲林，於大陸舉行的第3次江陳會中，協商共同打擊犯罪的議題，建立兩岸司法和刑事犯罪情資的交換平臺。兩岸兩會終於在2009年4月26日簽署共同打擊犯罪及司法互助協議，兩岸民、刑事案件已漸可透過正式管道請求對方協助調查。

　　大陸與臺灣僅一水之隔，使得兩岸人民在從事走私、販毒、買賣槍械、偷渡、劫機、劫船等跨境犯罪時，具備了更多的地理優勢與人文淵源便利。2001年1月，臺灣地區已開始實施小三通，並於2002年初加入世界貿易組織（World Trade Organization, WTO），在兩岸經貿商務、教育、文化等愈加開放的潮流下，跨境犯罪不僅是數量上的增加，更在犯罪手法上推陳出新，甚至形成跨國性組織犯罪集團，以近乎企業經營模式從事違法行為。其所造成的危害，除嚴重影響社會治安外，更損及臺灣的經濟與金融秩序，已對臺灣經濟發展以及人民生活品質帶來不容忽視的威脅。[20]

　　至於兩岸跨境犯罪之現況，則如下列之跨境犯罪案件數量、類型之分析：

一、大陸地區人民在臺犯罪情形

　　依據法務部統計處、臺灣高等法院檢察署統計室之資料顯示，經統

---

[20] 孟維德（民92）。

計2003年至2008年之間，各地方法院檢察署執行外籍人士判決有罪人數，除2004年略為下降，其餘各年均逐年成長；自2003年761人次迄2008年10月截止1,585人次，計增加824人、2.08倍。涉案國籍以大陸地區人民、越南、泰國、印尼、菲律賓、馬來西亞、緬甸、香港等外籍人士居多。而因為隨著兩岸經貿、直航等政策推展，刑罰定罪之大陸地區人數更呈現逐年增加之狀態；而越南、泰國、印尼、菲律賓則係開放引進外籍勞工導致刑罰定罪人數亦逐年增加。[21]

表7-4　外籍人士（含大陸地區人民）判決有罪人數國籍狀情形

統計年份	總計（人次）	大陸地區	越南	泰國	印尼	菲律賓	馬來西亞	緬甸	香港	日本	美國	韓國	英國
2003年	761	37	104	210	100	56	9	78	38	14	17	18	5
2004年	698	78	206	121	64	35	15	39	28	11	13	24	-
2005年	834	113	239	130	91	44	34	53	12	14	8	21	-
2006年	1,204	190	394	184	122	61	36	42	19	11	9	21	4
2007年	1,480	245	458	269	180	87	26	30	28	13	35	23	9
2008年1-10月	1,585	482	384	208	200	72	44	39	18	17	16	15	9

資料來源：蕭麗香，外籍人士犯罪統計分析，引述法務部統計處、臺灣高等法院檢察署統計室之統計資料。

　　原隸屬於內政部警政署之入出境管理局至2005年11月8日，由立法院三讀通過，新設置內政部入出國及移民署，並於2007年1月2日正式掛牌運作。因此，據其新的職權而將移民相關資訊之大陸地區人士查獲在臺從事非法活動，接續表7-5之原內政部入出境管理局的工作，專責的執行移民相關工作，其整理與統計之查獲大陸地區人士在臺從事非法活動統計，

---

21 蕭麗香，「外籍人士犯罪統計分析」。

如表7-5所示。根據此統計表，其乃自1988年11月9日起至2010年12月31日止，大陸地區人士在臺從事非法活動之累計統計數字，其中僞、變造證件共有8,887人、冒用親屬關係518人、虛僞結婚7,687人、來臺賣淫9,338人、非法打工17,339人，近22年來查獲大陸地區人士在臺從事非法活動共計43,769人。[22]其間又以非法打工人次最多，其次爲來臺賣淫，再其次爲僞、變造證件與虛僞結婚等。足見兩岸之社會與經濟環境之變遷，會影響兩岸跨境犯罪之轉變，因而執法單位必須據此變遷而調整其治安維護之策略。

表7-5　查獲大陸地區人士在臺從事非法活動統計一覽表

年　別	僞、變造證件（人次）	冒用親屬關係	虛僞結婚	來臺賣淫	非法打工	合計
2007年	42	50	405	136	690	1,323
2008年	56	60	839	130	528	1,613
2009年	39	16	557	68	262	942
2010年	37	15	427	46	295	820
1988年11月9日起至2010年12月31日止之累計統計數字	8,887	518	7,687	9,338	17,339	43,769

資料來源：內政部移民署，99年年報（民100：103）。

　　然而非法入境臺灣地區之大陸人民，多數搭船舶直接偷渡來臺，或搭客輪（船）自港口入境，少數持假證件搭機來臺。1991年初兩岸經濟差異大，查獲之大陸偷渡人民多以男性來臺打工爲主；自2003年起，則女性逐漸高於男性，分析其主因主要爲來臺賣淫。又自1992年起至2014年4月止各治安機關已查獲收容大陸地區人民非法入境歷年收容及遣返人

---

22 內政部移民署，99年年報（民100：103）。

數之中，收容之人數共33,696人，遣返之次數共為192次，遣返之人數共33,336人。而自2011年之後，因為兩岸政經情勢之變遷，大陸經濟逐漸的向上提升與發展，加上臺灣之經濟與貿易出口等漸次不景氣的影響下，因此大陸地區人民非法入境我國，而予以收容及遣返人數，則有急遽下降之趨勢，如表7-6所示。[23]又自2008年7月18日開放大陸地區人民第1類觀光，迄2011年8月31日止，計有2,594,163人次入境。其中，脫團行方不明計有89人，當時尚有40人行方不明，相較於日本、韓國等其他國家陸客逾期行方不明比例，我國陸客行方不明人數比例不高，惟兩岸特殊情勢，其行方不明因此亦相對複雜。而從事與許可目的不符案件時有所聞，2010年查獲偽造在職證明申請來臺74案、擅自變更活動行程14案，易形成安全問題。而大陸地區人民來臺人次從2007年188,119人次，逐年增加，2009年後呈現大幅度成長，至2010年已達1,488,021人次，約增長7.9倍，突顯兩岸人流管理之責任加重。大陸觀光客來臺自由行迄2010年9月5日止，申請計7,651人，累計入境4,796人，平均每日入境60餘人，初期雖未達預期評估人數，惟當時入境人數逐漸增加之中，加以自由行行程多元，考驗我國整體安全管理機制之運作。2010年1月至6月，經濟部共核准156件陸企來臺投資，及40家陸企來臺設立辦事處，其中不乏涉大陸黨政軍背景者，添增安全管理負擔。兩岸關係雖趨緩，惟2008年至2010年，我國國安團隊已偵破國人遭中共吸收從事間諜案10件，其蒐情範圍擴大，我國仍需慎防中共情工人員來臺勾聯布建。[24]然而自2016年，民進黨重新執政之後，兩岸之交流及大陸入境臺灣之各類人數，因為兩岸交流政策之調整，因而均有下降之趨勢。

---

[23] 內政部移民署，全球資訊網，民國103年4月。

[24] 謝立功，民國99年時任內政部入出國及移民署署長，大陸地區人民來臺現況及因應作為。

表7-6　大陸地區人民非法入境歷年收容遣返統計表

收容及遣返 / 年份	收容人數			遣返次數及人數			
	男	女	小計	次數	男	女	小計
1992年	2,749	155	2,904	12	1,698	114	1,812
1993年	5,684	260	5,944	25	5,709	277	5,986
1994年	3,056	160	3,216	23	4,514	196	4,710
1995年	2,094	154	2,248	7	1,332	95	1,427
1996年	1,449	200	1,649	10	2,072	178	2,250
1997年	1,071	106	1,177	6	1,052	164	1,216
1998年	1,183	111	1,294	5	1,030	91	1,121
1999年	1,656	116	1,772	6	1,092	74	1,166
2000年	1,201	326	1,527	7	1,083	147	1,230
2001年	872	597	1,469	12	1,269	679	1,948
2002年	826	1,206	2,032	9	794	608	1,402
2003年	538	2,920	3,458	14	680	1,557	2,237
2004年	706	1,077	1,783	9	330	1,110	1,440
2005年	936	177	1,113	14	745	1,607	2,352
2006年	747	87	834	9	925	671	1,596
2007年	398	48	446	5	462	133	595
2008年	228	57	285	3	308	57	365
2009年	170	76	246	5	168	68	236
2010年	100	21	121	3	95	48	143
2011年	56	12	68	3	47	6	53
2012年	22	5	27	2	14	3	17
2013年	44	15	59	2	7	14	21
2014年4月止	22	2	24	1	8	5	13
合　計	25,808	7,888	33,696	192	25,434	7,902	33,336

資料來源：內政部移民署，全球資訊網，2014年4月。

二、我國潛逃大陸地區通緝犯分析

內政部警政署刑事警察局依據各相關單位所提供情資，函請財團法人海峽交流基金會洽轉大陸相關單位協緝之通緝犯，自1990年迄2006年3月止，共計641件，如表7-7所示，潛逃大陸之通緝犯仍以殺人、詐欺、槍砲及毒品案件爲大宗。

表7-7　內政部警政署刑事警察局函請海基會轉大陸海協會協緝一覽表

案類	件數	百分比
擄人勒贖	27	4.2%
殺人	76	11.9%
槍砲彈藥	66	10.3%
詐欺	95	14.8%
毒品	72	11.2%
其他	305	47.6%
合計	641	100%

資料來源：統計時間：1990年迄2006年3月，刑事警察局，民國95年4月18日。

另外，根據內政部警政署自1990年至2006年，執行「金門協議」兩岸潛逃對岸藏匿刑事犯轉請協緝、緝獲人數之統計表，如表7-8所示，尚未緝獲人數占6成7，而由大陸協助緝獲執行遣返人數僅占1成6；足見互助之成效不佳。

表7-8　內政部警政署執行「金門協議」兩岸潛逃對岸藏匿刑事犯轉請協緝、緝獲人數統計表

我方函請海基會洽轉大陸協緝遣返				我方未轉請協緝，大陸緝獲主動遣返
透過海基會轉請大陸協緝人數	情資傳遞大陸緝獲執行遣返	被協緝人返臺後由我方自行緝獲或已撤銷通緝	尚未緝獲	
659人	106人	147人	406人	108人

資料來源：刑事警察局，2006年10月23日製表（陳明傳，民96）。

　　然而，若再參考表7-9，截至2019年2月25日止，海峽兩岸共同打擊犯罪及司法互助協議最新的案件統計之資料中顯示，[25]在通緝犯緝補遣返方面，我方請求陸方協助1,439件完成487件，達成率33.8%；陸方請求我方協助24件完成15件，達成率62.5%；在最大宗之司法文書送達方面，我方請求陸方協助64,119件而其完成54,792件，達成率85.5%；陸方請求我方協助20,716件而完成19,491件，達成率94.1%；其次在犯罪情資交換方面，我方請求5,970件完成1,897件，達成率31.8%；陸方請求1,666件完成1,403件，達成率84.2%。可見得兩岸共同打擊犯罪及司法互助方面，因為協議之簽定而有不錯之互助效益。惟臺灣請求其協助者顯然較多，至於達成協助之請求則似乎臺灣協助完成之比率較高。另外，臺灣與大陸地區在此期間合作交換情資共同偵辦跨境之案件，合計破獲222案，共逮捕嫌犯9,344人，包括：詐欺犯罪、擄人勒贖、毒品犯罪等等可謂成效不凡。然而在通緝犯緝補遣返方面，我方請求陸方協助方面，成效僅達33.8%，則尚有合作與努力成長之空間。另外，人身自由受限制通報方面，則我方請求707件，完成388件；又我方主動提供6,244件，陸方則提供6,069件。

表7-9　「海峽兩岸共同打擊犯罪及司法互助協議」案件統計總表（累計）

（統計期間自 2009 年 6 月 25 日起至 2019 年 1 月 31 日）

2019年2月25日製表

協助事項	執行情形							備註
	我方（請求、邀請、主動提供）	陸方（回復）			陸方（請求、邀請、主動提供）	我方（回復）		
		完成	瑕疵、補正	進行中		完成	瑕疵、補正	進行中	
一、通緝犯緝捕遣返	1,439	487	7		24	15	6	3	

25 法務部，「海峽兩岸共同打擊犯罪及司法互助協議」案件統計總表。

表7-9 「海峽兩岸共同打擊犯罪及司法互助協議」案件統計總表（累計）（續）

協助事項	執行情形								備註
	我方（請求、邀請、主動提供）	陸方（回復）			陸方（請求、邀請、主動提供）	我方（回復）			
		完成	瑕疵、補正	進行中		完成	瑕疵、補正	進行中	
二、犯罪情資交換	5,970	1,897	2	4,049	1,666	1,403		263	
三、司法文書送達	64,119	54,792			20,716	19,491			
四、調查取證	1,750	1,077	74	599	1,362	1,329		33	
五、罪犯接返	443	19							
六、人身自由受限制通報	請求 707	388			請求				
	提供 6,244	6,244			提供 6,069	6,069			
七、非病死及可疑非病死通報	188	188			885	885			
八、業務交流	229	229			198	198			
雙方相互請求總數	112,089	雙方合作完成之總數			94,294				
九、其他（請列舉）	一、人員遣返部分，我方向陸方完成遣返15人、陸方向我方完成遣返487人，業將潛逃至大陸地區前中興銀行董事長王○雄、重大槍擊犯陳○志、前立法委員郭○才、綁架臺中市副議長案之集團主嫌許○祥、廣西南寧詐騙案余○瑩、唐鋒炒股案周○賢、高鐵爆裂物主嫌胡○賢、前嘉義縣溪口鄉長劉○詩、腰斬棄屍案主嫌唐○及其前夫張○峰、詐保主嫌許○同等人。								

表7-9　「海峽兩岸共同打擊犯罪及司法互助協議」案件統計總表（累計）（續）

協助事項	執行情形								備註
	我方（請求、邀請、主動提供）	陸方（回復）			陸方（請求、邀請、主動提供）	我方（回復）			
		完成	瑕疵、補正	進行中		完成	瑕疵、補正	進行中	
	二、我方與大陸地區合作交換情資合作偵辦案件，合計破獲222案，共逮捕嫌犯9,344人： （一）內政部警政署刑事警察局與大陸公安單位交換犯罪情資共同偵辦案件：157件8,872人，其中包括詐欺犯罪108件7,275人、擄人勒贖犯罪6件41人、毒品犯罪34件214人、殺人犯罪5件13人、強盜犯罪1件3人、侵占洗錢犯罪1件3人、散布兒少色情內容犯罪1件250人、網路賭博犯罪1件1,073人。 （二）法務部調查局與大陸地區公安單位交換犯罪情資，雙方共同偵辦破獲26件跨境走私毒品，計查獲毒品海洛因550.307公斤、麻黃素2,650.8公斤、K他命3,855.87公斤，甲卡西酮1,040公斤、搖頭丸14公斤、半成品大麻2.6公斤、安非他命原料「苯基丙酮」26,323公斤、成品大麻古323公克、安非他命1,988.21公斤，製毒工廠6座，油輪1艘，毒品案件計逮捕嫌犯190人，其中臺籍嫌犯74人。其他合作偵辦案件共6案，計不法金額約人民幣2,850萬元、查獲偽藥計威而鋼8萬餘顆、諾美婷12萬餘顆、犀利士18,600餘顆、三體牛鞭2,100餘顆、樂威壯3,900餘顆、威而鋼等偽藥74萬餘顆，1處批發倉庫及1座地下製藥工廠，共逮捕嫌犯44人。 （三）海洋委員會海巡署與大陸地區公安單位交換情資，雙方共同偵辦共計查獲毒品23案（各式毒品6,003公斤、犯嫌184人）、菸品3案（1,527,500包）、偷渡4案，走私動物活體2案，共計犯嫌29人。 （四）內政部入出國及移民署與大陸公安單位同步實施逮捕掃蕩破獲跨境人口販運組織，其中逮捕大陸籍嫌疑犯5人，臺灣籍嫌疑犯11人；陸方逮捕臺灣籍嫌疑犯7人，大陸籍嫌疑犯2人。 三、其他陳情事項（如請求假釋、減刑、移監、探視、其他等事項）共228件，相關案件原列為重要訊息通報欄位，為求明確自2012年9月間起，與非限制人身自由及病死可疑非病死之通報分開統計。									

表7-9 「海峽兩岸共同打擊犯罪及司法互助協議」案件統計總表（累計）（續）

協助事項	執行情形								備註
	我方（請求、邀請、主動提供）	陸方（回復）			陸方（請求、邀請、主動提供）	我方（回復）			
		完成	瑕疵、補正	進行中		完成	瑕疵、補正	進行中	
	四、依「海峽兩岸投資保障和促進協議」及「人身自由與安全保障共識」踐行之「通知」：我方通知426件，陸方通知346件。								

資料來源：法務部網站，https://www.moj.gov.tw/dl-18875-a94a9b336e3c4e9cbde8d7dac1d6bf94.html網
路檢索日期：2019年3月25日。[26]

　　另外，根據我國警政署刑事警察局統計，從2009年6月25日「兩岸共同打擊犯罪及司法互助協議」生效後，不論在遣返通緝犯和減少詐欺犯罪，數據上都有顯著提升。在遣返方面，從2009年6月25日至2011年12月31日為止，總共從中國大陸遣返75名臺灣通緝犯回臺，2012年1月1日至1月25日也有5人。兩岸共同打擊犯罪的另一個工作重點是遏止詐欺，我國刑事局統計，2009年兩岸跨境詐欺共發生38,802件，犯罪不法金額為新台幣102億餘元；2010年兩岸跨境詐欺發生28,820件，減少9,982件，金額減少41億餘元。我國刑事局指出，2011年3月後，兩岸警方往來日益密切，大陸方面不再侷限公安部對刑事局的對口，授權各省市公安廳可以直接和刑事局對口，目前較常往來的包括：福建省、上海市、浙江省、湖北省等單位。[27]

---

[26] 法務部，「海峽兩岸共同打擊犯罪及司法互助協議」案件統計總表。

[27] 王鵬捷（民100）。

第二節 人口移動的理論基礎暨相關之人權議題

壹、人口移動的理論基礎

本文擬以下列九種理論，來論述與解釋前述此類之移民、偷渡或人口販運的跨國人口移動之現象：一、推拉理論（The Push-Pull Theory）；二、新古典經濟平衡理論（Neo-Classical Economic Equilibrium Theory）；三、雙重勞動市場理論（the Dual-Labour Market Theory）；四、移民網路理論（the Migration Network Theory）；五、世界體系理論（the World-System Theory）；六、供需理論（Supply & Demand）；七、規範失調理論（Theory of Normative Maladjustment）；八、現代化理論（Modernization Theory）；九、市場─守護理論（Market-Guardian Theory）。[28]

一、推拉理論

推拉理論認為，人類之遷徙其發生之原因，乃基於原居住地之推力或排斥力（push force）與遷入地之拉力或吸力（pull force）交互作用而成。而其理論隱含著二個假設，第一即認為人之遷徙行為是經過理性的選擇；其次，此一學說認為遷徙者對於原居住地及目的地之訊息，均有一定程度之瞭解。而遷徙者會根據其本身對客觀環境之認識，加以主觀之感受及判斷，最後做出是否遷徙之決定。

二、新古典經濟平衡理論

此學派之代表人物為英國之地理學家E.G. Ravenstein，於1885年至1889年間發表之「移民之規律」（The Laws of Migration）當中，提出了移民之十一項「規律」。其後之人口統計學、地理及經濟學家便以此為基

---

[28] 陳明傳（民96）。

礎加以補充，在二次大戰後提出「新古典主義學派」。此理論認為，國際移民是個人追求利益最大化的一種選擇，乃人力資本之投資行為。其源自於國家間或區域間的工資差異，而人口流動可以消除這種差距，並最終使得移民現象消失。

三、雙重勞動市場理論

雙重勞動市場理論也被稱為勞動市場分割理論（Segmented Labor Market Theory），此理論是在60年代末期由兩位經濟學家Piore和Doeringer所提出。此派學者認為，隨著工業化之發展，已開發國家出現了資本密集的高收益、高保障、高收入之上層市場，以及勞力密集之低效能、低收入之下層市場，此即所謂之「雙重勞動市場」。

四、移民網絡理論

此派學者認為，國際人口移動不僅是特定經濟關係下的產物，亦是特定之政治、文化及歷史相互作用下之產物，人口之流動有著明顯之地域特徵，在全球化之背景下形成若干相對獨立之「國際移民體系」。換言之，該理論自移民之人際關係與聯繫狀況著手，諸如移民本身之友誼、同鄉等聯繫關係，均可能塑造一移民社群，使得新來的移民者更容易在移入國得到協助。

五、世界體系理論

此派之起源可追溯至1980年代之Alejandro Sassen與Saskia Portes，此理論認為，跨國遷徙乃全球化及市場滲透（market penetration）之結果。在全球化的影響之下，商品、資金、資訊和人員在全球範圍內流動，而經濟要素亦因此在全球被合理的配置。此外，經濟全球化必然會推動國際人口之跨國移動。是以，國際移民可說是市場經濟全球化下的必然結果。現代之資本主義對各國之穿透，已然創造出可對外流動、找尋較佳機會之勞動力。

六、供需理論

供給與需求是人類生活中一個很平常的現象，但是過與不及都將使現實生活中產生一片混亂，甚至因此而違法犯罪。所謂需求（demand）係指在其他情況不變下（other things being equal），在某一定期間內，消費者在各種不同的價格，其所「願意」且「能夠購買的數量」，係價格和購買量之間的關係。

七、規範失調理論

犯罪社會學「規範失調論」用以解釋走私現象，則指個人在適應社會規範變遷造成的失調規範現象而言。人口販運現象又何以形成「規範失調」。一為「法律規範落後」，法律無法趕上現實經濟生活變遷的現象，導致人們對經濟法律規範與經濟行為規範產生失調，利用法律漏洞進行人口販運以圖高的報酬率。另一原因則為「道德規範的落後」，亦即經濟快速發展中經濟倫理與社會價值觀未能建立叢結（complex），在經濟快速發展中，產生導致道德規範的落後現象。其理論架構主要在「文化」、「價值」與「信仰」的建立而產生良好之社會規範，有了良好社會規範，才能維持良好社會秩序。反之，若經過社會變遷，人們對文化、價值及信仰的改變不能適應變革，便容易產生失調的現象，進而造成行為偏差與犯罪行為，人口販運即為可能產生之社會偏差現象之一。

八、現代化理論

Shelley（1981）的《犯罪與現代化》（*Crime and Modernization*）一書即介紹此種研究方法。她運用實徵的數據來證明，「現代化」乃為近年來犯罪日趨嚴重最佳的理論解釋架構。她論述工業化之後，家庭連結的鬆弛、家庭組織的不穩定，及對家族年輕成員監督力的減弱，均成為現代化社會犯罪遽增的主因。這或許可解釋為何全球現代化的發展愈全面，而跨國性的犯罪亦愈猖獗的人類社會的價值解組（social disorganization）的自

然演變之趨勢。

九、市場─守護理論

　　美國名犯罪學家Frank Williams（2004: 290-302）指出，傳統犯罪學對於犯罪現象及其行為的解釋非常的龐雜，因此邇來有呼籲必須整合相關理論的聲音。從而1970年代的社會控制理論（Social Control Theory）及1980年代的社會學習理論（Social Learning Theory）乃開此整合之先河。但Travis Hirschi卻極力反駁稱，各種犯罪學理論是解釋不同的犯罪現象，故而是無法整合與相容的。然而整合的趨勢與嘗試仍不曾停歇，故而有治安維護犯罪學（Peacemaking Criminology）、後現代犯罪學（Postmodern Theories）、混沌理論（Chaos Theories）及整合性理論（Meta-theory）等。而整合性理論，即威廉斯教授所稱的關鍵因素的整合（critical-incident meta-theory）。亦即，研究犯罪現象必須瞭解犯罪的原因是多元而複雜的，而必須找到關鍵因素做整體的評估，才能較接近於眞實。至國內犯罪學家許春金教授論我國犯罪學之研究，必須根據本土的現象與素材加以研發，才能如日本的犯罪學發展一般，有本土適用之犯罪學，而不至於變成英美犯罪學之殖民地。其立論在整合本土的犯罪特性而研發本土之犯罪學，其與威廉斯教授實有類似之觀點。[29]至我國在跨國犯罪的研究上大都僅止於犯罪類型、現象與防制措施的論述，[30]對於其原因之分析與歸納則較付之闕如。

　　基於以上之歸納、整理與推論，筆者對跨國犯罪現象提出「市場─守護理論」，其理論當然可包含並解釋跨國的人口販運之犯罪現象。

　　所謂市場，即各國及國際間的市場供需之狀況，亦即國際及各國經濟比較上的相對強弱狀態（包括：該國的國民生產毛額GNP、國民所得，及物價指數等等經濟指標國際間之排行名次先後，及該項犯罪標的之強

---

[29] 許春金（民95：831-866）。
[30] 黃富源等（民95：433-472）。

弱市場需求等等），其即為促使跨國犯罪發生所謂的推進力（push）；不論毒品走私、人口販運、國際洗錢，甚至因為石油爭奪而引起之戰爭與恐怖活動，都深受此市場供需─人類社會最原始生存的動機所左右。當市場與經濟之推力大於守護之拉力（pull）時，跨國犯罪事件就易於發生與壯大。而因為現代化理論，所謂現代化與工業化的速度愈來愈快，故而交通便捷與資訊傳遞愈快，則猶如「地球村」的二十一世紀（world system theory），其市場與經濟之誘因就愈快且愈強，故而跨國性之犯罪也就愈層出不窮。因此，如國際警察主管會議於2004年在加拿大的溫哥華所舉行的年會之結論一般（International Police Executive Symposium, 2004 Annual Meeting, Vancouver），貧窮或許為人口販運的最大元凶。故而，馬克思的衝突犯罪學（conflict theories），或許在此找到了強而有力的實證。而此亦可導引出防治跨國犯罪之策略，實為幫助落後國家進行經濟改革，才為較有效的良方。亦即對犯罪宣戰，也要同時向貧窮宣戰（war on crime and war on poverty）。

　　至於所謂的守護，即為防止跨國犯罪叢生的拉力。其應可包含該國家或地區的社會規範是否解組與失調（social disorganization or anomie）、與國際間的刑事司法互助是否緊密，及政府或刑事司法系統是否貪汙腐敗或效率是否低落等等（如破案率低，則使犯罪者無所忌憚，經其評估後敢於挺身而出，因為經研究發現，犯罪者較不懼於刑期的長短，其均自認為不會被捉，故其較在乎是否會被逮）。故而此守護之機制，即屬於社會因素與法制健全因素，亦即此類社會凝聚力的因素，可以有效的阻卻跨境犯罪。此拉力愈強，亦即民主化愈成熟、政府清廉有效率、社區意識較強，及與國際間的刑事司法互助甚為緊密，則該國之跨國犯罪就較不易於附著與落地生根，守護功能強就不容易製造出引誘犯罪的「機會」來。

　　故而，「市場─守護理論」乃市場與守護功能之間的相對關係。此二功能各有不同的形成因素，可用下述之公式表達之，可用前述之量化或質化的科學驗證方法，來測試理論本身的信度與效度。若用此公式相關之變項的數據，可核算或預測出該國的跨國犯罪是否易於產生，而其原因又發生在哪一個變項之上，因而亦可找出較佳的犯罪防治策略。

$$跨國犯罪之頻率 = \frac{經濟面向方面市場供需之推進力（其變項如前所述）}{社會與法制面向方面的守護之拉力（其變項如前所述）}$$

貳、於我國居、停留之外國人之人權概述

人權是指「一個人作為人所享有或應享有的基本權利」，是人類社會最高形式和最具普遍性的權利。它包括生命權和生存權、政治權和公民權、經濟社會和文化權、民族權與和平權、發展權與環境權等等，這些權利是密不可分的。

現今國際法上要求對待外國人應合乎國際之最低標準，在有關外國人之基本權與法律之平等保護方面，國家應遵守不歧視之原則。亦即，一個有文化的民族至少應如此對待外國人，至於其之原則包含：1.承認每一外國人皆為權利主體；2.外國人所獲得之私法權利，原則上應予尊重；3.應賦予外國人重要之自由權；4.應給予外國人有法律之救濟途徑；5.應保護外國人之生命、自由、財產、名譽免受犯罪之侵犯。[31]而有關居、停留於我國之外國人，其相關的權益規範如下：

一、有關外國人人權之國際條約

與外國人有關之重要人權條約有，1985年聯合國通過《非居住國公民個人人權宣言》、1990年通過2003年7月1日生效的《保護所有移徙工人及其家庭成員權利國際公約》。[32]

二、外國人在憲法上基本權利

「外國人」的意義，通常是相對於「本國人」的概念。在此概念之下，具有法律意義的「外國人」，若以實體與否來論，又分為自然人與法

---

[31] 刁仁國（民89：443-455）。

[32] 李明峻（民95：32-35）。

人。依民法總則施行法第12條第1項規定，經認許之外國法人，於法令限制內與同種類之我國法人，有同一之權利能力，除法令另規定者外，應准許外國法人依程序法及司法主張其權利。筆者認同在基本權利上，外國人與本國人應合理差別待遇，但若以權利性質區分本國人與外國人之基本權利，不應以「是否具有我國國籍」作爲唯一劃分標準，而應該考慮外國人在我國居留時間長短、與國家或國民關係密切外國人之特殊身分。

此外，國家保障外國人應遵守之規範或原則，亦可包含：1.不能低於一般文明標準，而這個標準應是可隨時代潮流變動改善，並且在於一個國家是否願遵守有關人權之國際協定，致力將其國內化；2.合理差別待遇原則，這是基於平等原則中「本質相同，同其處理；本質相異，異其處理」之理念，不排除差別待遇，但是否能更趨近於國際認同之標準而合理且不構成歧視，可作爲一個國家文明化與國際化程度之指標；3.以法律爲依據限制外國人基本權利，此爲基於法治國依法行政中法律保留原則，限制人民基本權利應依據由立法機關所制定之法律爲依據。[33]

第三節　國土安全概念及其整合與運用

壹、911事件影響國土安全概念之形成

911事件造成舉世震驚，促使美國前總統布希亟思改進反恐相關之弱點，並提出更強硬的反恐怖主義措施，在政府組織上立即成立國土安全部爲其內閣中第十五個部會，以綜合性國際安全概念，重組國內公共安全組織機制，整合與運用所有資源，強化政府危機管理與緊急應變能力。該部整併了原有單位的整體或部分功能，包括：海關、交通安全、移民歸化署、海岸巡邏隊、邊境巡邏隊等部門的170,000名的員工，及370億美金之預算，最後經國會追加至400億美金之預算。國土安全部包

---

33 李震山（民100：392-394）。

括五個部門：1.邊境與安全部門（Border and Transportation Security）；2.緊急應變與反應變部門（Emergency Preparedness and Response）；3.科學與技術部門（Science and Technology）；4.情資分析與組織保護部門（Information Analysis and Infrastructure Protection）；5.行政管理部門（Management）。

　　911攻擊事件以前，美國傳統之「國家安全」係偏重於運用軍事、外交、經濟、情報等政策手段以有效防範外來侵略、擴展海外利益與壓制內部顛覆；911攻擊事件後，將國土安全任務著重於保衛本土免遭恐怖襲擊、強化國境與運輸安全、有效緊急防衛及應變、預防生化與核子襲擊、情報蒐集仍由美國聯邦調查局及中央情報局負責，但由國土安全部進行分析與運用。因為國土安全部具有統合協調全國作為，以防範美國國內遭到恐怖攻擊，降低恐怖攻擊之損害，並儘速完成遭受攻擊後的復原。因此，「國土安全」以預防恐怖活動與攻擊為考量，整合聯邦機構，結合各州、地方、民間之力量，以提升情資預警、強化邊境以及交通安全、增強反恐準備、防衛毀滅性恐怖攻擊，維護國家重要基礎建設、緊急應變與因應等方向為主。茲將美國國土安全之主要任務敘述如下：[34]

一、**商定全國努力**（concerted national effort）：聯邦政府維護國土安全的方法是基於共同負責，國會、州及地方政府、私人企業及美國人民成為夥伴關係。國土安全策略適用於全國一體，而非某一個聯邦、地方政府。

二、**預防**（prevention）**恐怖活動**：恐怖活動造成社會動亂、人民生命財產損失，因此，國土安全之策略強調預防、保護及準備，以因應重大性威脅。國土安全與反恐策略所描述之努力作為也將落實於國內外。

三、**避免恐怖分子攻擊**（free from terrorist attacks）：國土安全旨在避免綁架、劫機、槍擊、傳統爆炸，涉及生化、輻射、核子武器或網路攻擊，及其他型態的暴力行為。國土安全策略是將危及人民生命財產安

---

[34] 蔡庭榕（民96：223）。

全及公共利益之非法行為列入預防之優先選項。

四、**減少美國受到傷害**（reduce America's vulnerability）：國土安全是一個有系統的、全方位的、策略性的全國整合的機制，其策略計畫結合政府公部門與私人企業合作，以確保美國受恐怖攻擊之弱點，保護重要的基礎建設及人民生命財產安全，並擴大美國的防衛。

五、**縮小損失**（minimize damage）：國土安全任務必須準備以處理可能產生之未來任何恐怖攻擊或其他災害行為的結果。恐怖攻擊後，警察、消防、醫護人員、公務員以及緊急管理人員，必須努力以赴搶救災民，將災害之損失減少到最低。

六、**復原**（recover）：恐怖攻擊後，必須準備保護及回復機構，以用來支援經濟成長及信心、協助受害者家園重建、幫助受害者及其家屬、治療心理創傷，以迅速方式回復到攻擊前之原點。

貳、美國國土安全情資方面之整合與情資導向的新警政策略

美國的情報體系係依1947年國家安全法而建立。自2001年以來，情報體系由於對911事件未能事先察覺，而受到強烈的批判。全面的組織改革包含改組情報體系、重新調整其傳統優先事項，和要求擴張其調查對象以涵蓋聯邦、州、地方及部落執法、官員之懲治和民營機構。為了建造和維持能夠保護美國國家安全利益且健全的公共建設，在國內的活動場所使用情報資源被破天荒地承認是必要的。[35]

國土安全部依2002年國土安全法（Homeland Security Act, HSA）成為情報體系的新成員，並於2002年11月25日經布希總統簽字生效。另外，司法部緝毒署（DEA）亦於2006年4月成為情報體系的一員，結合現有之十四個情報機構而構成下列的十六個情報體系：空軍情報處（AFI）、陸軍情報處（AI）、中央情報局、海岸防衛隊情報處（CGI）、國防部情報局（DIA）、能源部、國土安全部、國務院（DOS）、財政部

---

[35] Ward, Kiernan & Mabery (2006: 85).

（DOTT）、司法部緝毒署、聯邦調查局、海軍陸戰隊情報處（MCI）、國家勘測局（NGA）、國家勘察局（NRO）、國家安全局（NSA）、海軍情報處（NI）。2004年情報改革及防恐法案於12月17日由總統簽署通過，並創立國家情報總監辦公室（Office of the Director of National Intelligence, ODNI），形成了史無前例的情報系統與權責的整合，其主任由總統提名並經國會同意任命，並統轄各情治系統且成為總統及立法與行政部門領導人之主要情報諮詢顧問。[36]至於其詳細之情報體系與相關運作，可參酌本書第五章之論述。

更有甚者，美國國內之警政策略亦隨之演變成如何從聯邦、各州及地方警察機構整合、聯繫，以便能以此新衍生之新策略，能更有效地維護國內之治安。進而，又如何在此種建立溝通、聯繫的平臺之上，將過去所謂的資訊或資料更進一步發展出有用之情報資訊，以便能制敵機先，建立預警機先之治安策略，此即謂為情資導向的新警政策略。[37]

參、美國國土安全之移民相關執法之概述

移民及海關執法局（U.S. Immigration and Customs Enforcement, ICE）和海關與國境保護局（U.S. Customs and Border Protection, CBP）主要是負責管理美國運輸及國境的安全管理，亦是在國土安全部之下最重要新的國境安全管理之機關。

移民及海關執法局是美國國土安全部最大的調查部門，負責發現並處理國家邊境、經濟、運輸和基礎建設安全的弱點，該局有1,500名人員，負責依據移民及海關法保護特定聯邦機構；移民及海關執法局局長（assistant secretary）負責向國土安全部副部長報告有關國境以及運輸的安全。

海關與國境保護局負責遏止恐怖分子及他們的武器進入美國，另外也

---

[36] Ward, Kiernan & Mabery, op.cit. (2006: 86-88).

[37] Oliver (2007: 163-169).

負責遏止非法移民、違禁毒品和其他走私、保護美國農業和經濟利益免於受到害蟲及疾病危害、保護美國的智慧財產不被竊取、控制並促進國際貿易、課進口稅、執行美國貿易法等。

而在國境安檢與證照查驗方面，亦有甚多新的機制與相關之流程與軟、硬體的研發與創新，以求其安全檢查之周延及檢查品質與效率的提升。其中例如，旅行者快速檢查安全電子網路系統（Secure Electronic Network for Traveler's Rapid Inspection, SENTRI），其乃海關國境保護局所執行的一項計畫，目的是為了要提升通過美國南端國境的個人以及交通工具，被檢查時的速度和正確性。旅行者快速檢查安全電子網路，是在加速低風險檢查時，使通過邊境者在入口港處即可被快速有效地登入姓名。這個系統可檢驗出國境安全有低風險的旅行者，其乃透過大量的紀錄驗證，以及申請者交通工具每次進入美國的時間，來確認其為低風險之通關者或車輛。旅行者快速檢查安全電子網路系統，乃使用先進的自動車輛識別科技（Automatic Vehicle Identification, AVI），以符合嚴謹的邊境安全執法之需求，同時也提供了更有效率的交通管制措施，減少了交通擁擠。[38]

又例如，美加快速通關卡（NEXUS），其亦如同SENTRI一般是個選擇性的國境安全審查程序與系統。這個程式針對來往於美加之間，且得到預先批准的低風險旅客，其目的乃在減少或者消除其因通關而延滯之時間。旅客可向美國海關與邊境保護局或加拿大邊境服務局（Canada Border Services Agency）提出申請。申請時，他們必須以其美加公民身分作為擔保，提出居留證明和財力證明或僱用證明。而後，其車輛再經檢查後，美國海關及邊境保護局或加拿大邊境服務局之人員將會進一步審查，並發給一張美加快速通關卡。一張經審查的美加快速通關卡允許旅客利用NEXUS通道通關，並可免除一般通關者須歷經之全套檢查及詢問流程。

然而美國邇來新推出之全球入境方案（Global Entry），乃是美國海

---

[38] Ward, Kiernan & Mabery, op.cit. (2006: 171-172).

關和邊境保護局的入境方案，其允許預先核准的低風險之旅客，在抵達美國時快速通關。雖然其立意乃是爲頻繁的國際旅行者提供快速查驗之服務，然而卻沒有最低旅行次數才能申請此服務之限制規定。參與者可在美國機場通過使用自動化的查驗臺進入美國。旅行者必須預先批准，成爲全球入境方案之旅客。所有申請者必須接受嚴格的背景檢查與面試，才能取得本方案之方式入境美國。雖然全球入境方案的目標是通過這一自動入境查驗程序，加速度通關之速度，但是該旅客仍可能選擇做進一步之人工查驗。任何違反其規定將導致撤銷其自動查驗之特許。

截至2017年10月止，美國之全球入境方案在五十四個美國機場和十五個外國的「前站查驗」之國際機場（preclearance locations，包括2017年加入的臺灣在內）提供便捷之服務。超過180萬人登記成爲美國全球入境方案會員，每個月大約有50,000名新的申請者。[39]美國海關和邊境保護局宣稱，全球之入境方案已經進入一個新的里程碑。亦即截至今日，其已申請並登記完成200萬名的會員，該等會員還具備資格參加美國運輸安全管理署之加速入境查驗之方案（Transportation Security Administration, TSAPre✓）。[40]而如果將Global Entry、NEXUS、SENTRI以及FAST等美國海關和邊境保護局信任的旅客之快速通關一起計算（CBP's Trusted Traveler Programs），則其會員至2016年已超過500萬個經申請通過的會員。[41]另外，至2019年美國海關和邊境保護局已擴大自動化護照查驗（Automated Passport Control, APC）到四十三個入境地點。[42]該局亦於2014年8月推出首個經授權的應用程式—「移動式手機護照」（Mobile Passport Control, MPC），於亞特蘭大國際機場，以加快旅客進入美國。Android和iPhone的使用者，可以從谷歌（Google Play Store）和蘋果

---

[39] Wikipedia, Global Entry.

[40] U.S. Customs and Border Protection, Global Entry.

[41] U.S. Customs and Border Protection, CBP's Trusted Traveler Programs Reach New Milestone with 5 Million Members Enrolled.

[42] U.S. Customs and Border Protection, Automated Passport Control (APC).

（Apple App Store）的網路商店免費下載該應用程式。該方案亦已被擴大到邁阿密國際機場。上述之APC和MPC不需要預先之批准與申請，可自由使用並且不蒐集旅行的任何最新資訊。其結果是，旅行者體驗到更短的等待時間，減少擁堵和更快的入境處理時效。這些應用程式可以使海關和邊境保護局之官員，減少對例行性查驗工作的時間耗費，而能有更多的時間與精力於執法工作之上，因而導致了安全性的增強，並且能簡化了查驗的過程。隨著上述信任的旅行者程式之運用，APC和MPC證照查驗的平均等待時間，在美國的前十大機場的均下降13%的等待時間。這些創新已經不限於空港之入境查驗，對於乘汽車至美國入境之旅行者，美國海關和邊境保護局宣布，自2014年12月起，向前述之谷歌和蘋果的網路商店，開放邊境等待時間app的使用。該應用程式為跨境旅行者提供估計的等待時間，並播放陸路出入境口岸的行車狀態。入境之遊客可以找到最接近的三個入境口岸，然後選擇最佳的入境口岸與路線。如此之發展，不但能事前篩選信任的旅行常客，降低安全威脅的可能性，而且能給國際旅行常客提供便捷快速的服務，所以亦能間接的促進經濟與旅遊業之發展。

肆、運用資訊統計管理之跨境安全管理新機制

1990年代，以CompStat（Computerized Statistics）與CitiStat（City Statistics）的資訊統計之管理與分析系統為基礎之管理技術，分別由紐約市與巴爾的摩市引進，此後被其他許多城市仿效。此種管理技術的目標是改善政府機關的執行績效，及增加全體同仁之決策參與及分層之授權與責任，更重要的是其具有跨域安全管理思維及運用。

CompStat乃是「Computer Comparison Statistics or Computerized Statistics」 電腦統計比較之縮寫，其乃一個讓警方可以用來即時追蹤犯罪的系統。包含了犯罪資訊、受害者、時間與發生地點，另外還有更詳盡的資料讓警方分析犯罪模式。電腦自動產生的地圖會列出目前全市發生犯罪的地方，藉由高科技「斑點圖法」（Pin-mapping）之方法，警方可以快速地找到犯罪率高的地區，然後策略性地分派資源打擊犯罪。雖然全國其

他警察部門也使用電腦打擊犯罪，但紐約市警方更進一步地用在犯罪防制之策略上。在發展CompStat時，紐約市警局將全市一百二十三個轄區的主管聚集在一起，藉由此方法破除了巡佐、警探與鑑識專家傳統上的隔閡。以往的各自為政，已不復存在，現在每週都舉行會議。以輻射狀的方式檢視電腦資料，嚇阻某些地方的犯罪事件。在這些會議中，地方主管會拿著可靠的報表進一步地提出規劃，藉以矯正特定的狀況。另外一個CompStat重要的步驟就是持續的評估（assessment），最後建立一個警察社群，邀請地方老師、居民、企業負責人一起會議協助打擊犯罪。[43]本書於第三章中亦有引述，今僅略述其策略如下：

一、紐約市警察局之資訊統計之管理系統

在一開始，資訊統計之管理系統之會議與技術只是一種管理工具，是徹底的一種革命性的管理思維。資訊統計之管理系統是一個革命性的警政管理方法，因為它涉入警政基層管理思維。資訊統計之管理系統之會議讓高階主管可以實際監控局內的各項活動，而且它還提供一種機制讓主管可以持續地評估結果並進行微調，以確保持續的成功，而且一些重要的訊息可以巧妙而且顯著地被傳遞與加強。同時，資訊統計之管理系統之會議有支援單位的指揮官、檢察官、司法機構加入，這讓資訊得以廣泛地傳播。雖然這些與會人員不見得要進行報告，然而他們的出席讓我們可以立即地發展整合性的治安之計畫與策略。

至於資訊統計之管理系統之程序，則包含下列四個步驟：1.正確適時的情報（accurate and timely intelligence）；2.有效的戰術（effective tactics）；3.人員及資源的快速部署（rapid deployment of personnel and resources）；以及4.持續的追蹤和評估（relentless follow-up and assessment）。紐約市警察局之資訊統計管理系統制度，即於1994年時任警察局長William Bratton的帶領下，發展成犯罪追蹤和責任管理的系統。

---

[43] Worcester Regional Research Bureau (2003).

而兩週一次的犯罪策略會議，則以腦力激盪之方式評估及研討資料的**趨勢**與因應作為。而更使分局長與會時，對問題疏於準備或不當回應必須負責。至其犯罪策略會議包括：CompStat簡報會前會、分局管理小組會議、局內菁英成員領導的策略評估計畫、每週警察局長對市長的簡報等。

　　紐約市警察局分成一百二十三個分局、九個警察服務區及三十四個地鐵區域（transit districts），計一百六十六個分區。每分區每週彙編各種犯罪資料和執行績效類別後，連同重要案件的書面檢討、警察運作和其他有關的資料，傳送到資訊統計之管理系統之單位，並進而彙編分析各分局的資料。其中，則包含15位統計專家分析資料，及10位助理蒐集統計數據。此外，每個分局有3位到5位助理蒐集資料。該局於1994年測量七個治安評量指標，2003年則已擴大發展至七百個治安之評量指標。該管理系統允許各級主管對資料中任何型態或異常的問題，以及可供參酌的解決方案做出回應。並且提供一個資訊分享及討論的平臺（forum），便於該分局降低犯罪的努力及執行績效的管理。紐約市警察局則更藉由邀請地區檢察官、教育部門的學校安全委員會及資訊管理系統部門等參與會議，以擴展資訊統計之管理系統之成果。然而，其成果如下所示：

　　（一）使用資訊統計之管理系統的前6年（1988-1994）：暴力犯罪率下降15.9%，財產犯罪率下降29.1%；

　　（二）實施資訊統計之管理系統後6年（1994-2000）：暴力犯罪率下降至47.6%，財產犯罪率下降48.8%。

　　資訊統計之管理系統，就像是紐約市前市長朱立安尼先生管理整個市政府一樣，市長掌握了警政高層主管所有的活動，就如同這些主管掌握他們的指揮官一樣。基本上，每一週警政高階主管都必須要向市長報告績效，就管理上的思維來說，這是一個自然集合組織創意的方式，資訊統計之管理系統可以適用在廣大的群眾或是個人身上。這個思維成功地被採納，例如，紐約市立監獄的管理，巴爾的摩市也用了CompStat思維創造了

一個系統名為「CitiStat」用來管理市政。[44]

二、巴爾的摩市的市政資訊統計管理方案

美國巴爾的摩市於2000年在該市市政府的警察、消防、住宅等市政單位援引CitiStat的資訊統計管理程序，兩週召開一次各該機關的資訊統計管理會議，並且加強跨機關資訊與資源的整合。

在其自創之市政資訊統計管理方案中，創立311的市政服務的電話中心，類似緊急治安事件的911報案中心，及411的查詢服務臺一般。此311的市政服務的電話中心乃在提供市民非緊急性的服務，以免於背誦如此多的市府機關電話，來要求各種類之服務。經此中心接受市民申請服務後，則運用民眾服務的管理系統之資料庫（Customer Request Management, CRM database）來追蹤及安排服務之機關。而此管理作為並已經於達拉斯市、休士頓市、芝加哥市、聖荷西市及紐約州等都市推展之中，其結果相當快速、節省人力及經費，且有成效。因此，在移民管理與跨境安全管理等策略上，亦可運用此種資訊管理之新流程與模式，來研發、革新與設置我國移民與國境管理之新機制。

伍、美國國境保護與執法與國土安全之經驗

觀諸美國國境保護的保護措施有下列數個目標：1.國境保護為美國首要目標之一；2.國土安全部負責國境保護，其相關機關有CBP、ICE和海岸巡防隊；3.運輸安全署負責美國機場的保護，其人員經由聯邦執法訓練中心（FLETC）訓練保護國境之技能；4.許多國土安全部成員具有司法警察權；5.美國有好幾個具脆弱性的邊境區域，如北方和南方長而為設防的邊境，還有許多海港需要被保護。例如，美國海岸巡防隊巡防美國海岸及五大湖區。然而，對於國土安全與國境保護之平衡點，卻有下列進退兩難之爭點與待解決之窘境，今引述其二者之爭議點，以供研究者參酌如

---

[44] Baltimore, Mayor's Office of Sustainable Solution-CitiStat.

下：

一、國土安全部的政策之爭點[45]

（一）國土安全部的任務過於廣大，須借助中情局或調查局的情報協助，以及建立科技去保護美國國境，如以生物特徵、身分辨識護照等科技。

（二）911委員會認為，911之發生在於美國官僚體系無法有效監控外國人進入美國，故其建議成立專責單位，亦即創立國土安全部，並採取生物辨識等科技方式去監控之。

（三）批評者認為，國土安全部雖然成立並整併許多單位，但是其內部小單位之官僚體系仍維持一貫作風，並無因為組織之大幅改制而改變。

（四）某些國土安全政策並不被其他國家支持。例如，美國要求實施指紋和照相存取外國訪客紀錄，但同時亦免除了美國同盟國旅客此項要求，導致巴西等國之不悅，因而反制美國。

（五）地方政府雖被要求一同保護國境，但某些地方政府依賴當地外國人的合作及信任以提供治安情報，以及教育體系或醫療體系將被打亂，導致地方政府也不悅中央之政策。

二、移民之爭點

（一）另一個爭議議題乃移民政策，只有少數人認為要完全阻隔移民；多數人認為只要阻絕對美國有敵意之移民或非法移民；但亦有人認為美國乃移民立國，移民對國土安全的保護受到太大的批評且被嚴重化了。

（二）國境安全牽涉到了合法及非法移民，這些安全威脅包括恐怖主義和其他犯罪活動，Diminyatz總結主要的國境安全威脅有：

---

45 White (2012: 515-517).

1.恐怖主義和大規模毀滅性武器；2.毒品走私；3.人口販運；
4.傳染疾病。

（三）然而現今保護美國國境的單位過廣及過多，無法一次應付上述
問題，故其建議由美國軍方介入保護美國邊境，直到警力有能
力去保護國境為止。

（四）聯邦政府尋求地方執法單位一同打擊非法移民，但地方政府有
時並不太願意配合。其乃因為治安之維護重點在於情資，犯罪
調查和治安維護亦缺此情資不可，故而其又為達成成功警政之
必要關鍵。然而移民社群，無論合法或非法，乃提供甚多情資
給地方警察的重要來源，故而成為維護社區治安和調查犯罪之
重要環節，以至於地方警察在配合聯邦政府取締非法移民時有
所顧忌。

因此，美國政府為了強化國境安全，其國會議員想出一些解決之方案
與辦法如下：[46]1.引進「國民身分證件」（national identification cards）；
2.立法規範那些從對美國不友善的國家來之難民；3.訂立特別法來規範那
些雖屬合法移民，但對國家產生威脅者；4.不要驅逐非法移民；5.提升執
法機關的法定機關層級。然而，有些論者認為這樣會造成政府濫用權力。

Janice Kephart，911調查委員會的成員之一，她認為國境安全的漏洞
在於執法的懈怠。調查委員會之研究指出，有三分之二的恐怖分子在發動
恐怖攻擊前，都曾違犯刑事法律。Sebastian Mallaby，華盛頓郵報的專欄
作家，她認為非法移民並非國土安全的重心。非法外籍勞工犯罪件數要比
本國人來得少，且沒有證據指出他們與回教有關聯，是故國土安全與移民
改革的關係不大。她認為安全工作應該要著重在兩方面：一是針對那些易
遭攻擊的目標；另一是針對那些會造成大規模死傷的目標。總之，有些論
者認為，非法移民不是個大問題；然而反對論者卻認為，合法移民確實是
個社會問題，更何況是非法之移民，更足以影響社會之安全與經濟之發

---

[46] White (2012:518-520).

展。故而美國聯邦執法機關，誠然遭遇到進退兩難的窘境，因為其不可迴避的，同時扮演著維護國境安全與移民管理機關的角色，而必須在國土安全與移民政策發展上取得平衡，與儘量達到雙贏之境地。

然而，如本書第一章之所述，當時序進入2017年，「美國優先」乃是川普在總統競選期間的主要和最重要的主題，其並提倡民族主義、不干涉主義立場。在其當選成為總統後，「美國優先」已成為其政府的官方外交政策原則。在此種民族主義與不干涉主義的影響之下，川普在2017年就職之後，一連串的移民禁令直指向恐怖主義經常發生的國家。[47]至2019年美國川普總統，則更進一步決定在美墨邊境高築現代化的萬里圍牆，以嚇阻南方中南美洲移民突破邊境進入美國境內居留與打工。這項政策效益如何，頗值得關注與長期追蹤。然而，川普這項執意而為的舉動，將使早已緊繃的總統與國會抗衡、共和與民主兩黨之間的政黨對立更形嚴重。[48]因此，此種國境執法之強硬作為，可能並非最為適宜之策略。

第四節　情資分享系統之發展與其在國境執法上之運用概述

情資分享系統（Information Sharing System）乃美國國土安全警政時期（Homeland Security Policing）發展其主軸之策略，亦即情資導向警政之主要要件之一。因此，在我國之國境執法之技術、方法與效益之提升方面，確實有仿效與援引、研發之價值，因此引述其重要之原則與方法如後。

---

[47] Wikipedia, Non-interventionism.

[48] 邱智淵，新頭殼newtalk，〈川普建萬里長城鞏固連任之途〉，108.2.16發布。

壹、情資分享系統發展概述

　　國際警察首長協會有鑑於跨國、跨州犯罪之嚴峻，及美國治安相關機構情資系統之零散，故遂於2000年提出整合美國聯邦、州及地方之刑事司法機構，以及相關之非刑事司法之次要機構之情資，以便創造出一個更為有效的資料庫可資運用。而如何促成此一新系統之策略與作為之運行，則有下列十一個程序可資參考或運用：[49]

一、**召集主要情資相關機構之主管**：召集主要情資相關機構之負責人，開會研商情資整合與分享平臺的建置程序與方式，以便達成共識而有其推展之可行性。

二、**創立此情資整合與分享平臺之管理機制或組織**：成立一個新的管理組織，以便管理、監督此新機制的運作程序與發揮其合作之效率。

三、**建立一套上述新情資管理組織的決策程序**：包含計畫、方案之訂定與執行等。

四、**訂定目標**：各參與之組織必須訂定一個共同協商後之情資管理之共同任務與目標，以便達成情資分享之效益。

五、**建立本合作之範疇**：此範疇之訂立，能滿足各參與單位，現在與未來之需求，並且能合理地給予情資上適時之援助。

六、**完成情資需求的評估**：根據目標與範疇，完成評估機構內或機關間情資之需求到底為何。

七、**建置資訊處理系統**：與資訊之專家顧問研商情資整合系統所需之處理軟硬體，以滿足各參與機構之需要，並達到預期之目標。

八、**籌備經費與基金**：評估所需費用並找到適當管道，籌備所需之費用與基金以便順利的運作。

九、**執行與運作本系統**：與資訊系統專家研商，使各參與機構能順利的與本系統接軌並能運用之；不論是執行系統升級或更改各機構原系統之功能或運作之程序，以便使新的情資分享整合系統能啟動並發揮效

---

[49] IACP-An Information Integration Planning Model, April, 2000.

果。

十、通報並教育各機構使用本系統：通報並教育各參與機構之相關人員瞭解本系統之功能與程序，及可能產生之成果與影響，進而正確有效的使用本系統。

十一、評估與維持本系統：不斷評估以便透過修正而滿足新的需求，並瞭解其成效與正反兩面之影響，以便維繫此系統持續與正常的運作。

本系統之管理組織，必須僱用有此評估背景之專家，來執行此一關鍵性的工作。其評估之內容可包括：本計畫之管理評估、程序之評估、經費取得策略、基礎技術之設計、各機構之相互關係與協商之狀況、隱私權的考量與設定、系統安全之評估，以及情資是否恰當使用之評估等事項。

因此，如圖7-1所示，該實證研究即汲取加州、科羅拉多、路易斯安那、密西根及北卡羅萊納等五個州成功之經驗，而嘗試建立此一全國各個地區性之情資分享系統。該研究並進一步建議，此系統主要的情資整合機構，則以箭頭之線條表示之，可包含聯邦及各州之司法系統，此項目可包括：1.聯邦調查局的犯罪資料中心（National Crime Information Center, NCIC）；2.全國司法案件報案系統（National Incident-Based Reporting System, NIBRS）；3.指紋自動辨識系統（Automated Fingerprint Identification Systems, AFIS）；4.機動車監理部門（Department of Motor Vehicle, DMV）；以及5.某些州已建置之刑事司法情資系統（Criminal Justice Information System, CJIS）等等資料。或者，亦可包括各州或地方警察機關的電腦輔助之報案與派遣之系統或911的報案資料（Computer Aided Dispatch System, CAD）、警察機構通緝、交通罰單，以及各個地區之教育與市政等之資料庫。至於非刑事司法之次要機構之情資，則如圖7-1之三個圓圈之線條表示，其可包含：地方檢察署、法院系統、地區警政機構、緩刑與假釋管理機構，以及郡的監所矯治機構等之資訊。

又如圖7-2所示，國際警察首長協會建議美國整合刑事司法情資之系統，則亦可包括下列五個努力的大方向，可供各國之參酌：

一、政府機關間的情資整合（intergovernmental）：設定各級政府組織情

資整合之標準作業程序與資料存取、系統規劃之方法，以便於能相互支援與運用，而降低機關間情資運用的界限與藩籬。

二、**跨轄區的情資合作**（multi-jurisdictional）：在同一層級之政府機構中，促進其不同管轄區間之共同合作與情資分享。

三、**創造一個情資共享的平臺之系統**（systemic）：以往之情資分享都必須進入別單位之系統之中去查詢，不但程序較繁複且時間亦容易受延誤，故應創造一個情資共享之雙向溝通新合作之系統。

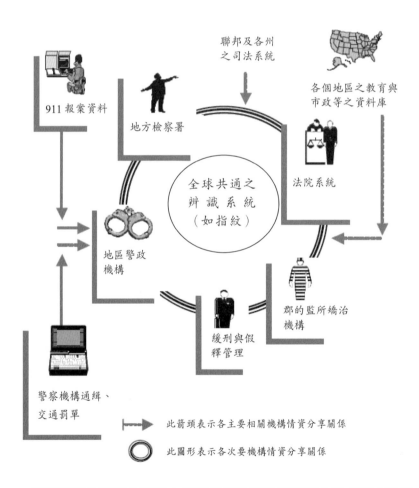

圖7-1　國際警察首長協會建議之美國各個地區性情資整合與分享之系統

四、**情資整合與運用時之程序規範**（procedural）：程序之整合往往為情資整合事前必備之條件。因為有關情資之安全性、隱密性與避免濫用之程序保障，必須以協定，甚至透過相關之法制加以規範。

五、**技術上之注意事項**（technological）：各機關間情資整合之系統技術，很難要求到一定的水平，而便於互相支援與運作，故必須在系統技術上，加以研發與克服。另外，在此多元的新情資系統運用中，如何在技術上強化其隱密與安全性，亦是另一個重要的挑戰與課題。[50]

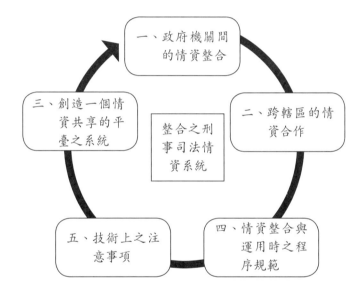

圖7-2　國際警察首長協會建議美國情資整合與分享系統之五個面向

資料來源：本圖由筆者依原作者之論述自行製作之。

　　然而，根據美國自2001年911恐怖分子攻擊紐約州的雙子星摩天大樓之後的處置經驗得知，美國國內之警政策略經此事件後即演變成應如何從聯邦、各州及地方警察機構整合、聯繫著手改革，以便能以此新衍生之新策略，能更有效地維護國內之治安及國土之安全。進而，又如何在此種建

---

50 IACP An Information Integration Planning Model April 2000.

立溝通、聯繫的平臺之上，將過去所謂的資訊或資料更進一步發展出有用
之情報資訊，以便能建立預警機先之治安策略，此即謂為情資導向的新警
政策略。[51]

　　美國司法部於2001年911之後更深入檢討情報在反恐策略上之重要
性，故曾於2003年亦提出一個更為周延的全國性之情資分享之計畫，如圖
7-3所示。故其情資分享之計畫，亦沿襲前述國際警察首長協會建議美國
情資整合與分享系統之原則與精神，並規劃分成：1.情資整合之規劃與發
展方向；2.情資蒐集之管道與方法；3.情資之輸入與聯繫協調；4.情資之
分析機制；5.情資之傳輸與分享機制；以及6.系統之評估與再造等建置發
展之階段與程序。[52]

　　至於我國於跨國犯罪、人口販運等國境執法案件的偵辦上，如何與國
外執法機關合作方式，可略分類歸納如下：1.於該國已設置駐外執法相關
之聯絡幹員之國家，由各聯絡人員循駐在國當地官方管道辦理刑事司法合
作事宜；2.其餘未設置執法相關之聯絡人員之國家，則利用雙邊或多邊較
非正式或非官方的合作關係進行協調聯繫、情報交換及共同偵辦案件，目
前以此模式偵查跨國案件的成效良好，惟部分國家礙於政治因素，無法即
時或不敢直接與我國進行情資交換，加上我國與大多數國家皆未簽署刑事
司法互助協定，對於打擊跨國犯罪或人口販運等案件，造成一定程度的影
響。然而，除了簽署正式的刑事司法互助之外，如若能先從區域間或國際
間對於特定之共同關注議題，例如人口販運等案件建立情資分享之機制與
平臺，則或可較益於推展人口販運等案件的防制，並能夠達到雙贏的治安
目的。

---

[51] Oliver (2007:163-169).

[52] United States Department of Justice, the National Criminal Intelligence Sharing Plan, October
2003.

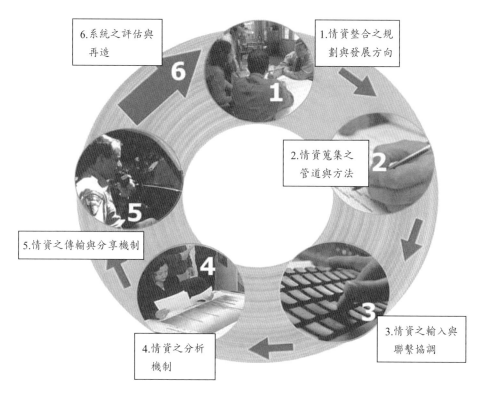

圖7-3　情資分享系統之流程

貳、情資分享系統在國境執法上之運用概述

　　然而筆者認為，如前所述之國際警察首長協會即曾於2000年4月，發表一篇美國治安體系，情報資源整合的實證研究報告，對於國際間或區域間在防制人口販運與司法互助之未來發展上，應甚有參考之價值。[53]該情報資源整合的實證研究建議，將美國之警政、檢察處、法院、監所、公民營矯治機構等單位之情資及犯罪紀錄，加以分級、定位、歸納、整理，並設計連線之使用軟體與使用規範。故其已自成一對抗犯罪之資料庫，並更

---

[53] IACP-An Information Integration Planning Model, April, 2000.

進一步訂定嚴謹之使用規則，且汲取加州、科羅拉多、路易斯安那、密西根及北卡羅萊納等五州成功之經驗，而嘗試建立此一全國性之情資分享系統。故而，國際間在對抗人口販運的作為方面，因為各國之公私部門處理人口販運之相關單位甚多，且各自有其情資或資料系統，造成無法有效整合與運用的窘境。故亦似乎宜在情資品質之有效掌握與運用，及科技的巧妙結合上更加著力，以便能更有效率的防制國際間人口販運的氾濫。而此種資訊分享的機制平臺之建置與具體之步驟，甚值得國際間防制人口販運問題時之借鏡，以及其犯罪情資程序設定時之參考。

因此全球各國對於人口移動相關之犯罪組織、類型、活動方式等之國境執法，宜由各國相關之治安單位，就情資之整合與運用研發、設計出共同應用之軟體，與實際運作的機制，俾對犯罪組織之掌控能更有效率。

然其具體可行之作為與步驟，或可依照筆者下列之建議，來逐步漸進的推展與施行之：

一、召集各國主要國境執法或刑事司法相關機構之主管或負責人，開會研商國境執法整合與分享之平臺，及各國均可接受國境執法與司法互助之範疇、程序與方式，以便達成共識而具備有推展國境執法合作之可行性。

二、創立國際間或地區間國境執法整合平臺之管理機制或組織；尋找一個恰當之地點，成立一個新的國境執法合作之管理組織，由各國派員共同的管理、監督此新機制的運作程序與發揮其合作之效率。亦可呼籲由國際刑警組織出面主導（International Criminal Police Organization, INTERPOL or ICPO），在其原來指定的對口之各國中央局（Central Bureau），全力配合此新的國境執法合作之管理組織之運作。

三、建置國際間或地區間有關人口販運犯罪防制之情資整合的資訊處理系統：透過與私人企業之簽約或僱用資訊之專家與顧問，研商各國國境執法相關之情資整合系統所需之處理軟、硬體，以滿足各國參與之國境執法機構的需要，並達到預期之目標。

四、通報並教育各國參與之國境執法機構使用本系統：通報並教育參與之國境執法機構之相關人員，瞭解本系統之功能與程序，及可能產生之

成果與影響，進而正確有效的提供情資，並更新人口販運之資訊，以便順暢的使用本系統。

五、評估與維持本系統：不斷評估以便透過修正而滿足新的人口販運跨國犯罪防制之需求，並瞭解其成效與正、反兩面之影響，以便維繫此系統持續與正常的運作。

第五節　我國對移民與涉外執法相關問題處理之基本方式概述

壹、邊境的安全檢查方面

基於國家安全之防衛、國家主權之彰顯、社會秩序之維護，以及人民法益之保障等，為我國國境安全檢查之法理基礎；至其法律性質與處理基本原則，概述之如下：

一、僅發生事實效果之檢查行為：警察機關依據「國家安全法」實施之安全檢查，此種檢查行為，如指導行為，屬於典型之事實行為。如檢查人員對進出航站或碼頭等管制區之人，引導其接受金屬探測門或X光儀器檢測之作為，或其非隨身行李經由輸送帶接受X光儀器檢測。

二、具行政處分性質之檢查行為：此類檢查行為，或以罰則間接擔保其檢查生效，或直接以實力強制檢查，兩者皆屬強制檢查，乃發生權利義務得喪失或變更之法律效果，具有行政處分之性質。

三、至於檢查人員對受檢人之人身檢查，及其隨身攜帶行李的開啟檢查，此等檢查之法律性質，則有下列二說：（一）檢查人員經受檢查者同意或協力的人身檢查，開啟包裹、行李袋檢查，若受檢者不自動受檢，即無法入出國。此檢查行為需受檢者同意方得實施，似具有任意性，然受檢者不受檢則無法入出國，其任意性背後存有強制性，故為公權力措施；（二）一開始對受檢者之檢查只是事實行為，若受檢者

不自動受檢,即無法入出國,其是否入出國乃當事人之自主性所可決定。若檢查時發現危害物品,則轉化為行政處分,給予裁罰。

貳、國境線上得禁止外國人入國之規定與原則方面

至於外國人於國境線上,得禁止其入國之規定與原則,可依據入出國及移民法第18條之規定處置;亦即外國人有下列情形之一者,入出國及移民署得禁止其入國:1.未帶護照或拒不繳驗;2.持用不法取得、偽造、變造之護照或簽證;3.冒用護照或持用冒領之護照;4.護照失效、應經簽證而未簽證或簽證失效;5.申請來我國之目的作虛偽之陳述或隱瞞重要事實;6.攜帶違禁物;7.在我國或外國有犯罪紀錄;8.患有足以妨害公共衛生或社會安寧之傳染病、精神疾病或其他疾病;9.有事實足認其在我國境內無力維持生活。但依親及已有擔保之情形,不在此限;10.持停留簽證而無回程或次一目的地之機票、船票,或未辦妥次一目的地之入國簽證;11.曾經被拒絕入國、限令出國或驅逐出國;12.曾經逾期停留、居留或非法工作;13.有危害我國利益、公共安全或公共秩序之虞;14.有妨害善良風俗之行為;15.有從事恐怖活動之虞。

外國政府以前項各款以外之理由,禁止我國國民進入該國者,入出國及移民署經報請主管機關會商外交部後,得以同一理由,禁止該國國民入國。

各該條款規定事由之意涵可歸納為:1.禁止無正當身分及資格者入國,以維護國家與社會之安全與安寧;2.可能對我國造成具體危害者之防制;3.有無法如期出國者之顧慮者之阻卻;4.其他有害我國利益者之防止等。

參、入境後得強制驅逐其出國之處置方面

依據入出國移民法第36條之規定,外國人有下列情形之一者,移民署應強制驅逐出國:1.違反第4條第1項規定,未經查驗入國;2.違反第19條第1項規定,未經許可臨時入國。至於上述第4條第1項規定乃為,入出

國者應經移民署查驗；未經查驗者，不得入出國；因此若有此未經查驗之情況發生時，則應強制驅逐其出國。又第19條第1項規定乃為，搭乘航空器、船舶或其他運輸工具之外國人，有下列情形之一者，移民署依機、船長、運輸業者、執行救護任務機關或施救之機、船長之申請，得許可其臨時入國：1.轉乘航空器、船舶或其他運輸工具；2.疾病、避難或其他特殊事故；3.意外迫降、緊急入港、遇難或災變；4.其他正當理由。但是，有上述之特殊情況，然若未經許可臨時入國者，依據前述之第36條第1項第2款之規定，則必須強制驅逐其出國。

另外，又依據該第36條第2項之規定，外國人有下列情形之一者，移民署得強制驅逐出國，或限令其於10日內出國，逾限令出國期限仍未出國，移民署得強制驅逐出國：1.入國後，發現有第18條第1項及第2項禁止入國情形之一；2.違反依第19條第2項所定辦法中有關應備文件、證件、停留期間、地區之管理規定；3.違反第20條第2項規定，擅離過夜住宿之處所；4.違反第29條規定，從事與許可停留、居留原因不符之活動或工作；5.違反移民署依第30條所定限制住居所、活動或課以應行遵守之事項；6.違反第31條第1項規定，於停留或居留期限屆滿前，未申請停留、居留延期。但有第31條第3項情形者，不在此限；7.有第31條第4項規定情形，居留原因消失，經廢止居留許可，並註銷外僑居留證；8.有第32條第1款至第3款規定情形，經撤銷或廢止居留許可，並註銷外僑居留證；9.有第33條第1款至第3款規定情形，經撤銷或廢止永久居留許可，並註銷外僑永久居留證。

又上述第36條第3項之規定，移民署於知悉前二項外國人涉有刑事案件已進入司法程序者，於強制驅逐出國10日前，應通知司法機關。該等外國人除經依法羈押、拘提、管收或限制出國者外，移民署得強制驅逐出國或限令出國。

第36條第4項又規定，入出國及移民署依規定強制驅逐外國人出國前，應給予當事人陳述意見之機會；強制驅逐已取得居留或永久居留許可之外國人出國前，並應召開審查會。但當事人有下列情形之一者，得不經審查會審查，逕行強制驅逐出國：1.以書面聲明放棄陳述意見或自願出

國；2.經法院於裁判時併宣告驅逐出境確定；3.依其他法律規定應限令出國；4.有危害我國利益、公共安全或從事恐怖活動之虞，且情況急迫應即時處分。

　　而關於審查會之規範，其乃由主管機關，即為移民署，遴聘有關機關代表、社會公正人士及學者專家共同組成，其中單一性別不得少於三分之一，且社會公正人士及學者專家之人數不得少於二分之一。

　　因此，外國人已取得居留、永久居留許可，而有違反移民相關法規時，入出國及移民署於強制驅逐其出國前應召開審查會，並給予當事人陳述意見之機會。前項審查會之組成、審查要件、程序等事宜，由主管機關定之。至其規範原因與目的，從法條及立法意旨以觀，即為重視當事人之權益而給予陳述意見之機會；然從審查會之程序設計以觀，即為求公允、透明，並顯示出我國對於國際人權之重視與彰顯。目前移民署均有依照此法律之規範，定期的舉行強制驅逐出國會議，並有籌組審查委員會，邀請學者、專家公正、公平的審查此類之強制驅逐出國之案件，當事人亦可出席為自己提出說明。

肆、合法入境後之移民輔導方面

　　至於我國在移民輔導方面之政策與努力，亦有一定之著力。此乃因交通工具的進步，各國間交流愈趨頻繁，移民也成為主要交流的方式之一。世界人權宣言認為移民為人類之基本權利，同時我國憲法第10條也明文規定，人民有居住遷徙的自由。故在移民事務的發展上，國家應有充分之法規範以保護人民權益，並適時提供關於移民諮詢之服務。以下就我國在入出國及移民法有關移民輔導之規定和目前實務做法，分別概述之如下：

一、入出國及移民法關於移民輔導的規定

（一）第51條政府機關對移民提供之輔導、保護及協助之規定

　　政府對於移民應予保護、照顧、協助、規劃、輔導。主管機關得協調

其他政府機關（構）或民間團體，對移民提供諮詢及講習、語言、技能訓練等服務。

（二）第52條勸阻移民之規定

政府對於計畫移居發生戰亂、瘟疫或排斥我國國民之國家或地區者，得勸阻之。

（三）第53條集體移民之規定

集體移民，得由民間團體辦理，或由主管機關瞭解、協調、輔導，以國際經濟合作投資、獎勵海外投資、農業技術合作或其他方式辦理。

（四）第54條僑民學校及本國銀行分支機構之設立之規定

主管機關得協調有關機關，依據移民之實際需要及當地法令，協助設立僑民學校或鼓勵本國銀行設立海外分支機構。

二、移民署對於移民輔導的具體做法

移民輔導對我國而言，屬新興領域，近年來逐漸受到實務機關所重視，其具體做法如下：

（一）對於我國人民移出之輔導

訂有我國現階段移民輔導措施，對於我國移出之人民提供資訊、生活技能及語言協助，瞭解其生活動態並提供必要之保護，並有較大規模集體移民之計畫。

（二）對於外籍與大陸配偶之輔導

主要依據「外籍與大陸配偶照顧輔導措施」及「外籍配偶生活適應輔導實施計畫」辦理，其具體措施如下：

1. 強化入國前之輔導，提升外籍與大陸配偶之自身權益認知：內政部已協調外交部及相關單位，利用當事人申辦簽證或入國許可之際，對於以婚姻為由申請來臺之案件，提供該國語文版本之《外

籍配偶在臺生活相關資訊簡冊》，讓當事人知悉來臺後之相關權利義務，強化其對自身權益之認知，入國後能妥善運用相關資源，遇有相關疑難，亦能透過適當管道，尋求協助或支持，保障自身權益。對於移民署在大陸未設置分支機構的大陸配偶入國前輔導，則要求「面談官轉型」，除要發現虛偽結婚案件外，另對面談通過案件，由面談官直接交給來臺之大陸配偶簡體字版之《大陸配偶移居臺灣的生活指南》。使其能瞭解臺灣相關規定及事項，而不因資訊不對稱有被騙來臺之感覺。

2. 落實照顧輔導措施，使新移民順利融入臺灣社會：積極推動「外籍與大陸配偶照顧輔導措施」，分別就生活適應輔導、醫療優生保健、保障就業權益、提升教育文化、協助子女教養、人身安全保護、健全法令制度及落實觀念宣導等面向，擬定具體工作項目，利用移民署於各縣市之服務站設置移民輔導窗口，結合當地政府社政、民政等相關機關落實推動。

伍、在防止人口販運的執法規範方面

至於在防止人口販運方面的努力，於2007年底修正之入出國及移民法，其中依據防制人口販運之全球潮流，於此次修法時增列第七章跨國（境）人口販運防制及被害人保護之專章規定，以宣示我國重視移民問題與尊重人權之進步立法。其後並於2009年1月12日制定人口販運防制法專法，2009年1月23日公布45條之條文，2009年5月26日行政院院臺治字第0980029315號令發布定自2009年6月1日施行。以上二者之新立法，主要規定為主管機關應提供人口販運被害人之協助，其法律規範與法理之基礎與原則，可概述之如下：

一、入出國及移民法規定主管機關應提供人口販運被害人之協助

（一）入出國及移民法第42條之規定，對於跨國（境）人口販運被害人，主管機關應提供下列協助：

1. 提供必須之生理、心理醫療及安置之協助。
2. 適當之安置處所。
3. 語文及法律諮詢。
4. 提供被害人人身安全保護。
5. 受害人爲兒童或少年，其案件於警訊、偵查、審判期間，指派社工人員在場，並得陳述意見。
6. 其他方面之協助。

（二）人口販運防制法第17條之規定，各級主管機關、勞工主管機關對於安置保護之人口販運被害人及疑似人口販運被害人，應自行或委託民間團體，提供下列協助：

1. 人身安全保護。
2. 必要之醫療協助。
3. 通譯服務。
4. 法律協助。
5. 心理輔導及諮詢服務。
6. 於案件偵查或審理中陪同接受詢（訊）問。
7. 必要之經濟補助。
8. 其他必要之協助。

各級主管機關、勞工主管機關爲安置保護人口販運被害人及疑似人口販運被害人，應設置或指定適當處所爲之；其安置保護程序、管理方式及其他應遵行事項之規則，由中央主管機關會商中央勞工主管機關定之。

二、法理之基礎與原則概述

（一）人性尊嚴之維持方面

1. 人性尊嚴爲德國基本法中之理念，人口販運防制法第一章第1條開宗明義的規定，爲防制人口販運行爲及保護被害人權益，特制定本法。其意旨乃人性尊嚴不可侵犯，國家一切權力均有義務尊重並保護人性之尊嚴。此一理念爲諸多國家採用爲憲法之最高指

導原則，於我國之大法官解釋亦常援引之。

2. 聯合國憲章於1990年正式將外籍勞工與移民權納入規範，禁止一切形式之奴隸行為，並訂定每年的12月18日為「國際移工日」。

3. 國際上針對人口販運之犯罪多所抨擊，並藉由國際立法之形式，予以犯罪者懲罰，並協助被害者再度融入社會，如於1949年所簽訂之「禁止販賣人口及意圖營利使人賣淫公約」。

（二）基本權利之保障

可進一步參酌我國憲法及增修條文之規定，加以理解與論述之如下：

1. 人身自由：憲法第8條規定，人民身體之自由應予保障，其係一切自由之基礎，為憲法保留之範疇。

2. 生存權、工作權及財產權：憲法第15條規定，人民之生存權應予保障，即應予人民維持最低之生活水準，得以延續生命。

3. 社會保險與救助：憲法第155條規定，國家應予以無力生活者適當之扶助與救濟。

4. 婦幼福利政策：憲法第156條規定，國家為奠定民族生存發展之基礎，應保護母性，並實施婦女、兒童福利政策。

5. 婦女保障：憲法增修條文第10條第6項規定，國家應維護婦女之人格尊嚴，保障婦女之人身安全。

第六節　我國警政與移民單位處理涉外問題之小結與建議

壹、建立人權與社會安寧兼容並蓄的人口移動政策，以便於有效執法與結合外來之人力資源

如前節之所述，在全球化（globalization）的過程中，人口移動本是

自然的現象。又綜合前之論述，人口移動包括移民、國內移民、國際移民、非法移民等等之類型。但是如何保障合法運用與結合其資源，以及取締非常人口之移動，則必須建立我國人口移動的政策，兼容並蓄人權與社會安寧的兩項原則。而先進民主國家則亦重新考慮移民問題，因為例如德國、日本、義大利和其他一些發達國家的絕對人口數量，預計將急遽下降；另一個原因乃是技術人員短缺。在這樣的背景下，一些國家開始重新考慮對待移民的態度。他們都想要從其他國家吸引最好和最聰明的人才。

　　至於防處人口販運之道，則有下列之結論與建議：1.人口販運之防制，可以被歸納成國內與國際或全球的防制策略兩大類；2.其策略又可分為短期的立即的關懷被害者之方法，例如提供必要的資源或司法協助；以及長期的策略，例如訂定新的防制法規、建立國際或跨機關間的簽定協議或合作之計畫、對於特殊之國家或地區提供針對根本的人口販運之肇因，如貧窮或傳統文化再造等，各類防治之計畫或資助。此外，對於外國人、大陸人民在國境及國內之犯罪，尤應依相關法規或考量前述之國際法原則或通例，以便合法、合乎人道關懷，並且能更有效的執行國境安全之查緝作為，以淨化國境及國內之治安環境。

　　而警察在執行涉外事件的處理時，必須透過教育與訓練，使其理解全球在此人口移動或國境執法的議題上，所持之態度與策略，並且能進一步熟悉我國相關人口移動之法制規範、創新系統作為與政策，以及前述各節所論及之對人權與法律程序的恪遵，才能更圓滿與有效的處理此進退兩難之二十一世紀的國際社會之問題。

貳、調整兩岸刑事司法互助的策略框架，以警政協力合作之概念，共維兩岸地區性之治安

　　自1987年我國開放赴大陸探親後，由於兩岸地理位置相近、語言文化相通，復因交通、資訊科技便捷，民間互動漸趨頻繁，兩岸間跨境犯罪已從量增而質惡。加上因兩岸政治現實，司法互助合作無法全面性的推展，不法分子洞悉此種空隙，遂勾結串聯，進行跨境擄人勒贖、偽造貨

幣、詐欺洗錢及走私毒品等重大犯罪，嚴重危害人民生命、財產安全。多年來，兩岸間最具代表性的刑事司法互助協定，就是1990年的「金門協議」，該協議係針對雙方偷渡犯與刑事嫌疑犯之海上遣返事宜所達成之協議。隨著政治情勢的改變、社會狀況的多元發展，如今顯已無法因應兩岸間各式各樣的犯罪現象。所幸2009年，海基會董事長江丙坤和海協會會長陳雲林於大陸舉行的第3次江陳會中，協商共同打擊犯罪的議題，建立兩岸司法和刑事犯罪情資的交換平臺。兩岸兩會終於在2009年4月26日簽署共同打擊犯罪及司法互助協議，今後兩岸民、刑事案件已漸可透過正式管道請求對方協助調查。

然而在人權的考量方面，如前節之所論述，當今國際法上要求對待外國人應合乎國際之最低標準，在有關外國人之基本權與法律之平等保護方面，國家應遵守不歧視原則，亦即，一個有文化的民族至少應如此對待外國人。因之，警察在涉外執法時，除了依法執行與效率的考量之外，亦應從國際相關法制、規範中注意到人權程序的著重，例如，警察或移民署人員在處理外國人已取得居留、永久居留許可，而有違反移民相關法規時，移送請入出國及移民署於強制驅逐其出國前應召開審查會，並給予當事人陳述意見之機會。此項審查會之組成、審查要件、程序等事宜，由主管機關定之。至其之規範原因與目的，從法條及立法意旨以觀，即為重視當事人之權益而給予陳述意見之機會；然從審查會之程序設計以觀，即為求公允、透明，並顯示出我國對於國際人權之重視與彰顯。而此亦為處理涉外執法的程序正義的重要原則（due process of law），必須依法制之規定遵守之。

而在擬訂兩岸刑事司法互助的策略框架時，亦可參酌前述警政協力之概念與原則，以及本文作者所主張之「市場—守護理論」，加以規劃兩岸協力合作的相關機制，以便更有效的維護兩岸地區性之治安與共存共榮的關係。

參、以市場─守護理論建構較佳的犯罪防治策略

一如筆者於前項所提出的「市場─守護理論」，可由其中建構較佳的犯罪防制策略。

所謂市場，即各國及國際間的市場供需之狀況，亦即國際及各國經濟比較上的相對的強弱狀態，其即為促使跨國犯罪發生所謂的推進力；不論毒品走私、人口販運、國際洗錢，甚至因為石油爭奪而引起之戰爭與恐怖活動，都深受此市場供需─人類社會最原始生存的動機所左右。當市場與經濟之推力大於守護之拉力時，跨國犯罪事件就易於發生與壯大。而因為現代化交通便捷與資訊傳遞愈快，則猶如地球村的二十一世紀，其市場與經濟之誘因就愈快且愈強，故而跨國性之犯罪也就愈層出不窮，形成國境執法的挑戰。

故而，前節筆者所論述之「市場─守護理論」，乃市場與守護功能之間的相對關係。若可計算出二項變項之間的推進力及拉力消長數據，則可預測出跨國犯罪是否易於產生，而其原因又發生在哪一個變項之上，因而亦可及早找出較佳的犯罪防制策略。

肆、建構國境安全情資整合與分享平臺及情資導向的新警政策略

參酌前述國際警察首長協會，對美國整合刑事司法系統之情資建議，我國似亦可創造一個政府機關間的情資整合、共享的平臺之系統（systemic），改善以往情資分享必須進入其他單位系統查詢，程序繁複且不易掌握時效之缺點。設定各級政府組織情資整合之標準作業程序與資料存取（含安全性、隱密性、與避免濫用之程序保障）、系統規劃之方法，以便於能相互支援與運用，而降低機關間情資運用的界限與藩籬。

美國的情報體系由於對911事件未能事先察覺，而受到強烈的批判。全面的組織改革包含改組情報體系、重新調整其傳統優先事項，和要求擴張其調查對象以涵蓋聯邦、州、地方及部落執法、官員之懲治和民營機

構，促成了情資整合及情資導向的安全策略產生，國土安全部於焉成立。又如前所述，2004年情報改革及防恐法案於2004年12月17日由總統簽署通過，並創立國家情報總監辦公室，形成了史無前例的情報系統與權責的整合，統轄各情治系統且成為總統及立法與行政部門領導人之主要情報諮詢顧問（Ward, et. al., 2006: 86-88）。

更有甚者，美國國內之警政策略亦隨之演變成如何從聯邦、各州及地方警察機構整合、聯繫，以便能以此新衍生之新策略，能更有效地維護國內之治安。進而在溝通、聯繫的平臺之上，將過去所謂的資訊或資料發展出有用之情報資訊以便能制敵機先，建立預警機先之治安策略，此即謂為情資導向的新警政策略。[54]此新的情報整合系統與警政情資導向之新策略，甚值得各國之國土安全規劃，或國境執行革新時之借鏡與參考。

伍、運用資訊統計管理技術新機制

1990年代，CompStat與CitiStat乃以資訊統計之管理與分析系統為基礎之管理技術，此種管理技術的目標，是改善政府機關的執行績效及增加全體同仁之決策參與及分層之授權與課責，更重要的是其具有跨境（域）安全管理思維及運用。

電腦統計比較系統，讓警方可以用來即時追蹤犯罪，其包含了犯罪資訊、受害者、時間與發生地點，另外還提供更為詳盡與更有系統之資料，讓警方更精準與快速的分析犯罪之模式。電腦自動產生的地圖，會列出目前發生犯罪的地點。藉由高科技「斑點圖」之方法，警方可以快速地找到犯罪率高的地區，然後策略性地分派有效之相關資源來打擊犯罪。我國於國境執法時，亦可借鏡美國紐約市與巴爾的摩市等地的經驗，將最近之不同期間的犯罪資料，輸入該系統之中並透過快速的分析，找出犯罪熱區（hot spot）及犯罪模式（Modus Operandi, MO）以及犯罪時段等，以較佳的警力資源予以查緝，確保國境之安全。

---

[54] Oliver (2007: 163-169).

陸、在國境安檢與證照查驗方面，建立安全與有效率之檢查新機制

　　有甚多新的機制與相關之流程與軟、硬體的研發與創新，以求其安全檢查之週延及檢查品質與效率的提升。例如，前述之美國邇來新推出之全球入境方案，允許預先核准的低風險之旅客，在抵達美國時快速通關。而如果亦能如美國一般，開創更多安全與便捷兩者同時一併考量之NEXUS、SENTRI以及FAST等美國海關和邊境保護局的信任的旅客之快速通關之新系統；或者該署亦於2014年8月推出首個經授權的應用程式—「移動式手機護照」系統等等國境管理之新機制；藉此新的國境執法之新發展，期望能給國際旅客體驗到更短的等待時間，減少擁堵和更快的入境處理時效。如此之發展，不但能事前篩選信任的旅行常客，降低安全威脅的可能性，而且能給國際旅行常客提供便捷快速的服務，所以亦能間接的促進經濟與旅遊業之發展。

第八章

兩岸跨境犯罪趨勢與刑事司法互助之研究

陳明傳

第一節　兩岸跨境犯罪類型與問題探討

　　邇來，兩岸跨境犯罪之發展，隨著兩岸四地經濟、文化、社會交流之頻繁而逐漸的在演變與衍生出諸多之新興的犯罪現象。而此地區性之特殊安全威脅現象，確實對於我國國土安全之維護，有其直接之影響與關聯性，並有從司法互助之觀點加以研究與發展其對應策略，因而歸納整理此現象略述之如後。

一、**擄人勒贖之犯罪**：兩岸不法分子勾串，除在大陸綁架臺商、臺灣交付贖款或要求地下通匯外，近來更衍生臺灣綁人、大陸遙控、境外付贖等犯罪模式。例如，2005年4月大陸女子陳○○等4人在臺遭綁架勒贖案、2005年8月臺中市陳姓學童遭兩岸跨境不法集團綁架勒贖案，及2006年9月臺中縣民眾賴○○遭綁架大陸遙控取贖案等。又根據法務部2019年之統計資料顯示，內政部警政署刑事警察局與大陸公安單位交換犯罪情資共同偵辦案件之中，自2009年6月25日起至2019年1月31日之間，偵辦擄人勒贖之犯罪共6件41人之多。[1]

二、**詐欺之犯罪**：詐騙集團為避免遭查緝，潛藏大陸沿海地區發展為組織集團化犯罪生態，並以電話、簡訊或郵寄方式，向我方人民實施詐騙。近年來，由於我國透過跨部會合作全力查緝及加強宣導，民眾逐漸懂得提防，歹徒詐騙成功機率降低風險增高，因此將詐騙目標轉向大陸地區人民，由大陸犯罪集團提供人頭帳戶，歹徒在臺灣或大陸發簡訊或撥打電話，詐騙大陸民眾，受害者眾。例如，2006年11月2日破獲黃○○為首等8人兩岸跨境詐欺犯罪集團，詐騙大陸地區民眾案，甚至更有韓國、泰國、新加坡等地區民眾遭騙，此類不法詐騙集團流竄兩岸各地，亟需共同遏制。臺灣警方近年來調查發現，兩岸跨境詐騙集團已從過去臺灣人在大陸遙控詐騙臺灣人發展為「臺灣人在臺灣或大陸詐騙大陸人。例如，近期臺灣警方偵辦何○○跨境詐欺集

1　法務部，「海峽兩岸共同打擊犯罪及司法互助協議」案件統計總表。

團假扮大陸公安局人員詐騙大陸地區民眾。臺灣詐欺犯罪集團吸收大陸人民擔任電話行騙人員、車手（提款人）及收買大陸人民當人頭戶，從事詐騙行為。演變至此，某些大陸同夥之詐騙技術亦漸趨純熟，而自立門戶。基此衍生之詐騙犯罪集團，已擴及大陸各地區。近期偵辦兩岸跨境詐欺案件，發現詐欺集團伎倆翻新，於電腦內植入軟體，湮滅犯罪證據，然而臺籍詐騙集團主嫌在大陸地區被查獲，而我方卻無法於大陸追訴，嫌犯處理滋生困擾，因此亟待解決。另查緝兩岸跨境詐欺集團，發現衍生地下通匯、洗錢、網路等各類犯罪，其被害人為大陸地區人民部分，亟需大陸公安單位加強協查及提供被害人筆錄等資料，以利案件後續偵辦。兩岸跨境詐欺犯罪所得贓款，利用地下匯兌等洗錢方式，流通於兩岸犯罪集團間，嚴重擾亂金融秩序，尤其詐欺犯罪有別於一般財產犯罪之單一性及個別性，此類犯罪造成集體性被害幾乎是典型特徵，再藉由網際網路之推波助瀾下，所影響之範圍及層面實難以估計，動輒數千人受害、數千萬元受騙。可見兩岸跨境詐欺集團以系統性、組織性、集團性之犯罪手法，藉由網際網路詐騙兩岸地區人民財物後，復透過洗錢管道獲取不法所得，實已嚴重危害兩岸人民財產安全。又根據法務部2019年之統計資料顯示，內政部警政署刑事警察局與大陸公安單位共同偵辦案件之中，自2009年6月25日起至2019年1月31日之間，偵辦詐欺之犯罪共有108件7,275人。[2]另外，根據我國大陸委員會之統計，自2009年4月26日第3次兩岸兩會高層會談簽署「海峽兩岸共同打擊犯罪及司法互助協議」之協議生效後至2018年12月底止，警政署與中國大陸公安部、香港與澳門警方等執法人員於2014年9月間同步執行打擊跨境電信詐騙之「護耆專案」行動。兩岸及香港、澳門警方共查獲犯嫌115人，查扣贓款新臺幣200萬元定存單1張、新臺幣3萬元、港幣2,703,000元；並於同步行動之際，凍結集團主嫌等人銀行帳戶內港幣1,000餘萬元（約新

2　法務部，「海峽兩岸共同打擊犯罪及司法互助協議」案件統計總表。

臺幣4,000萬元）。兩岸與東南亞國家警方已多次合作進行相關查緝行動，包括：2011年6月「0310專案」與9月「0928專案」，以及2012年5月「1129專案」與8月「0823專案」等四項專案，共計逮捕嫌犯2,388人（各專案分別為692人、827人、484人及385人），對跨境詐欺犯罪予以迎頭痛擊，具有指標意義。經由兩岸警方聯手破獲多起跨境詐騙犯罪集團，在臺灣電信、網路詐欺的案件發生數，由本協議簽署當（2009年）年度之38,802件開始逐漸減少，到2017年度為22,689件（為2009年詐騙案件數之58.47%）；而2017年度共破獲20,833件（破案比例為91.81%），破獲案件之狀況，如下圖8-1。[3]因而透過該項兩岸之協議執行的強化，已經有效遏止過去詐騙集團囂張的氣焰。

　　自2016年4月起，陸續發生中國大陸自肯亞、馬來西亞、柬埔寨及亞美尼亞等國，將涉嫌跨境電信詐騙犯罪的國人強行押往中國大陸之案件，我政府除在2016年4、5月間，兩度組團赴陸進行溝通；並針對可操之在我部分，積極強化相關打擊犯罪之作為，以有效遏止犯罪分子犯案，並在2016年11月由警方成功破獲臺灣最大詐騙集團水房，更在新北、新竹、宜蘭、南投等地，破獲詐騙集團機房，2017年5月以來，我方也與印尼、馬來西亞、泰國、新加坡等國警方合作，陸續在當地破獲詐騙集團，並將相關涉案國人遣返回臺依法偵辦，均可見政府努力的成果。為有效打擊跨國電信詐騙犯罪，並向上溯源、追查犯罪集團首腦，政府也持續呼籲陸方應珍惜過去雙方合作、累積的成果，並在既有的基礎上展開合作，以保障民眾權益。[4]

3　大陸委員會，本會施政績效「建立兩岸共同打擊犯罪及司法互助機制」108.2.21。

4　大陸委員會，本會施政績效「建立兩岸共同打擊犯罪及司法互助機制」108.2.21。

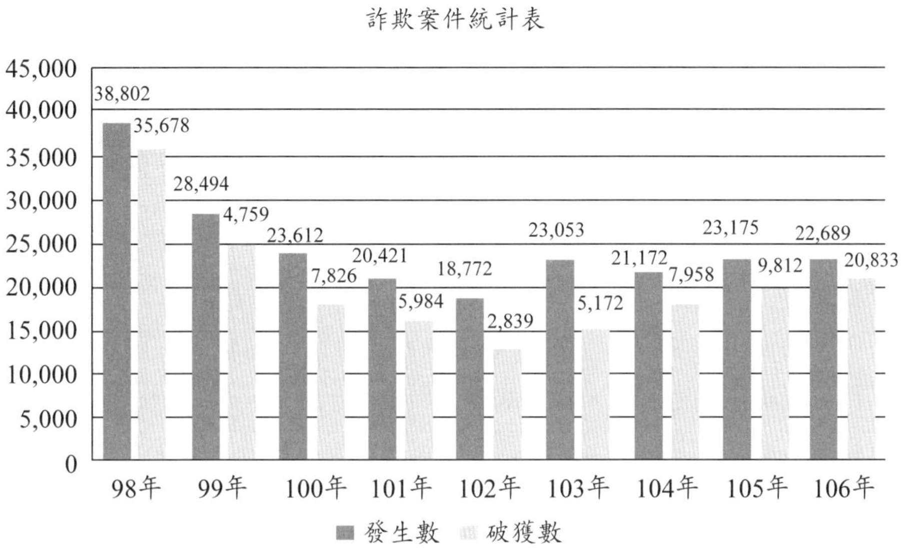

詐欺案件統計表

圖8-1　打擊電信詐欺犯罪成效表

資料來源：大陸委員會。

三、毒品與僞藥之犯罪：自2000年起，大陸採死刑重罰嚇阻毒品犯罪，使毒品走私型態，已漸由從大陸走私甲基安非他命成品來臺，演變成爲走私甲基安非他命（鹽酸麻黃素）之原料來臺，之後製成成品爲主，大陸遂成爲我方安毒原料走私主要之來源地。臺灣毒梟更於大陸地區隔海操控兩岸走私販毒，爲杜絕兩岸跨境毒品犯罪，臺灣警方已與大陸公安單位，經由情資交換合作展開查緝行動。例如，2006年2月合作破獲自大陸地區走私海洛因49公斤，2007年3月合作破獲自大陸地區走私大麻種子1,964公斤，2007年8月合作破獲自大陸走私製毒原料麻黃素安非他命之製造工廠。又根據法務部2019年之統計資料顯示，內政部警政署刑事警察局與大陸公安單位共同偵辦案件之中，自2009年6月25日起至2019年1月31日之間，偵辦毒品之犯罪共有34件214人之多。我國之法務部調查局與大陸地區公安單位，雙方共同偵辦破獲26件跨境走私毒品，毒品案件計逮捕嫌犯190人，其中臺籍嫌犯74人。我國之海洋委員會海巡署與大陸地區公安單位，雙方共

同偵辦共計查獲毒品23案，各式毒品6,003公斤、犯嫌184人，菸品3案1,527,500包。[5]另外根據我國大陸委員會之統計，自2009年4月26日第三次兩岸兩會高層會談簽署「海峽兩岸共同打擊犯罪及司法互助協議」之協議生效後至107年12月底止，兩岸相關機關合作破獲毒品案件共83件，逮捕588人，其中調查局查獲海洛因毒品550.307公斤、安非他命1,988.21公斤、麻黃素2,650.8公斤、K他命3,855.87公斤、甲卡西酮1,040公斤；海巡署查獲各式毒品數量6,003公斤。[6]

四、人口販運之犯罪：依據破獲兩岸仲介偷渡案件獲知，人口販運集團內部組織已嚴密分工，趨向集團性與專業化，利用快艇或改裝小型舢板等，載運大陸人民販運來臺。並製作教戰手則，實施職前訓練，以規避查緝。臺灣自2006年12月01日至2007年7月30日執行「靖蛇專案」，共計查獲兩岸人口販運集團24件334人、偷渡仲介集團8件68人、仲介經營大陸女子色情集團64件374人，顯示兩岸仲介偷渡問題仍有待改善，且近年來發現以結婚、探親、觀光、大陸漁工等合法名義入境後，從事與許可目的不符活動之案件，有日益增加之趨勢。又我國內政部入出國及移民署與大陸公安單位同步實施逮捕掃蕩破獲跨境人口販運組織，至2019年1月31日止，共逮捕大陸籍嫌疑犯5人，臺灣籍嫌疑犯11人；陸方逮捕臺灣籍嫌疑犯7人，大陸籍嫌疑犯2人。[7]

五、資通之犯罪：兩岸網路犯罪以駭客攻擊、盜取帳號及個人基本資料等手法，從事詐騙及入侵臺灣公務機關、私人企業、金融機構等電腦系統，進行跨境盜領（如2004年6月9日破獲兩岸駭客聯手網路銀行盜領案）、詐欺、恐嚇取財及相關不法犯罪行為，並逐漸進化以第二類電信、互聯網（VOIP網路電話）、預付式國際電話卡及私設移動式平臺（包含節費器及轉接器等通信設備）等資訊通信媒介物，透過層層轉接或人頭電話卡方式作為犯案之聯絡工具，增加查緝困難度。

5　法務部，「海峽兩岸共同打擊犯罪及司法互助協議」案件統計總表。
6　大陸委員會，本會施政績效「建立兩岸共同打擊犯罪及司法互助機制」108.2.21。
7　法務部，「海峽兩岸共同打擊犯罪及司法互助協議」案件統計總表。

六、地下通匯、洗錢管道之犯罪：兩岸經濟交流頻繁，地下通匯業務隨之蓬勃發展，復以不法犯罪集團急需將贓款漂白，規避查緝，致使兩岸洗錢犯罪問題日趨嚴重。而兩岸地下匯兌管道，不僅阻礙兩岸經貿正常發展，並已成為不法分子從事跨境擄人勒贖、詐欺案件，掩飾或隱匿犯罪贓款之工具，助長犯罪氣焰，應予有效遏制。據瞭解目前兩岸通匯洗錢管道如下：

（一）銀樓業者兼營地下通匯管道，賺取價差。

（二）以人頭虛設公司行號，專營地下匯兌洗錢。

（三）透過指定合法金融機構帳號匯入贓款，經確認無訛後，扣除佣金，以境外第三地公司合法帳號，匯入該歹徒登記之人頭帳戶中。

綜上所述，大陸人民在臺犯罪情形於2004年之前，以違反兩岸人民關係條例（逾期停留、非法打工）、國家安全法（偷渡）、偽造文書（偽造證件、假結婚）、妨害風化及竊盜為最多。而臺灣之不法分子在臺犯案後，因地利之便、語言相通，往往選擇潛逃大陸，並持續吸收、操縱臺灣不法分子，從事非法地下賭場、兩岸走私（包含文物、動物及槍毒）、蛇頭仲介、綁架勒贖、地下洗錢、跨境詐欺等犯罪，藏匿於大陸地區。大陸非法入境臺灣者，多數搭船舶直接偷渡來臺，或搭客輪（船）自港口入境，少數持假證件搭機來臺。而近年來發現，以合法掩護非法入境來臺之方式則有增加之趨勢（如假結婚、假觀光、假探親等）。自1993年起至2004年止已查獲收容大陸偷渡犯人數共計29,343人。[8]然而自2016年政黨再次輪替之後，兩岸交流因為兩岸政策之更迭而漸次的有下降之趨勢，因此兩岸犯罪之情勢亦有改變。從上述2019年之前的統計資料顯示，兩岸犯罪之大宗，則詐欺及毒品犯罪為最多，自2009年6月25日起至2019年1月31日之間刑事局之部分，在兩岸共同偵辦犯罪總數的157件8,872人之中，其中包括詐欺犯罪108件7,275人、毒品犯罪34件214人占最多。在法務部

8　鄭文銘、陳世煌（民95：129-142）。

調查局與海洋委員會海巡署方面，其與大陸之兩岸共同偵辦案件中，亦以毒品犯罪最為重大。至於我國之內政部入出國及移民署與大陸公安單位同步實施逮捕掃蕩破獲跨境人口販運組織方面，至2019年止亦僅逮捕大陸籍嫌疑犯5人，臺灣籍嫌疑犯11人；陸方逮捕臺灣籍嫌疑犯7人，大陸籍嫌疑犯2人，故而因為兩岸政策邇來之不變，因而亦屬不多。

第二節　跨國（境）犯罪與刑事司法互助

　　跨國（境）犯罪組織是一種組織嚴密、手段多樣、普遍存在的全球性違法行為。隨著全球經濟和科學技術的快速發展，跨國（境）犯罪組織的數量及規模不斷擴大，作為國際執法機構的聯繫橋樑—國際刑警組織，一直把打擊跨國（境）犯罪組織作為自己的工作重點，並成立了專門研究機構，確定明確的工作目標，為預防和打擊全球經濟犯罪做出了傑出的貢獻。然而，跨國（境）犯罪組織的數量及規模卻也不斷的擴大，並呈增長趨勢。全球各地的執法機構發現偵破跨國（境）犯罪組織遠比偵破在一個地區或一國之內的傳統犯罪組織更為複雜。近20年來，由於政治、經濟、社會、科技空前的快速發展，其負面效應乃刺激了跨國（境）組織的違法行動異常活躍，其乃利用便利的國際旅遊、開放的移民政策、擴大的自由貿易、高科技的通訊設備和複雜的洗錢技術等，來增強其犯罪能力。

　　而現代科技不僅促進了合法之商業貿易，也提供了非法犯罪企業許多便利，使得犯罪組織產生新的機會，擴大了犯罪的地域。於是，犯罪資金任意的跨國（境）流動，國境線上的防衛形同撤守，造成跨國（境）犯罪問題日益嚴重。[9]研究跨國（境）犯罪、組織犯罪的專家Louise Shelley教授20年前即指出，跨國（境）販毒、組織犯罪與貪腐的影響增加，成為現代社會的嚴重犯罪問題。也有人形容二十世紀末的組織犯罪有三大特

---

[9]　Gilmore, 2nd ed. (May 1999: 11).

徵：1.傳統犯罪的廣化與深化；2.犯罪組織的跨境連結；3.國際犯罪組織的成長已威脅國家安全、破壞民主、阻礙金融發展、破壞聯盟關係，甚至可挑戰強權。[10]若由金融犯罪角度觀察，跨國（境）化、高技術化、專業化、黑金牽連化，已成為必然趨勢。而兩岸四地之間，亦受此一全球跨國（境）犯罪浪潮之影響，加上同文同種之便利性的推波助瀾之下，而使得跨國（境）犯罪亦日形嚴重，亦使得刑事司法互助更有其必要與需求性。而犯罪資訊之分享，似乎是一個甚佳之起始點。

　　至於此類之國際刑事司法互助，乃源於國家之間，經一國之請求移交逃犯之引渡行為。早在西元前1280年在埃及，即有簽訂遣返罪犯的「和平條約」，這是世界上第一個有關引渡的條約。西元1624年格勞秀斯在《戰爭與和平》一書中提出了對國際性犯罪實行「或引渡或處罰」的司法原則，奠定了近代刑事司法互助的理論基礎。聯合國「刑事事件互助示範條約」（1990 United Nations Model Treaty on Mutual Assistance in Criminal Matters）、「刑事事件轉移訴訟示範條約」（1990 United Nations Model Treaty on the Transfer of Proceedings in Criminal Matters）、「引渡示範條約」（1990 United Nations Model Treaty on Extradition）、「有條件判刑或有條件釋放罪犯轉移監督示範條約」、「關於移交外國囚犯的模式協定」等等之相關示範條約，基本上乃反映出大多數國家在國際刑事司法互助上之基本規範與原則。

　　因此，國際刑事司法互助的作用應可包括：1.有利於促進國際社會的法制建置與國際文明社會的發展，以維護世界之和平、穩定與安寧；2.在司法訴訟中主權之國家的司法合作，有利於維護主權國家充分行使審判權；3.有利於促進各國政治、經濟、文化的發展和各國人民的友好往來。至於，有關國際刑事司法互助之型態，則可歸案成為下列數種：

一、引渡：指將犯人由某國移送至他國而接受審判。

二、狹義刑事司法互助：又可稱為小型司法互助，指某國協助他國訊問證

---

[10] Torr ed., Godson & Olson (1999: 154).

人、鑑定人，實施搜索、扣押、驗證，轉交證物，送達文書，提供情報等。

三、**刑事訴追之移送**：指犯罪地之國家，請求犯人之本國或是居住地國，對犯人加以追訴或處罰。

四、**外國刑事判決之承認與執行**：指某國承認或協助他國來執行，有關在他國已經裁判確定之刑事判決。

　　前二者可合稱為廣義之司法互助。至於包含四種型態之司法互助，則稱為最廣義司法互助。引渡與狹義刑事司法互助，乃是最早發展出來之司法互助，故被稱為古典型態之司法互助。由於此類司法互助，仍由請求國執行偵查或審判之重要任務，被請求國僅係提供相關之協助，故被稱為第二次（或級）之司法互助。刑事訴追之移送與外國刑事判決之承認與執行，乃是第二次世界大戰結束後新興之司法互助，故被稱之為新型態之司法互助。由於此類司法互助，係由被請求國擔任執行或審判之重要任務，故被稱為第一次（或級）之司法互助。

　　司法互助無論是民、商事或刑事，其基本原則皆為國家主權原則與平等互惠原則，但亦有雙重犯罪原則、或起訴或引渡原則等等之原則。環顧各國在對抗跨國（境）組織犯罪之策略上，包括防制罪犯利用各國不同執法之漏洞的策略，執法部門分享跨國（境）組織犯罪集團活動之情報，以及簽署引渡條約或司法互助協定等均是良策。[11]綜上，國際刑事司法互助之做法，乃源自於國家之間，經一國之請求移交逃犯之引渡行為。至於，對跨國（境）犯罪實行所謂之「或引渡或處罰」的司法互助原則，奠定了近代刑事司法互助的理論基礎。然而，如欲採用引渡或司法互助的現行程序，通常是官方且較困難的，而所花費的時間亦較多。不過，近代各國之執法部門，已透過各種迅速途徑發展出非官方的合作模式。[12]以下乃刑事司法互助之平等互惠、相互尊重、雙重犯罪、或起訴或遣返與特定性等原則，或可供兩岸四地在思考司法互助之新機制時之參考，其中當然亦可供

---

[11] Torr ed., op. cit. (1999: 179).

[12] Bossard (1990: 142).

資訊分享平臺機制建置時的重要參考法律規範與基本依據之原則。

一、平等互惠原則

又稱平等互利原則，有訴訟權利、義務同等和對等之意。即雙方各自司法機關在合作的活動權限和特定要求方面，經條約的規定或經平等協商，相互給予同樣的優惠和便利。亦即在司法互助內容方面，一般應在同等範圍的程序上互相開展。在司法互助程序中，應確保不同國家的法律制度和司法機關處於平等地位。在訴訟中，不同國家的國民在國外應享受國民待遇，不得歧視。然此一原則，並不意謂司法互助的雙方，在各個具體事項上必須完全一致。因為各國法律制度本身就有差別，如果強求按某國之標準或國際標準達到同一處置原則，必然會損害某些國家國內法律的尊重，和對司法主權的干預之嫌。[13]

二、相互尊重原則

雙方在研討司法互助原則上，通常所論及的第一個問題即為維護國家主權統一之原則，或稱維護國家主權和利益的原則。其強調國家只有一個，主權不得分離。[14]同時，要尊重對方合理的意見，確立彼此平等的地位，並將在他方發生對己方危害不大的犯罪，採取積極合作的行動，且對於他方合理的請求優先辦理之。[15]換言之，應透過平等協商的方式，來解決刑事司法互助中的問題，而不能將己方的意志強加於他方。

三、雙重犯罪原則

此一原則是指刑事司法互助所指案犯之犯罪行為，在刑事司法互助的請求國與被請求國雙方法律上，均認為是構成犯罪的情況下，才能予以

---

[13] 趙永琛（民89：346-347）。

[14] 王勇（民81：25）。

[15] 馬進保（民82：191）。

提供司法互助。在引渡方面，雙重犯罪原則適用的相當普遍，在狹義刑事司法互助方面，則並不普遍，即使一旦採用，亦多限於抽象的雙方可罰性之情況。[16]或有認為，如若堅持雙重犯罪原則，將不利於保護被害之合法公民的權益；或亦有質疑者認為，大多數請求司法互助案件，在未經法庭審理判決前，依罪刑法定主義之原則，如何能確認該行為是雙重犯罪之性質，因此可能會錯失偵查或蒐證之良機。

四、或起訴或遣返原則

國際刑事司法互助有所謂「或起訴或引渡」之原則，其為國際刑法中預防、禁止和懲治國際犯罪的重要對策和有效的措施之一，並已被廣泛採用在相關國際公約之中。根據這一原則的要求，每一締約國都負有義務，在不將罪犯引渡遣返給請求引渡的國家時，應將罪犯在本國進行刑事起訴。[17]此一原則可謂採取普遍管轄原則必然之結果。因其對有關國際公約所規定的犯罪，無論犯罪人國籍、犯罪發生於何地、犯罪侵害何國權益，都應視為對全人類之危害，不論罪犯進入何國領域之內，均可行使刑事管轄權。[18]但通常該原則亦受到下述之限制，例如政治犯、軍事犯、本國人民不引渡，以及與種族、宗教、國籍等原因有關，或引渡後將受到不公平審判、酷刑、不人道待遇等等情形時，均可拒絕引渡。[19]

五、特定性原則

該原則在國際刑事司法互助中，乃指被請求國將犯罪嫌犯引渡給請求國後，該國只能就作為引渡理由之罪行，對該人進行審理或處罰。此原則是為了保證「雙重犯罪原則」的切實貫徹，防止別國利用引渡，而將非普

---

[16] 蔡墩銘（民82：47）。

[17] 邵沙平（民82：235）。

[18] 趙喜臣（民85：95）。

[19] 聯合國大會1990年12月14日第45/116號決議通過之「引渡示範條約」（Model Treaty on Extradition）第3條、第4條。

通刑事犯罪或不符合雙重犯罪的當事人，予以制裁或政治迫害。在狹義刑事司法互助中，該原則亦未成為絕對原則，只有個別國家如瑞士，堅持在司法互助中採取特定性原則，規定經司法互助所得之證據資料、文書、情報，不得在司法互助許諾之犯罪以外的犯罪調查或作證中使用之。

　　至於警察制度的發展中，則欲將關於刑法上的國際互助，強化成一個合作的國際組織。1923年維也納的國際警察會議（International Police Congress）成立國際刑警委員會（International Criminal Police Commission, ICPC），此一目標終於正式達成。該委員會於第二次世界大戰後重新創立，並在1956年更名為國際刑警組織，簡稱為ICPO或Interpol，就此成為舉世聞名的稱號。十九世紀時，政治操縱警察權，且由於警察主權的考量，警察功能的國際化遭到限制。二十世紀初期，則朝向獨立且相互合作的刑事警察方向前進。亦即暫時將政治與國家所採之經營政策取向或者中心思想與主義放於一邊，而以打擊跨國（境）犯罪為共同之執法目標，而遂行刑事司法的互助與合作。

　　國際警政合作之發展包含許多不同面向，從嚴格的參與以及短暫的實踐，到相對穩定和多邊之組織。從十九世紀國際間國家形成的早期發展，到近代國際合作，致力建立技術上之多元合作模式，以對抗單一的合作方式。因此國際警察合作之努力，必須仰賴知識的架構或系統，以為其打擊跨國（境）犯罪之基礎。Brown更進一步說明，此種國際警察之司法互助，從政治理念的歧異之完成不合作狀況，逐漸的形成法律、司法文化，及執法效能方面的巧妙調適，而進入共同打擊跨國（境）犯罪之最佳合作狀態，如圖8-2所示，而此亦為目前國際司法合作相關組織之現況發展事實，其原則與模式足堪成為各國或者兩岸四地刑事司法合作之學習典範。[20]

---

[20] Brown (2008).

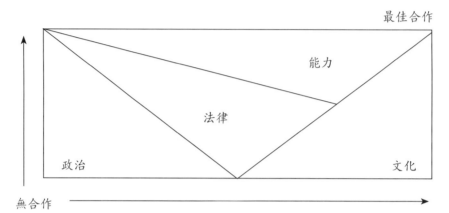

圖8-2　國際警察合作的影響因素

資料來源：整理自Brown, S. D. (2008). "Ready, willing and enable: A theory of enablers for international co-operation," p. 39 in Brown, S. D. (Ed.), *Combating international crime: The longer arm of the law*. New York: Routledge-Cavendish。

第三節　兩岸司法互助之現況

壹、早期兩岸司法互助之演進

　　根據兩岸司法互助之演進與邇來現況之發展，似可暫將主權問題擱置，在互信基礎之上，秉持互惠之原則，共同消弭犯罪。同時經由不斷會商及處理實際案例的經驗之中，研究雙方可接受之方式。考量兩岸當前互動之狀態，及全球司法互助之前例與經驗，近期兩岸四地似可由交換犯罪情資或提供偵查之協助開始，建立更具體可行之機制或平臺，以便創造更有效的司法互助雙贏之效益。

　　如前之所述，國際刑事司法互助，源自於國家之間，經一國之請求來移交逃犯之引渡行為為開端。國際合作之內容，亦隨著現實需求，從最早之引渡，逐漸發展出司法互助、受刑人之移轉、刑事追訴之移轉及不法所得之扣押、沒收等類型。兩岸共同打擊犯罪之議，自開啟交流以來，亦經常成為協商之話題。1990年9月12日，兩岸紅十字會簽訂之「金門協議」

即其一端。嗣後，第1次至第3次焦唐會談，亦將共同打擊海上犯罪及兩岸司法機關之相互協助，列入議題之中。[21]進而，並於2009年4月在南京舉行之第3次江陳會談簽訂「海峽兩岸共同打擊犯罪及司法互助協議」，針對共同打擊犯罪及司法互助做出最直接之規範與重大之影響。

　　回顧臺灣與中國大陸，分隔長達50餘年，在長期分治下，兩岸間原無相互間之經濟犯罪問題，但因兩岸間之交流日趨密切，在交流過程中，也衍生犯罪問題。尤其犯罪具有模仿性與學習性，兩岸間由早期以走私黑槍、人民偷渡、海上搶劫為主，復因兩岸經濟之依賴度，智慧型經濟犯罪問題亦逐漸浮上檯面。然而，由於經濟犯罪具有高犯罪黑數（Dark figure of crime），同時與執法機關之執法決心有密切關係，因此較為緊密的司法互助，可能成為兩岸處理此類問題，較為有效的策略。[22]

　　就兩岸司法合作而言，最具體的做法係依據1990年海基會和海協會所達成的「金門協議」，而進行刑事嫌疑犯或通緝犯查緝遣返，無需再經由「第三國」轉手遣送。（如1989年4月，即必須經由新加坡而遣返臺灣所通緝而躲藏於大陸的楊明宗刑事犯乙案，即為轉手遣送之實例）。故而透過「金門協議」，經由兩岸紅十字總會和海基、海協會等中介團體，居間傳送訊息與遣返見證，兩岸治安單位基於尊重雙方司法管轄權及互利互惠原則，而進行嫌疑犯資料審核、查緝、收容與遣返等作業。除刑事犯遣返外，兩岸間尚運用兩會傳達雙方治安單位其他方面的協助要求和訊息。另外，如國際刑警組織（託由東京之中央局代轉），也是兩岸轉達訊息的通道。惟雙方刑事司法部門與學界的互動，必須要在政府政策不反對，甚至需要政府認可或支持的前提下，雙方在排除政治意識形態，才可能具有實質的效能。待雙方有了相當的接觸與信賴，海峽兩岸既而可思索建構較無政治色彩的共同打擊犯罪機制，進一步簽訂更緊密之互助協定，期能持續相互通報情報資料，並建立資料庫，定期評估及修正兩岸共同打擊犯罪的互助模式。

---

[21] 簡建章（民90）。

[22] 高政昇（民91）。

前述之1990年兩岸針對偷渡犯與刑事（嫌疑）犯之海上遣返事宜所簽署之「金門協議」，可謂雙方刑事司法互助法制化之開端。另1993年辜汪會談所簽署的四項協議中，也曾達成推動兩岸法院之間的聯繫與協助之共識，然囿於諸多政治因素，雙方似乎僅淪為喊話階段，此後並未能再有所突破。然而歷經這些年來，雙方政治、經濟、社會情勢均有所改變，兩岸人民互動更漸頻繁，也衍生出之更多之刑事犯罪類型，嚴重危及雙方人民之生命、財產安全，對兩岸當局司法威信、國際形象亦均造成極大之傷害。因此，必須進一步研究與商討出更有效的合作與應對之機制。

至於兩岸走私毒品具備有跨境犯罪之性質，故而任何單方以刑事追訴處罰，均難以有效遏止，兩岸或可藉簽訂走私毒品犯罪情報資料交換與引渡人犯等刑事司法互助協議之區際刑事合作方式，來達到共同打擊犯罪之目的，對兩岸人民均有利而無害，亦有益國際法與秩序之維護。[23]回顧臺灣於1999年7月成立了「防制兩岸犯罪聯繫工作會報」，次月頒定「阻斷大陸毒品走私來臺具體作法方案」。該方案之具體措施包括：兩岸協商共同合作打擊犯罪協議，加強兩岸執法人員交流，加強情資交換並研商回饋機制，兩岸相互協助監聽或搜索扣押，經由第三國之協助與大陸進行情資交換及合作，經由兩會聯繫及促使大陸採行有效防制措施，加強海防及關口查緝等。歸納上述做法，其中兩岸協商共同合作打擊犯罪協議，即為刑事司法互助之模式。其加強情資交換、相互協助監聽或搜索、扣押等，即為刑事司法互助之實質內涵，而臺灣此種單方面之努力，實足堪為兩岸之刑事司法互助立下了一個重要的典範。

貳、近期兩岸司法互助執行成效之分析

至於從金門協議以降，兩岸之刑事司法單位，透過各種正式或非正式之管道，在對抗跨境犯罪或司法互助方面，均有漸入佳境之成效。唯在正式之協議方面，則仍有相當大的成長與努力之空間。今首先引述兩岸司法

---

23 林錦村（民88：177-181）。

互助之執行成效並分析之如下。

一、**刑事、通緝犯協緝情形**：我國警政署依據各相關單位所提供情資，函請海基會轉大陸海協會協緝刑事暨通緝犯，自1990年迄2007年7月30日止，共計692件，經統計潛逃大陸之刑事、通緝犯，仍以殺人、槍、毒及詐欺案件等重大犯罪為大宗。

二、**刑事、通緝犯執行遣返情形**：我國警政署自1990年迄2007年7月30日止，執行「金門協議」，針對臺灣潛逃對岸藏匿刑事、通緝犯轉請協緝人數計692人，目前由大陸協助緝獲執行遣返人數為141人（20.37%），尚未緝獲人數404人（58.38%），足見兩岸互助成效在刑事、通緝犯遣返方面仍有強化空間。

三、**近期兩岸司法互助執行概況**：2009年4月在南京簽訂之「海峽兩岸共同打擊犯罪及司法互助協議」屆滿3年。我國刑事局指出，協議簽署後押返刑事、通緝犯比過去增加；請求協緝通緝犯人數則逐年下滑，多起重大矚目案件更在兩岸即時合作下破案，大陸不再是臺灣罪犯永久避罪的天堂。至於外界關注之重大經濟犯的問題，我國仍會持續與大陸協調，盼能獲得善意回應。臺灣重大經濟犯潛逃大陸後，在當地生根或經營企業，甚至有些人已取得大陸的居留證或是大陸身分證，在執行緝返層面上有其困難性，一旦他們在當地涉及違法遭逮捕，就有可能緝返。大陸幅員廣闊，倘若沒有提供具體活動情資恐緝捕不易，加上大陸機場、港口眾多，如果通緝犯持變造身分證件或使用多國護照出入，也很難掌握。所以過去的經驗，大多必須先由我方提供具體事證來供陸方協緝。近3年來，臺灣以接押之方式，緝返槍擊要犯陳勇志等180名刑事通緝犯，乃大陸公安部在獲得我方提供具體資料，即能迅速處理，都是合作成功的案例。兩岸不僅在緝返要犯有明顯進步，在打擊犯罪合作，過去僅是情資交換，但2009年南京協議施行後，兩岸多次在打擊電信詐騙犯罪合作，並延伸到東南亞，現在連國際刑警組織和歐盟都對此經驗相當的重視，讓我國在海外緝逃工作也能藉此拓展。兩岸共同打擊犯罪已擴展到第三地的跨境合作，從過去經驗已證明打擊犯罪沒有地域限制，這對逃亡海外和欲要逃亡海外

的要犯是一個很好的警訊，並產生嚇阻之效果。[24]

另外，根據我國警政署刑事警察局統計，從2009年6月25日「兩岸共同打擊犯罪及司法互助協議」生效後，不論在遣返通緝犯和減少詐欺犯罪方面，數據上都有顯著提升。在遣返方面，從2009年6月25日至2011年12月31日爲止，總共從中國大陸遣返75名臺灣通緝犯回臺；2012年1月1日至1月25日也有5人。重大通緝犯包括前法官張炳龍、前立委郭廷才、重大槍擊要犯陳勇志、貪汙罪通緝犯前彰化縣議長白鴻森等人。至於潛逃失蹤的前立委何智輝是否也在大陸，我國刑事局表示，只要有明確的線索指出何智輝所在，很快就能請大陸公安逮捕歸案；但目前種種情資顯示，何智輝人不在大陸，可能在其他國家。遣返臺灣潛逃大陸的重大通緝犯，是去年和今年的工作重點，不僅有助司法正義，也等於向犯罪者宣示，不要以爲逃到大陸就沒事。不僅兩岸警方積極合作，還要「兩岸四地」把香港和澳門也一併納入共同打擊犯罪的範圍。

至於其他國家之司法互助方面，例如，韓國、日本、菲律賓、泰國、越南、新加坡、馬來西亞和印尼等，我國刑事局也都在密切合作之中。結合各種新科技、新手法的跨國（境）犯罪，是愈來愈嚴重國際治安問題，唯有和其他國家積極合作，才能有效打擊犯罪。兩岸共同打擊犯罪的另一個工作重點是遏止詐欺，我國刑事局統計，2009年兩岸跨境詐欺共發生38,802件，犯罪不法金額爲新臺幣102億餘元；2010年兩岸跨境詐欺發生28,820件，減少9,982件，金額減少41億餘元。我國刑事局指出，2011年3月後，兩岸警方往來日益密切，大陸方面不再侷限公安部對刑事局的對口，其並授權各省、市公安廳可以直接和刑事局對口，目前較常接觸的包括福建省、上海市、浙江省、湖北省等單位。直接和省、市公安單位對口有很大的好處，不需再透過大陸中央的公安部處理，在偵辦刑案、詐騙的時效上非常有助益；另一方面，則是在遣返臺灣通緝犯時，刑事局可直接派員到各省、市公安廳押送，然後直飛臺灣。兩岸共同打擊犯罪不僅要

---

[24] 蕭承訓專訪，林德華：〈大陸不再是永久避罪天堂〉，中時電子報，101.5.15。

治標，也要治本。治標就是兩岸警方加強合作關係，共同查緝；治本即是從預防犯罪宣導、強化新科技的安全維護做起，相信只要再繼續合作，更能有效打擊犯罪，對於大陸和臺灣兩方面都是利多。[25]另外從前述第七章之表7-11「海峽兩岸共同打擊犯罪及司法互助協議」案件統計總表之中，亦可觀察到兩岸在司法互助之上，已有一定之合作成效與發展。

　　雖然自第3次兩岸南京協議之後，兩岸之司法互助有上述長足之進展，惟我國法務部調查局之研究報告指出，按「海峽兩岸共同打擊犯罪及司法互助協議」第4點規定：「雙方同意採取措施共同打擊雙方均認為涉嫌犯罪的行為。雙方同意著重打擊下列犯罪：（一）涉及殺人、搶劫、綁架、走私、槍械、毒品、人口販運、組織偷渡及跨境有組織犯罪等重大犯罪；（二）侵占、背信、詐騙、洗錢、偽造或變造貨幣及有價證券等經濟犯罪。」又該協議第5點規定：「雙方同意交換涉及犯罪有關情資，協助緝捕、遣返刑事犯與刑事嫌疑犯，並於必要時合作協查、偵辦。」雖然，地下通匯並非該協議的重點打擊犯罪，不過所涉及之洗錢行為前置犯罪類型，均有所關聯。故未來循兩岸共同打擊電話詐欺犯罪之模式，藉由相互交換情報共同偵辦，藉以有效打擊地下通匯。具體而言，兩岸各自的司法警察機關，似應就各自地下通匯業者之資金交割、調度與聯繫方式建立資料庫，若發現涉有另一方之資訊時，即可依「海峽兩岸共同打擊犯罪及司法互助協議」第5點之規定，採取交換情資與合作偵辦之方式杜絕此類行為。惟另一方面，由於大陸「反洗錢監測分析中心」係隸屬於「中國人民銀行」，故兩岸的反洗錢金融情資單位（Financial Intelligence Units, FIU），目前尚未能建立交換情資的聯繫管道，形成雙方共同打擊洗錢犯罪措施之漏洞。既然前開協議即有共同打擊洗錢與恐怖活動之交換情資規定，此項協議執行上的缺失似有儘速填補之必要。[26]

　　進而反洗錢的實際操作中，由於體制制度、法律體系、文化理念等方面的現實差異，不可避免地存在諸多障礙難點，例如：（一）缺乏直接高

[25] 王鵬捷，〈兩岸打擊犯罪成效日漸顯著〉，中央日報網路報，100.2.6。

[26] 張治平、吳天雲（民100）。

效的指揮協調體系；（二）系列配套操作規範還未細化、實化；（三）聯合緝捕追贓模式還未實質性突破。打擊防範跨境經濟犯罪活動最重要工作之一，就是跨境緝捕追贓，即「人到案、贓追回」。互助協議中第6條、第9條分別對人員遣返和罪贓移交做了相應規定，對相應調查取證環節明確規範了雙方於必要時合作協查、偵辦。然而，互助協議主要針對跨境緝捕追贓的結果環節進行規範，卻對兩岸警方如何聯合開展跨境緝捕、跨境追贓的過程環節未作規範；（四）警務資訊資源分享成為兩岸經濟偵查警務合作中最大現實障礙。[27]尤其甚者，區際間的特殊地理環境成了跨境經濟犯罪的天然通道，可以跨境犯罪，但政府不能跨境執法，尤其不能預防犯罪。[28]故而兩岸跨境犯罪現象更是肆無忌憚、防不勝防，必須再加以深入之探討與改進。

綜上所述，自第3次兩岸南京協議之後，兩岸之司法互助就有上述長足之進展，惟兩岸之實際執行單位，對於合作之項目、情資之交換與合作、更深入之細部作為，以及預防之相關措施均不足甚而闕如，因此均提出檢討之研究與報告如上之引述，建議兩岸應更進一步在這些方面做出更全面性之互助與協議。

參、邇來兩岸在司法互助暨國境管理的相關協議方面之實際發展

兩岸在司法互助共同打擊犯罪，以及國境管理的相關協議之最早者，乃為「金門協議」。其為海峽兩岸紅十字組織代表於民國79年（1990年）9月11日至12日進行兩日工作商談，就雙方執行海上遣返事宜，達成以下之協議：

一、遣返原則：應確保遣返作業符合人道精神與安全便利的原則。

二、遣返對象：（一）違反有關規定進入對方地區的居民（但因捕魚作

---

27 上海市公安局經偵總隊課題組（民100）。

28 宋泓均、許朝霞、吉黎，中國人民銀行（民100）。

業遭遇緊急避風等不可抗力因素必須暫入對方地區者，不在此列）；
（二）刑事嫌疑犯或刑事犯。

三、遣返交接地點：雙方商定為馬尾 ←→ 馬祖，但依被遣返人員的原居地分布情況及氣候、海象等因素，雙方得協議另擇廈門 ←→ 金門。

四、遣返程序。

五、其他。[29]

　　之後兩岸在司法互助共同打擊犯罪暨國境管理的相關議題之協議方面，或可有以下之會談或協議，其均與兩岸的國境之「人流」或「物流」的管理，有直接或間接之關聯性，本書羅列其中之較為重要會談或協議如下：

一、第1次江陳會談於2008年6月在北京舉行，針對兩岸包機及大陸人民來臺觀光簽訂協議。

二、第2次江陳會談於2008年11月在臺北舉行，簽訂「海峽兩岸空運協議」（包機直航新航線及增加班次與航點）、「海峽兩岸海運協議」（海運直航）、「海峽兩岸郵政協議」（全面通郵）、「海峽兩岸食品安全協議」（食品安全管理機制）等四項協議。

三、第3次江陳會談於2009年4月在南京舉行（獲稱南京協議），簽訂「海峽兩岸金融合作協議」、「海峽兩岸空運補充協議」（增加航線、航點，由包機轉為定期航班）、「海峽兩岸共同打擊犯罪及司法互助協議」等三項協議。第3次江陳會談，是於2009年4月在南京舉行的兩岸協商談判。由海峽交流基金會董事長江丙坤率領代表團前往南京，與海峽兩岸關係協會會長陳雲林舉行會談，針對共同打擊犯罪及司法互助、兩岸定期航班、兩岸金融合作等議題進行協商。根據「海峽兩岸共同打擊犯罪及司法互助協議」，兩岸同意在民事、刑事領域開展協助，採取措施共同打擊雙方均認為涉嫌犯罪的行為，重點打擊涉及綁架、槍械、毒品、人口販運及跨境有組織犯罪等重大犯罪，以及侵

---

29 植根法律網，「金門協議」。

占、背信、詐騙、洗錢、偽造或變造貨幣及有價證券等經濟犯罪。相互協助送達司法文書、調查取證、罪贓移交，認可及執行民事裁判與仲裁裁決，移管被判刑人。本次之會談所簽訂之協議與兩岸之國境管理有最直接之關係與影響。

根據「海峽兩岸共同打擊犯罪及司法互助協議」第一章總則之規定如下：

（一）合作事項：雙方同意在民事、刑事領域相互提供以下協助：1.共同打擊犯罪；2.送達文書；3.調查取證；4.認可及執行民事裁判與仲裁判斷（仲裁裁決）；5.接返（移管）受刑事裁判確定人（被判刑人）；6.雙方同意之其他合作事項。

（二）業務交流：雙方同意業務主管部門人員進行定期工作會晤、人員互訪與業務培訓合作，交流雙方制度規範、裁判文書及其他相關資訊。

（三）聯繫主體：本協議議定事項，由各方主管部門指定之聯絡人聯繫實施。必要時，經雙方同意得指定其他單位進行聯繫。協議其他相關事宜，由財團法人海峽交流基金會與海峽兩岸關係協會聯繫。[30]

四、第4次江陳會談，於2009年12月在臺中舉行的兩岸協商談判。雙方由海峽交流基金會董事長江丙坤與海峽兩岸關係協會會長陳雲林率領代表團，針對兩岸租稅問題、兩岸標準檢驗與認證合作、兩岸農產品檢疫檢驗，以及兩岸漁業勞務合作等問題進行協商。

五、第5次江陳會談乃為「海峽兩岸經濟合作架構協議」，即所謂ECFA之協議；於2010年完成簽署包括「兩岸經濟合作架構協議」及「兩岸智慧財產權保護合作協議」二項協議。

六、第6次江陳會談乃於2010年12月20日至22日在臺北舉行的兩岸協商談判。會中雙方僅簽訂海峽兩岸醫藥衛生合作協議，並決定成立協議落

---

[30] 法務部，全國法規資料庫，「海峽兩岸共同打擊犯罪及司法互助協議」。

實的檢討機制，但在經濟合作方面仍無法達成共識。

七、第7次江陳會談乃於2011年10月19日至21日在天津市舉行，是中國大陸海峽兩岸關係協會與臺灣海峽交流基金會之間進行的第7次兩岸協商談判，簽署「海峽兩岸核電安全合作協議」，公布了關於繼續推進兩岸投保協議協商和加強兩岸產業合作兩項共同意見。

八、第8次江陳會談乃於2012年8月8日至9日在臺北市舉行，會談所簽署的「海峽兩岸投資保障和促進協議」及「海峽兩岸海關合作協議」都是ECFA後續協議的一部分，對兩岸儘速完成商簽ECFA其他後續協議，具有相當重要的意義。

九、海峽兩岸兩會第9次高層會談簽署之協議，其即為2013年6月21日海峽兩岸服務貿易協議，該協議乃為加強海峽兩岸經貿關係，促進服務貿易自由化，依據「海峽兩岸經濟合作架構協議」及世界貿易組織「服務貿易總協定」，財團法人海峽交流基金會與海峽兩岸關係協會經平等協商。但因為2014年3月18日至4月10日期間太陽花學運（又被稱作318學運、占領國會事件）所使然，因此該協議仍停留在我國立院審議中，尚未生效。

十、海峽兩岸兩會第11次高層會談簽署之協議，其中包括海峽兩岸民航飛航安全與適航合作協議，其乃於2015年9月3日行政院第3464次院會核定，2015年9月3日行政院院臺法字第1040144081號函送立法院備查之海峽兩岸民航飛航安全合作協議。[31]為保障海峽兩岸民用航空飛航安全與維護公眾利益，促進民用航空發展，財團法人海峽交流基金會與海峽兩岸關係協會就兩岸民航飛航安全與適航合作事宜，經平等協商達成之協議。該協議之合作原則與目標為，海峽兩岸雙方同意本著保障飛航安全與平等互惠原則，在專業務實的基礎上，加強飛航安全與適航業務交流與合作，共同推動建立兩岸飛航安全與適航監理機制，增進兩岸民用航空發展。

---

31 大陸委員會，「兩岸協議」，106.5.19。

十一、法務部協商海峽兩岸打擊犯罪擬談三大方向。2016年4月爲交涉肯
亞案、馬來西亞案，法務部率專案小組赴大陸協商。協商團成員包
括10名代表，由當時法務部國際及兩岸法律司司長陳文琪領軍。法
務部表示，會依案件狀況不同，朝「共同偵辦」、「分工合作」、
「建立原則」三方向與陸方協商。法務部指出，「共同偵辦」即肯
亞案的臺籍疑犯已遣送大陸，應可採取2011年菲律賓案模式由我方
檢察官赴陸共同偵查、蒐證，再研議疑犯及卷證一併移回臺灣偵
查審判。「分工合作」是指涉及馬來西亞詐騙案的臺籍、陸籍嫌疑
人已分別遣送兩岸，應由雙方檢察官各自偵辦己方嫌疑人，並交換
證據資料、交叉勾稽，完成各自的偵查、審判程序。「建立原則」
部分，法務部表示，將就未來兩岸均有管轄權的犯罪，依類型不同
建立不同的處理模式，以利雙方共同打擊犯罪能量的充分發揮。
法務部表示，此行希望能探視在押的肯亞案臺籍人士，瞭解他們的
狀況、所處環境，以及提供法律扶助，再由陸委會、海基會共商因
應。[32]經雙方會商之兩岸共同打擊電信詐騙犯罪第2輪會談於2016
年4月14日在珠海結束，雙方達成四點共識，大陸公安機關要求臺
方追查幕後金主（老闆），最大限度追繳贓款並返還大陸受害人。
目前，涉馬來西亞電信詐騙案的32名臺灣嫌犯全部認罪。[33]法務部
表示，該協商代表團經過與大陸公安部進行會議協商，達成四點共
識：

（一）關於肯亞案及馬來西亞案，雙方同意開展合作偵辦。

（二）陸方同意家屬探視臺籍嫌疑人，依規定積極安排。

（三）對於未來跨境犯罪，雙方同意建立處理原則，以利打擊犯
罪、保護受害人及實現社會正義。

（四）海峽兩岸共同打擊犯罪及司法互助協議生效7年來，成效有目

---

32 王聖藜、鄭瑋，聯合報，〈法部協商團今登陸　打擊犯罪擬談三大方向〉。
33 今日新聞Nownews，〈兩岸就電信詐騙追逃追贓達成四項共識〉。

共睹，有利兩岸人民，執行成果值得珍惜並延續執行。[34]

十二、2016年臺灣政黨再次輪替之後，兩岸官方交流管道停滯。但為維護兩岸人民權益、共同打擊犯罪活動，兩岸司法機關的交流與互助仍以「適當名義」進行中。大陸最高檢察院檢察長曹建明、最高法院院長周強於2018年3月9日向大陸之全國人民代表大會進行工作報告。曹建明在報告中指出，5年來，大陸深化與港澳臺地區司法交流協作，海峽兩岸檢方主要負責人以適當名義互訪，並開設二級窗口規範辦理兩岸司法互助案件，強化懲治跨境犯罪協作。周強也在報告中表示，過去5年出臺辦理在臺灣地區服刑大陸居民回大陸服刑案件規定等四個司法解釋和文件，推進兩岸司法互助；而大陸法院在過去5年中，共審結涉港澳臺、涉僑案件8.1萬件，辦理涉港澳臺司法協助互助案件5.8萬件，以保護港澳臺僑的合法權益。由於跨境電信詐騙案件愈演愈烈，大陸最高檢自2016年起與公安部、工信部、人行聯手出擊，兩年中共起訴電信詐騙犯5.1萬人，其中崔培明案、張凱閔案、邱上豈案是特大的跨境電信詐騙案，涉案人數從60人到130人不等，犯案地點從柬埔寨、印尼到肯亞、亞美尼亞等地。[35]

十三、2018年兩岸共同打擊犯罪及司法互助機制之績效，如我國大陸委員會之績效報告中顯示，[36]自2016年4月起陸續發生中國大陸自肯亞、馬來西亞、柬埔寨及亞美尼亞等國，將涉嫌跨境電信詐騙犯罪的國人強行押往中國大陸之案件，我國政府如前第十一項中所述，在2016年4、5月間兩度組團赴陸進行溝通；並針對可操之在我部分，積極強化相關打擊犯罪之作為，以有效遏止犯罪分子犯案。而為有效打擊跨國電信詐騙犯罪，並向上溯源、追查犯罪集團首腦，

---

34 多維新聞，〈突破！陸台達成四點共識合辦詐騙案〉105.4.21。

35 宋秉忠、陳君碩，中時電子報04:09 旺報，〈官方管道中斷兩岸司法互助仍繼續〉，107.3.10。

36 大陸委員會，「建立兩岸共同打擊犯罪及司法互助機制」，108.2.21。

我國政府也持續呼籲陸方應珍惜過去雙方合作、累積的成果，並在既有的基礎上展開合作，以保障民眾權益。截至2018年12月底止，兩岸司法機關在本協議架構下，雙方相互提出之司法文書送達、調查取證、協緝遣返等請求案件已超過11萬件。針對國人在中國大陸服刑國人接返問題，分別於2010年、2011年，以及2012年成功接返在中國大陸受刑事裁判確定人等11名國人；另在截至2018年12月底，自中國大陸接返受刑事裁判確定8名國人（合計自中國大陸已接返19名受刑國人），未來也將與陸方溝通，持續推動接返受刑人作業。

第四節　兩岸四地刑事司法互助之可能模式

筆者認為，如本書前述章節所論之國際警察首長協會曾於2000年4月，發表一篇美國治安體系，情報資源整合的實證研究報告，對於兩岸四地司法互助在資訊分享平臺建立之未來發展上，應甚有參考之價值。[37]臺灣在對抗犯罪與反恐作為方面，因為單位甚多且各自有其情資系統，造成無法有效整合與運用的窘境。故亦似乎宜在情資品質之有效掌握與運用，及科技的巧妙結合上更加著力，以便能更有效率的維護社會之安全。而此種資訊分享的機制平臺之建置與具體之步驟，甚值得兩岸四地司法互助之開展與犯罪情資程序設定時之參考。本文擬以此一簡易之司法互助機制之設置為研究之標的，並從其軟、硬體之研發配置、法制與管理運作面的規範等面向，提出具體可行的建議。

因此，對於兩岸四地在其跨境犯罪的共同議題上，如筆者前述之各類檢討、分析與論述，對跨境犯罪之組織、類型、活動方式等應於平時，充分的蒐集相關的資訊，以便使兩岸四地相關之刑事司法單位，對其有充分

---

[37] IACP-An Information Integration Planning Model, April 2000, http://www.theiacp.org/documents/pdfs/Publications/cjinfosharing%2Epdf.

之瞭解認識，進而能更精準的評估與規劃共同合作對抗之作為，以達兩岸四地雙贏之策略目標。其次，宜可召集兩岸四地各相關司法情治單位，就可能發生跨境犯罪之範疇，進行普查與事前之整備。另外，宜由兩岸四地各相關之治安單位，就情資之整合與運用研發、設計出共同應用之軟體，與實際運作的機制，使得跨境犯罪或其犯罪組織之掌控能更有效率。換句話說，在知識經濟（Knowledge Based Economy）影響深遠的二十一世紀，必須掌握或領先對知識之認知與運用程度，才能超越跨境犯罪集團，也才能共創兩岸四地的安寧與榮景。

　　然其具體可行之作為與步驟，則建議如下：

一、簽訂兩岸四地司法互助協議，建立雙向式之「刑事司法互助」模式

　　兩岸事務性刑事司法互助之商談，一直未能全方位的達成協議，如前所述主權爭議故係所絆，但應非「能與不能」之問題，而係「為與不為」之問題。如能將雙方之刑事合作，定位在「共同打擊犯罪」上，降低政治方面之意涵，自能朝技術面突破。如果能在互信的基礎上，先由對某一特定刑事議題，如共同打擊毒品達成全面之協議與互助，或以前述2009年之南京協議為基礎，逐步擴及重大經濟犯罪或全面性的刑事司法互助之範疇，則未來建立前述所謂的「最廣義的刑事司法互助」模式，自是指日可待。[38]然有論者稱，兩岸司法互助協議法律地位殆有疑義，前述2009年簽訂之「海峽兩岸共同打擊犯罪及司法互助協議」係由兩岸授權民間組織簽署，亦即兩岸海基、海協兩會簽署，性質上並非國際法上之條約或雙邊協議。就簽署之「目的」與「功能」以觀，架構及內容僅作原則性規範，類似合作意向法律文件，是應在立法層次上賦予正式法律地位及拘束力。[39]又，兩岸法律衝突核心問題並未解決，雖兩岸同屬大陸法系，然兩岸分屬

---

[38] 陳明傳（民96：34）。

[39] 自由大道，〈海峽兩岸共同打擊犯罪及司法互助協議之發展與困境〉，106.9.1。

不同法域，法律制度之差異產生法律衝突。未來宜借鑑歐盟「證據令」或「逮捕令」制度，[40]作為思考與變革之途徑。

二、漸進式的發展兩岸之刑事司法互助模式

建議兩岸暫將主權問題擱置，在互信基礎上，秉持互惠原則，共同消弭犯罪。同時，經由不斷會商及處理實際案件之經驗中，研究雙方可接受之方式，且不妨由最單純者先簽署協議，而後由簡至繁逐一達成協議，例如在2009年海基會董事長江丙坤和海協會會長陳雲林，於大陸舉行的第3次江陳會中，協商共同打擊犯罪的議題，建立兩岸司法和刑事犯罪情資的交換平臺。兩岸兩會終於在2009年4月26日簽署共同打擊犯罪及司法互助協議，今後兩岸民、刑事案件都可透過正式管道請求對方協助調查。考量兩岸當前之跨境犯罪及互動狀況，則近期內雙方可由交換犯罪情資開始，再逐步展開各項司法互助。

（一）建立常態化合作機制：有關兩岸情資交流及案件偵辦協助事項，可由兩岸指派固定人員定期往來兩岸方式，就事務性議題進行協商或交換情資，初期由兩岸警察單位各指派專責人員，就既定議題進行會談，原則以共同打擊犯罪議題為主。

（二）定期研商、強化交流合作：由臺灣警政署刑事警察局與大陸公安部、刑偵局及沿海公安廳負責人員，進行交流互訪，從犯罪情資傳遞、偵辦犯罪技巧及個案協助為開端，逐步擴大兩岸共同打擊犯罪範圍，規劃定期（半年）於臺灣或大陸、香港、澳門等地區舉行「新興犯罪議題研商會議」，以強化執法合作模

---

40 吳建輝，〈刑事司法互助在歐洲聯盟法之發展〉。2002年歐盟理事會通過2002/584/JHA理事會框架決定113，用以規範會員間為追訴與執行之目的之人犯移交，用以取代原本之引渡制度。歐盟理事會指出，歐洲「逮捕令」係歐盟第一個具體執行相互承認此一基本原則之刑事措施。「證據令」乃2008年，歐盟理事會通過2008/978/JHA理事會框架決定，用以規範會員間調查證據之相互承認與執行，其規範模式與歐洲逮捕令相近，均係奠基於相互承認原則之上。

式，並交換打擊犯罪心得。

（三）派遣駐澳門專責警察聯絡官：澳門地理位置緊連大陸廣東省，在目前兩岸共同打擊犯罪工作上大都擔任中介點之角色，以往我國警察機關對於情資傳遞可透過前入出境管理局駐澳門秘書協助聯繫，惟我國入出境管理局業於2007年1月2日升格為入出國及移民署，其駐澳門秘書已從原來警政與移民之行政一體的角色，變成為協助我國警察機關推動兩岸共同打擊犯罪業務。然為符合事權及有效擴展兩岸打擊犯罪工作，我國警政署所屬之刑事警察局，業已於2010年派遣警察聯絡官常駐澳門，處理兩岸共同打擊犯罪事務，惟其之功能與機制仍有待更進一步的建置與開展。

三、根據前述之共識與協議，漸進的在犯罪情資交換與初步之司法合作上推展之

我國之刑事警察局與對岸公安單位過去之合作狀況，雖然經2009年兩岸之南京協議後有大幅提升司法互助之功能，惟大都仍以較非正式的「單一聯繫窗口」，以單向犯罪情資之交流為主。至於在互相提供兩岸跨境犯罪集團分子活動情形、犯罪手法等相關情報資料，積極強化潛逃刑事犯之查緝，以及機先防制跨境犯罪活動等措施，則仍有拓展之空間。至於目前臺灣則以跨境擄人勒贖案件最為緊迫，其次為重大影響社會之案件，如重大之經濟犯罪案件或詐騙、洗錢等；而大陸公安單位最為重視之案件，乃為偽造人民幣案件，其次為大陸地區臺籍黑幫組織犯案情資，及詐騙案件等。兩岸應依據當前兩岸犯罪趨勢和急迫性，設定優先警政合作議題，積極協助清查提供情資，並以互惠合作方式，進行全面性之交流與合作，以便能更有效的共同打擊跨境犯罪。

有關兩岸四地情資交流及案件偵辦協助事項，初期當可由兩岸警察單位各指派專責人員，就既定議題進行會談，原則以共同打擊犯罪議題為主。進而，可由臺灣之警政署刑事警察局與大陸公安部、刑偵局及沿海公

安廳負責人員等，進行定期交流互訪，從犯罪情資傳遞、偵辦犯罪技巧及個案協助為開端，逐步擴大兩岸共同打擊犯罪範圍，規劃定期於臺灣地區或大陸地區舉行較為正式之「新興犯罪議題研商」，以強化執法合作模式，並交換打擊犯罪心得。[41]在全球互相依賴的環境中，亦可思考兩岸四地交流的社會性之犯罪議題，以宏觀的地區安全之概念，建構新的全方位安全思維與合作策略。故而兩岸基於共榮、互利、雙贏的利益考量，可以參照歐盟、北美自由貿易區、東南亞國協等地區性整合的經驗，就兩岸四地互動衍生的事務性與「低政治性」社會安全之議題，建構兩岸四地安全的正式之合作機制或組織，以作為兩岸四地刑事司法合作之平臺。其中，可從非法移民、毒品走私、組織犯罪等跨境犯罪防制著手建構合作之模式，再逐漸推展到其他社會安全之面向。然而更具體之作為，當然是兩岸四地常設性的情資分享系統之建置完成，才能更快速有效的嚇阻跨境犯罪的蔓延。至其具體之步驟，筆者以為或可參考下列之建議，來漸進式的推展兩岸司法互助之具體可行之作為如下：

（一）2016年臺灣政黨再次輪替之後，兩岸官方交流管道停滯；然而如前述之大陸最高檢察院於2018年3月9日向大陸之全國人民代表大會進行工作報告稱，為維護兩岸人民權益、共同打擊海峽兩岸之犯罪活動，兩岸司法機關的交流與互助仍應以「**適當名義**」進行之。因此筆者以為，海峽兩岸相關機關，如前述Brown之論述一般，新世代的國際警察之司法互助，應從政治理念的歧異而完成不合作的狀態，逐漸的形成法律、司法文化，及執法效能方面的巧妙調適，而進入共同打擊跨國犯罪之最佳合作之型態。因此，兩岸與港澳地區應有司法交流合作之空間，因而海峽兩岸檢方主要負責人應以適當名義互訪，並開設所謂之二級窗口規範，以便辦理兩岸司法互助案件，強化懲治跨境犯罪之效果。

---

[41] 謝立功（民91）。

（二）召集兩岸四地主要情治相關機構之主管或負責人研商整合之平臺：兩岸四地開會研商情資整合與分享平臺，建置起兩岸四地均可接受之司法合作之範疇、程序與方式，以便達成共識，而使其具備有推展之可行性。

（三）創立兩岸四地情資整合與分享平臺之管理機制或組織：在兩岸四地中尋找一個恰當之地點，成立一個新的管理組織，由兩岸四地派員共同的管理、監督此新機制的運作程序與發揮其合作之效率。兩岸四地亦可比照國際刑警組織，在四地亦指定對口之單位，以便配合此新組織之運作。

（四）建置兩岸四地情資整合的資訊處理系統：透過與私人企業之簽約或顧用資訊之專家與顧問，研商兩岸四地情資整合系統所需之處理軟、硬體，以滿足兩岸四地參與之治安機構之需要，並達到預期之目標。

（五）通報並教育兩岸四地參與之治安機構使用本系統：通報並教育兩岸四地參與機構之相關治安人員，瞭解本系統之功能與程序，及可能產生之成果與影響，進而正確有效的使用本系統。

（六）評估與維持本系統：不斷評估以便透過修正而滿足新的兩岸四地跨境犯罪防衛之需求，並瞭解其成效與正、反兩面之影響，以便維繫此系統持續與正常的運作。

（七）設定優先之兩岸治安合作議題，進而互惠協查：凝聚雙方合作打擊犯罪共識，依據當前兩岸犯罪趨勢及急迫性設定優先警政合作議題。目前我國洽請大陸協查案類，以跨境擄人勒贖案件最為緊迫（因涉及人身安全），其次為重大影響社會案件（如千面人下毒案件）、重大要犯追緝事實查詢（如十大通緝要犯之查緝）及詐騙、毒品走私案件；而大陸公安單位最為重視案件為偽造人民幣案件，其次為詐騙案件及大陸地區臺籍黑幫組織犯案情資與活動區域等資料。

（八）迅速協查重大跨境案件資料：為提升打擊跨境重大、特殊刑案效能，立即掌握嫌犯行蹤，應協議犯罪類型及指定聯繫窗口，

立即協助查詢各類資、通信及涉嫌人前科素行等資料，以有效打擊跨境犯罪。

（九）司法文書相互提供：近期我國偵辦多起刑事案件，被害人與加害人相隔兩岸，即使其中一方查獲加害人，若無對岸被害人報案筆錄及相關事證，甚難將嫌犯繩之以法，故相關筆錄、證物及文書資料之互助提供，為當前合作之重點目標。

（十）跨境黑幫組織情資交流：臺灣黑道不法分子到大陸地區主要聚集發展據點為福建廈門市、福州市、廣東深圳市、東莞市、廣州市及上海市；另近來我方發生幾起大陸偷渡犯來臺犯案，犯案完畢立即偷渡出境之案例，爰此，兩岸應合作提供跨境黑幫組織情資交流，並針對指定個案專案打擊，以壓制我方黑道分子在國內犯案後潛逃至大陸地區藏匿之現況。

本書參考資料

一、中文參考資料

刁仁國（民國89年），〈論外國人入出國的權利〉，中央警察大學《學報》，第37期，頁443-455。

大陸委員會，本會施政績效「建立兩岸共同打擊犯罪及司法互助機制」，108-02-21，108年3月25日取自：https://www.mac.gov.tw/cp.aspx?n=51B78A46DE7D24E1&s=18AD7FEF24CF322F。

大陸委員會，「兩岸協議」，106-05-19，108年3月25日取自：https://www.mac.gov.tw/cp.aspx?n=1494D59CE74DF095。

上海市公安局經偵總隊課題組（民國100年），〈淺議深化海峽兩岸共同打防跨境經濟犯罪警務合作機制的瓶頸難點、建設導向和推進舉措〉，第六屆兩岸四地警學研討會論文。

大紀元網系轉載自由時報報導，「50萬中國非法移民散居世界各國」，93-08-05，108年3月15日取自：http://www.dajiyuan.com/b5/4/8/5/n617555.htm。

大紀元，〈全球移民概況一覽表—兩億移民為全球帶來兩兆美元經濟收益〉，94-10-07，108年3月15日取自：http://www.epochtimes.com/b5/5/10/6/n1076867.htm。

大紀元，〈中國再現移民熱大陸富人成移民主體〉，101-04-22，108年3月15日取自：http://www.epochtimes.com/b5/12/4/22/n3571444.htm。

中國網，〈「美國愛國者法案」打開濫用權力大門〉，95-01-28，108年3月21日取自：http://big5.china.com.cn/chinese/HIAW/1108521.htm。

中華民國社區營造學會（民國94年），「行政院六星計畫會議—社區治安策略工作坊之策略」會議資料，臺北：中華民國社區營造學會。

今日新聞Nownews，〈恐怖分子新招數？美密切監控「人肉炸彈客」〉，

101年5月21日取自：http://www.nownews.com/2012/05/03/334-2810193.htm。

今日新聞Nownews，〈兩岸就電信詐騙追逃追贓達成四項共識〉，105-05-16，108年3月25日取自： https://www.nownews.com/news/20160516/2100661/。

內政部入出國及移民署（民國100年），《入出國及移民署99年年報》，臺北：內政部入出國及移民署。

內政部戶政司全球資訊網，結婚人數按雙方原屬國籍分，108年3月25日取自： https://www.ris.gov.tw/app/portal/346，

內政部移民署，106年年報，民國107年，108年3月25日取自：https://www.immigration.gov.tw/5382/5385/7353/7359/146188/。

內政部移民署，104年年報，民國105年，108年3月25日取自：https://www.immigration.gov.tw/5382/5385/7353/7359/16996/。

內政部移民署，99年年報，民國100年，108年3月25日取自：https://www.immigration.gov.tw/5382/5385/7353/7359/17031/。

內政部移民署，全球資訊網，民國103年4月，「大陸地區人民非法入境歷年收容遣返統計表」，108年3月25日取自：https://www.immigration.gov.tw/5385/7344/59452/102895/。

內政部移民署，移民署願景，108年3月25日取自：https://www.immigration.gov.tw/5385/5388/7169/15873/。

內政部，統計通報104年第32週，108年3月25日取自：https://www.moi.gov.tw/files/news_file/week10432.pdf。

內政部統計處，〔行政公告〕107年第2週內政統計通報，〈106年1-11月查處外來人口違法比率未隨外來人口增加而上升〉，107-01-13，108年3月25日取自：https://www.moi.gov.tw/chi/chi_site/stat/news_detail.aspx?sn=13307。

內政部警政署（民國96年），《警政白皮書》，民國95年版，臺北：內政部警政署。

內政部警政署，全球資訊網，〈警署建置「全國毒品情資資料庫」投入

反毒戰〉，106年5月1日取自：https://www.npa.gov.tw/NPAGip/wSite/ct?xItem=80330&ctNode=11435。

文上賢（民國97年），《核子、放射恐怖攻擊及因應作爲之探討》，中央警察大學第4屆「恐怖主義與國家安全」學術研討會論文集，97年12月25日，頁253-254。

文匯報，〈2050全球移民人口破4億〉，99-11-30，108年3月15日取自：http://paper.wenweipo.com/2010/11/30/GJ1011300028.htm。

王勇（民國81年），〈「一國兩制」條件下的區際刑事司法協助〉，《政治與法律》，上海，第5期，頁25。

王鵬捷（民國100年），〈兩岸打擊犯罪成效日漸顯著〉，中央日報網路報，100年2月6日取自：http://www.cdnews.com.tw/cdnews_site/docDetail.jsp?coluid=111&docid=101432487。

王聖藜、鄭暐，聯合報，〈法部協商團今登陸打擊犯罪擬談三大方向〉，108年3月25日取自：http://city.udn.com/54532/5469362#ixzz5j3Dyvr1x。

中央廣播電臺，〈回顧2015年以來　針對民眾的重大攻擊〉，108年3月21日取自：https://www.rti.org.tw/news/view/id/2014619。

臺灣新社會智庫，〈全球恐怖主義與川普的反恐政策〉，108年3月22日取自：http://www.taiwansig.tw/index.php/%E6%94%BF%E7%AD%96%E5%A0%B1%E5%91%8A/%E5%85%A9%E5%B2%B8%E5%9C%8B%E9%9A%9B-8148-%E5%85%A8%E7%90%83%E6%81%90%E6%80%96%E4%B8%BB%E7%BE%A9%E8%88%87%E5%B7%9D%E6%99%AE%E7%9A%84%E5%8F%8D%E6%81%90%E6%94%BF%E7%AD%96-global-terrorism-and-trump%E2%80%99s-anti-terrorism-policy。

北京青年報，94-03-23，101年2月6日取自，http://news.tom.com/1988/2005323-1976684.html。

巨克毅（民國97年），〈全球化時代的文化衝突與對治初探—從Jihad vs. McWorld之論述談起〉，臺中：博學雜誌，第7期，頁28。

朱金池（民國97年），建構社會安全管理網絡之芻議（初稿），未出版，

中央警察大學安全管理研究中心。

行政院，國土安全辦公室，108年3月15日取自：https://www.ey.gov.tw/
Page/66A952CE4ACACF01。

行政院國土安全辦公室，民國104年未發表之報告。

行政院衛生署（現衛生福利部），「醫院緊急災害應變措施及檢查辦
法」，民國93年12月20日修正衛署醫字第800095號令訂定發布，
108年3月20日取自：http://law.moj.gov.tw/LawClass/LawContent.
aspx?PCODE=L0020026。

多維新聞，〈突破！陸臺達成四點共識合辦詐騙案〉，105-04-21，108
年3月25日取自：http://news.dwnews.com/taiwan/big5/news/2016-04-
21/59733823.html。

自由大道，〈海峽兩岸共同打擊犯罪及司法互助協議之發展與困境〉，
106-09-01，108年3月25日取自：http://blog.sina.com.tw/highlive59/
article.php?entryid=634152。

自由電子新聞網，〈美阿戰爭危機特別報導「聖戰百科全書」致命攻擊手
冊〉，108年3月21日取自：http://old.ltn.com.tw/2001/new/oct/3/today-
int10.htm

余鎧均、曾憲健、劉鴻燕、萬雅雯（民國100年），〈通過對經濟罪案資
料的統計分析研判兩岸四地跨境經濟罪行的種類、趨勢以及打擊的重
點與對策〉，《第六屆海峽兩岸暨香港澳門警學研討會論文集》。

吳志中（民國94年），〈當女性成為人肉炸彈—人類文明發展的進步或退
步？〉，（轉載自Taiwan News，財經文化周刊第208期），108年3月
20日取自：http://devilred.pixnet.net/blog/post/6661677-%e7%95%b6%
e5%a5%b3%e6%80%a7%e6%88%90%e7%82%ba%e4%ba%ba%e8%82
%89%e7%82%b8%e5%bd%88--%e4%ba%ba%e9%a1%9e%e6%96%87
%e6%98%8e%e7%99%bc%e5%b1%95%e7%9a%84%e9%80%b2%e6%
ad%a5%e6%88%96。

吳建輝，〈刑事司法互助在歐洲聯盟法之發展〉，《司法新聲》，第103
期，108年3月25日取自：http://ja.lawbank.com.tw/pdf/%E5%8F%B8

%E6%B3%95%E6%96%B0%E8%81%B2103%E6%9C%9F_01%E7%AF%87.pdf。

呂謙宜（民國85年），〈中、美國家安全會議組織與功能之比較研究〉，中國文化大學政治研究所碩士論文。

宋泓均、許朝霞、吉黎，中國人民銀行（民國100年），〈跨境洗錢犯罪防控〉，第六屆兩岸四地警學研討會論文。

宋筱元（民國87年），〈情報研究——一門新興的學科〉，中央警察大學《學報》，第33期。

宋碧雲譯（民國92年），Edith Hamilton原著，《希臘羅馬神話故事》。臺北：志文出版社。

宋秉忠、陳君碩，中時電子報 04:09 旺報，〈官方管道中斷　兩岸司法互助仍繼續〉，107-03-10，108年3月25日取自：https://www.chinatimes.com/newspapers/20180310000077-260301。

李宗勳（民國99年a），〈社區營造與安全治理—從單一管理到共同經營〉。99年7月1日取自中國行政學會：http://www.cspa.org.tw/%AA%C0%B0%CF%C0%E7%B3y%BBP%A6w%A5%FE%AAv%B2z(%A7%F5%A9v%BE%B1).doc。

李宗勳（民國99年b），〈跨部門協力如何落實在「公共治理」—以「第三造警力」（Third Party Policing）為例〉，《國際非政府組織學刊》，創刊號。

李明峻（民國95年），〈針對特定對象的人權條約〉，新世紀智庫論壇，第34期，95年6月，頁32-35。另參閱〈保護少數群體的權利人權概況系列18號〉，臺灣非政府組織國際交流協會，96年3月21日取自：http://www.aitaiwan.org.tw/html/unrights18.pdf。

李震山（民國100年），《人性尊嚴與人權保障》，臺北：元照出版公司。

李沁妍（民國101年），〈醫院作為關鍵設施之防護議題研究初探〉，《國家災害防救科技中心技術手冊》，NCDR 100-T43。

汪毓瑋（民國91年），〈非法移民問題威脅〉，《非傳統安全威脅研究報

告2002》，國家安全叢書。

孟維德（民國92年），行政院國家科學委員會專題研究「跨境犯罪原因論及防制對策之實證研究」（計畫編號：NSC 91-2414-H-015-009-SSS）。

林煒翔、林燦璋（民國97年），《犯罪剖繪技術在恐怖活動偵查上的應用與限制》，中央警察大學恐怖主義研究中心第4屆「恐怖主義與國家安全」學術研討會論文集，97年12月15日，頁43。

林錦村（民國88年），〈論走私毒品之偵查犯罪實務〉，《警學叢刊》，第29卷第6期，88年5月，頁177-181。

法務部，全國法規資料庫，「資恐防制法」，108年3月15日取自：https://law.moj.gov.tw/LawClass/LawAll.aspx?pcode=I0030047。

法務部，「海峽兩岸共同打擊犯罪及司法互助協議」案件統計總表，108年3月25日取自：https://www.moj.gov.tw/dl-18875-a94a9b336e3c4e9cbde8d7dac1d6bf94.htm。

法務部，全國法規資料庫，「海峽兩岸共同打擊犯罪及司法互助協議」，108年3月25日取自：https://law.moj.gov.tw/LawClass/LawAll.aspx?PCODE=Q0070013。

奇摩部落格，〈美國聯邦參議院通過比「愛國者法案」更甚的新法案〉，102年3月15日取自：http://tw.myblog.yahoo.com/jw!_4qwYw6ZGQQ0SgBMthp8sw--/article?mid=13784。

邱智淵，新頭殼newtalk，〈川普建萬里長城　鞏固連任之途〉，108-02-16，108年3月25日取自：https://newtalk.tw/news/view/2019-02-16/208098。

邵沙平（民國82年），《現代國際刑法教程》，湖北：武漢大學出版社，82年7月，一版一刷，頁235。

孫文德（民國99年），〈以「大平台」建設為龍頭用信息化推動公安工作現代化〉，第五屆海峽兩岸暨香港澳門警學研討會論文集。

徐金祥（民國101年），〈臺東縣警察局榮獲第4屆政府服務品質獎〉，警光雜誌社，第672期，101年3月15日取自：http://www.police.org.tw/

aspcode/magContent.aspx?oid=116814694&menuno=2。

桂京山（民國76年），《反情報工作概論》。桃園：中央警官學校。

財團法人醫院評鑑暨醫療品質策進會，「100年醫院評鑑基準及評量項
　　目」，101年3月20日取自：http://wwwu.tsgh.ndmctsgh.edu.tw/his/law/
　　100%E5%B9%B4%E9%86%AB%E9%99%A2%E8%A9%95%E9%91%
　　91%E5%9F%BA%E6%BA%96%E5%8F%8A%E8%A9%95%E9%87%8
　　F%E9%A0%85%E7%9B%AE.pdf。

馬進保（民國82年），〈我國區際刑事司法協助的法律思考〉，引自黃
　　進、黃風主編，《區際司法協助研究》，北京：中國政法大學出版
　　社，82年2月，一版一刷，頁191。

高希均、李誠、劉克智、董安琪、曾志朗、許士軍等（民國90年），《知
　　識經濟的迷思與省思》，臺北：天下遠見。

高明輝、范立達（民國84年），《情治檔案》，臺北：商周文化。

高政昇（民國91年），〈兩岸間經濟犯罪型態之探討〉，中央警察大學
　　《國境警察學報》，創刊號。

高慶德等（民國100年），《美國情報組織揭密》，北京：時事出版社。

《國家安全法規彙編》（民國97年），國家安全局編印。

張中勇（民國81年），〈情報分析與決策過程問題之研究——一個社會心理
　　學之觀察〉，中央警察大學《警政學報》，第21期。

張中勇（民國97年a），〈以全民防衛動員為緊急應變機制備源體系對我
　　國國土安全效能之評估研究報告〉，國防部後備司。

張中勇（民國97年b），〈九一一後美國情報改革倡議與實踐——兼論對我
　　國之啟示〉，收錄於《非傳統安全威脅研究報告》，臺北：國家安全
　　叢書。

張治平、吳天雲（民國100年），〈兩岸利用地下通匯洗錢之現狀與預
　　防〉，《第六屆兩岸四地警學研討會論文》，臺灣法務部調查局。

張家豪（民國99年），〈我國反情報工作實施之研究〉，中央警察大學公
　　共安全研究所碩士論文。

張文成、曾偉文（民國104年），〈醫院持續營運系統脆弱度之探討〉，

《災害防救科技與管理學刊》，4（2），頁1-17。

許春金（民國95年），《犯罪學》，中央警察大學印行，頁831-866。

陳明傳（民國96年），〈兩岸共同打擊犯罪之現況與問題〉，財團法人海峽交流基金會，《交流雜誌》，第91期，頁34。

陳明傳（民國81年），《論社區警察的發展》，桃園：中央警察大學，頁7-10。

陳明傳（民國94年），《恐怖主義之類型與反恐之策略》，中央警察大學恐怖主義研究中心「恐怖主義與國家安全」學術研討會論文集，94年12月29日。

陳明傳（民國96年），〈跨國（境）犯罪與跨國犯罪學之初探〉，96年12月，「第一屆國土安全學術研討會」，中央警察大學國土安全研究中心。

陳明傳（民國98年），〈全球情資分享系統在人口販運上之運用與發展〉，98年防制人口販運國際及兩岸學術研討會，中華警政研究學會、中央警察大學移民研究中心。

陳明傳、J. L. Munro、廖福村（民國90年），〈警政基礎理念—警政哲學與倫理的幾個議題〉，桃園：中央警察大學。

陳明傳、駱平沂（民國99年），《國土安全導論》，臺北：五南圖書出版。

陳明傳、駱平沂（民國100年），《國土安全導論》，二刷，臺北：五南圖書出版。

曾偉文、張文成、潘國雄（民國100年），〈臺灣小型醫院防火安全等級評價模式〉，《臺灣衛誌》，第30卷，頁594-603。

植根法律網，「金門協議」，108年3月20日取自：http://www.rootlaw.com.tw/LawArticle.aspx?LawID=A040310001009300-0790912。

新唐人電視台，〈歐巴馬對回教世界喊話：美國不是敵〉，108年3月20日取自：https://www.ntdtv.com/b5/2009/01/28/a250936.html。

黃富源等（民國95年），《犯罪學概論》，中央警察大學印行，頁433-472。

新北市政府警察局（民國101年），〈101年度提升服務品質執行績效報告－參獎類別：第一線服務機關〉。

新竹市政府警察局（民國99、100年），〈99、100年度提升服務品質執行績效報告－參獎類別：第一線服務機關〉。

楊育澧（民國96年），〈國家情報主管機關依法行政下情報功能之研究〉，中央警察大學公共安全研究所碩士論文。

楊壽山（民國72年），《各國安全制度》，桃園：中央警官學校。

廖文正（民國93年），〈我國國家安全會議組織變革及其功能之研究〉，銘傳大學公共事務學研究所碩士論文。

廖千瑩、邵心杰報導，〈32萬外勞2萬非法，「陸勞」都是偷渡來的〉，95-03-04，101年10月20日取自：http://www.libertytimes.com.tw/2006/new/mar/4/today-fo7.htm。

維基百科，〈安瓦爾‧奧拉基〉，108年3月20日取自：http://zh.wikipedia.org/wiki/%E5%AE%89%E7%93%A6%E7%88%BE%C2%B7%E5%A5%A7%E6%8B%89%E5%9F%BA。

維基百科，〈利比亞內戰〉，108年3月20日取自：http://zh.wikipedia.org/zh-tw/2011%E5%B9%B4%E5%88%A9%E6%AF%94%E4%BA%9A%E8%B5%B7%E4%B9%89。

維基百科，〈法國大革命〉，108年3月20日取自：http://zh.wikipedia.org/w/index.php?title=%E6%B3%95%E5%9B%BD%E5%A4%A7%E9%9D%A9%E5%91%BD&variant=zh-tw#.E6.96.B7.E9.A0.AD.E5.8F.B0.EF.BC.9A.E6.96.AC.E9.A6.96.E5.85.AD.E8.90.AC。

維基百科，〈2013年波士頓馬拉松爆炸案〉，108年3月21日取自：https://zh.wikipedia.org/wiki/2013%E5%B9%B4%E6%B3%A2%E5%A3%AB%E9%A0%93%E9%A6%AC%E6%8B%89%E6%9D%BE%E7%88%86%E7%82%B8%E6%A1%88。

維基百科，〈伊斯蘭國〉，108年3月21日取自：https://zh.wikipedia.org/wiki/%E4%BC%8A%E6%96%AF%E5%85%B0%E5%9B%BD。

維基百科，〈大數據〉，108年3月1日取自：https://zh.wikipedia.org/zh-hant/%E5%A4%A7%E6%95%B8%E6%93%9A & http://en.wikipedia. org/wiki/Big_data。

維基百科，〈在臺外國人〉，108年3月25日取自：https://zh.wikipedia.org/ wiki/%E5%9C%A8%E8%87%BA%E5%A4%96%E5%9C%8B%E4%B A%BA。

維基百科，〈2008年孟買連環恐怖襲擊〉，108年4月2日取自：http:// zh.wikipedia.org/zh-tw/2008%E5%B9%B4%E5%AD%9F%E8%B2%B7 %E6%81%90%E6%80%96%E6%94%BB%E6%93%8A。

劉雨靈，內政部警政署署長陳國恩專訪，〈科技建警、偵防並重警政署融 入大數據分析〉，108年3月20日取自全球安防科技網：https://www. asmag.com.tw/showpost/10465.aspx。

趙永琛（民國89年），《跨國犯罪對策》，吉林：吉林人民出版社，89年 9月，一版一刷，頁346-347。

趙明義（民國94年），《當代國家安全法制探討》，臺北：黎明文化。

趙喜臣（民國85年），〈論國際刑事司法協助〉，引自司法部司法協助局 編，《司法協助研究》，北京：法律出版社，85年6月，一版一刷， 頁95。

蔡庭榕（民國96年），〈論國土安原執法與人權保障〉，《第一屆國土安 全學術研討會論文集》，桃園：中央警察大學國土安全研究中心， 96年12月，頁223。

蔡墩銘（民國82年），《涉及兩岸刑事案件處理方式研究》，行政院大陸 委員會委託研究，82年10月，頁47。

鄭文銘、陳世煌（民國95年），〈兩岸跨境犯罪模式分析與因應對策〉， 《警學叢刊》，第37卷第1期，頁129-142。

蕭光霈譯（民國95年），Arthur S. Hulnick原著，《情報與國土安全》， 臺北：國防部譯印。

蕭承訓專訪，林德華：〈大陸不再是永久避罪天堂〉，中時電子報， 101-05-15，101年11月20日取自：http://news.chinatimes.com/politi cs/11050202/112012051500539.html。

蕭麗香，「外籍人士犯罪統計分析」，108年3月25日取自：http://www.
　　tnh.moj.gov.tw/HitCounter.asp?xItem=167091。

聯合國大會1990年12月14日第45/116號決議通過之「引渡示範條約」
　　（Model Treaty on Extradition）第3條、第4條。

謝文忠（民國90年），〈社區巡守隊犯罪預防成效之研究－以臺北縣爲
　　例〉，中央警察大學犯罪防治研究所碩士論文，未出版，桃園。

謝立功（民國91年），〈防制兩岸毒品走私之刑事司法互助研究〉，「國
　　境安全與海域執法學術研討會」論文集，91年10月。

謝立功、陳明傳等（民國95年），〈大陸地區非法在台人數之分析研
　　究〉，行政院大陸委員會委託研究專案，95年7月。

謝立功，民國99年時任內政部入出國及移民署署長，〈大陸地區人民來
　　臺現況及因應作爲〉，108年3月25日取自：https://www.mjib.gov.tw/
　　FileUploads/eBooks/04fdeb6b91d7430cbfcb365eab74dada/Section_file/2
　　95838bade4e4ce683ffb83a07df1235.pdf。

謝玟妃（民國93年），〈組織信任與社區安全之探討－以臺北市信義區雙
　　和區爲例〉，中央警察大學行政管理研究所碩士論文，未出版，桃
　　園。

簡建章（民國90年），〈兩岸刑事司法互助之研究〉，「入出境管理及非
　　法外國人收容與遣返」學術研討會，中央警察大學國境警察學系，
　　88年。

簡建章（民國90年），〈兩岸刑事司法互助之研究〉，中央警察大學《警
　　學叢刊》，第32卷第1期，民國90年7月。

聯合報（民國93年），93-09-18，第A10版。

聯合報（民國93年），92-08-27，第A3版

聯合新聞網，國安法修法三讀 退休軍公教淪共諜喪失並追繳退俸，108年
　　6月19日取自：https://udn.com/news/story/6656/3880775

簡寶釗（民國97年），〈後九一一時期我國國土安全警政策略之研究〉，
　　中央警察大學安全所碩士班論文。

蘇顯星（民國96年），立法院法制局研討會資料－《反恐怖行動法草案評

估草稿》，96年10月26日。

警光新聞雲（民國106年），〈警政科技化@嘉義市雲端智慧巡邏車++全面上線〉，105-07-22，108年3月21日取自警光新聞雲：http://policetorch.blogspot.tw/2016/07/blog-post_22.html。

蘋果即時新聞中心，〈恐攻大屠殺巴黎129死慘案懶人包〉，108年3月21日取自：https://tw.appledaily.com/new/realtime/20151115/732880/。

Baidu百科，〈基督教馬龍派〉，108年3月21日取自：http://baike.baidu.com/view/1444892.htm。

BBC Chinese.com，〈研究發現全球移民達1.5億〉，108年3月15日取自：http://news.bbc.co.uk/chinese/trad/hi/newsid_1000000/newsid_1003000/1003059.stm。

ITIS智網，101年10月21日取自：http://www.itis.org.tw/pubinfo-detail.screen?pubid= 57388271。

News新華網，〈「911」以來最嚴重襲擊事件暴露美國反恐新困局〉，108年3月21日取自：http://big5.news.cn/gate/big5/www.xinhuanet.com//world/2013-04/17/c_124589788.htm。

Yahoo奇摩知識，〈請問美國911事件對經濟的影響 20點〉，108年3月21日取自：http://tw.knowledge.yahoo.com/question/question?qid=1008091303957。

二、外文參考資料

Achour Nebil, Miyajima Masakatsu, Pascale Federica and Price, Andrew D.F. (2014). Hospital resilience to natural hazards: classification and performance of utilities, Disaster Prevention and Management. Vol. 23 Issue 1, pp. 40-52.

Baltimore, Mayor's Office of Sustainable Solution-CitiStat, March 20, 201 retrieved from: https://moss-citistatsmart.baltimorecity.gov/.

Barbera, J. A, Macintyre, A.G. (2002). Medical and Health Incident Management (MaHIM) Systems: A comprehensive functional system description for mass casualty medical and health incident management. Institute for Crisis, Disaster, and Risk Management, the George Washington University. Washington, D. C.

Barbera, J. A, Macintyre, A.G. (2004). Medical Surge Capacity and Capability: A management system for integrating medical and health resources during large-scale emergencies. CNA Corporation.

Barnett, Gary D., Infraguard: FBI deputizes corporations to enforce martial law, March 20, 2012 retrieved from: http://redactednews.blogspot. com/2009/12/infraguard-fbi-deputizes-corporations.html.

Bjelopera, Jerome P. (2012). Countering Violent Extremism in the United States, Congressional Research Service report for Congress, March 20, 2012 retrieved from: http://fpc.state.gov/documents/organization/193709. pdf.

Bossard, André (1990). Transnational Crime and Criminal Law Illinois: The University of Illinois.

Brown, S. D. (2008). "Ready, Willing and Enable: A Theory of Enablers for International Cooperation." In Brown, S.D. ed., Combating International Crime: The Longer Arm of the Law, NY: Routledge-Cavendish.

Burch, J. (2011). Intelligence and Homeland Security. In Johnson, L. K. and Wirtz, J. J. *Intelligence: The Secret World of Spies.* New York: Oxford University Press.

Butterly, Nick & Probyn, Andrew (2010). Home-grown terrorists threat, March 20, 2012 retrieved from: http://au.news.yahoo.com/thewest/a/-/ breaking/6839604/home-grown-terrorists-threat/.

Collier, M. W. (2010). Intelligence Analysis: A 9/11 Case Study. In Logan, K. G. (eds.) *Homeland Security and Intelligence.* California, US: Praeger.

Encyclopedia Britannica, USA PATRIOT Act, March 21, 2019 retrieved from: https://www.britannica.com/topic/USA-PATRIOT-Act.

Epic.org, US107th CONGRESS, 1st Session, H. R. 3162, in the senate of the

United States, October 24, 2001, March 20, 2019 retrieved from: http://epic.org/privacy/terrorism/hr3162.html.

Galloway, R. & L. A. Fitzgerald (1992). Service Quality in Policing. FBI Law Enforcement Bulletin, 61 (11).

Gilmore, William C. (1999). Dirty Money: The Evolution of Money Laundering Countermeasures, 2nd ed., Council of Europe Publishing, May 1999.

Godson, R. (1995). Dirty Tricks or Trump Cards. Washington, D.C. Brassey's.

Goldstein, H. (1990). Problem-Oriented Policing. Philadelphia: Temple University Press.

Hastedt, G. P. and Skelley, D. B. (2009). Intelligence in a turbulent world Insights from organization theory. In Gill, P. (eds.) *Intelligence Theory: Key Questions and Debates.* London, UK: Routledge.

Hoffman, Bruce (2010). Internet Terror Recruitment and Tradecraft: How Can We Address an Evolving Tool While Protecting Free Speech? Written Testimony Submitted to The House Committee on Homeland Security, Subcommittee on Intelligence, Information Sharing, and Terrorism Risk Assessment, May 26, 2010. March 20, 2012 retrieved from: http://www.homelandsecurity.house.gov/SiteDocuments/20100526101502-95237.pdf.

Homeland Security News Wire, Public-private partnership in homeland security, May 5, 2019 retrieved from: http://www.homelandsecuritynewswire.com/public-private-partnership-homeland-security.

Homeland Security Presidential Directive-5, February 16, 2006 retrieved from: http://www.whitehouse.gov/news/releases/2003/12/20031217-6.html.

Hulnick, A. S. (2011). The Intelligence Cycle in Johnson, L. K. and Wirtz, J. J. *Intelligence: The Secret World of Spies.* New York: Oxford University Press.

IACP-An Information Integration Planning Model, April 2000, May 16, 2006 retrieved from: http://www.theiacp.org/documents/pdfs/Publications/

cjinfosharing%2Epdf.

IACP An Information Integration Planning Model April 2000, May 16, 2006 retrieved from: http://policechiefmagazine.org/magazine/index. cfm?fuseaction=display_arch&article_id=144&issue_id=112003.

InfraGuard - technical definition, May 5, 2019 retrieved from: http://computer. yourdictionary.com/infraguard.

InfraGard, About, May 5, 2019 retrieved from: https://www.infragard.org/ Application/Account/Login.

InfraGard, Connect to Protect, May 5, 2019 retrieved from: https://www. infragard.org/Files/INFRAGARD_Factsheet_10-10-2018.pdf.

IWS - the Information Warfare Site, Homeland Security Advisory System (HSAS), InfraGard Information, May 5, 2019 retrieved from: http://www. iwar.org.uk/infragard/.

Jenkins, Brian Michael (2010). Would Be Warriors: Incidents of Jihadist Terrorist Radicalization in the United States Since September 11, 2001, Santa Monica, CA: The RAND Corporation.

Jenkins, Brian Michael, Basic Principles for Homeland Security, May 5, 2012 retrieved from: http://www.rand.org/pubs/testimonies/2007/RAND_ CT270.pdf.

Johnston, Les. "The Trajectory of 'Private Policing' ", in Henry, Alstair & Smith, David J. edited (2007). Transformation of Policing, UK: Ashgate Publishing Limited.

Johnson, L. K. (2009). Sketches for a theory of strategic intelligence. In Gill, P. (eds.) *Intelligence Theory: Key Questions and Debates.* London, UK: Routledge.

Johnson, L. K. and Wirtz, J. J. (2011). *Intelligence: The Secret World of Spies.* New York: Oxford University Press.

Kemp, Roger L., Homeland Security: Best Practices for Local Government, ICMA, in Security Management, April 5, 2019 retrieved from: https://

sm.asisonline.org/Pages/homeland-security-best-practices-local-government-2nd-edition-009353.aspx.

Kahn, D. (2009). An historical theory of intelligence In Gill, P. (eds.) *Intelligence Theory: Key Questions and Debates.* London, UK: Routledge.

Kovacich, Gerald L. & Halibozek, Edward P. (2003). The Manager's Handbook for Corporate Security-Establishing and Managing a Successful Assets Protection Program, Boston: Butterworth Heinemann.

Loosemore, M., Carthey, J., Chandra, V. and Chand, A. M. (2011). "Climate change risks and opportunities in hospital adaptation", International Journal of Disaster Resilience in the Built Environment. Vol. 2, No. 3, pp. 210-221.

Lowenthal, M. M. (2017). Intelligence: From Secrets to Policy, 7th ed., Thousand Oaks, CA: CQ Press.

Matthews, R. (1989). Privatization in Perspective. In R. Matthews (Ed.), Privatizing Criminal Justice, pp.1-23, London: Sage.

McCarter, M. (2011, November 22). TSA must improve quality, March 20, 2019 retrieved from: http://robbinssecurity.wordpress.com/2011/11/25/homeland-security-a-local-responsibility/.

McVey, Philip M. (2003). "The Local Role in Fighting Terrorism", In Homeland NFPA® 99 (2012) Health Care Facilities Code, National Fire Protection Association.

Michel-Kerjan, E. (2011). "Prepare yourself, natural disasters will only get worse", The Washington Post, July 5 2013 retrieved from: http://articles.washingtonpost.com/2011-09-15/national/35274771_1_natural-disasters-hurricane-irene-earthquakes.

Michel-Kerjan, E. (2011). "Prepare yourself, natural disasters will only get worse", The Washington Post, March 28, 2019 retrieved from: https://www.washingtonpost.com/national/on-innovations/prepare-yourself-natural-disasters-will-only-get-worse/2011/09/14/gIQAvRVPUK_story.

html?utm_term=.5d0ea72f126e.

Migration Policy Institute. Taiwanese Immigrants in the United States, January 31, 2012, spotlight by Kristen McCabe, March 25, 2019 retrieved from: https://www.migrationpolicy.org/article/taiwanese-immigrants-united-states.

Migration Policy Institute. Taiwanese Immigrants in the United States, July 22, 2010, spotlight by Serena Yi-Ying Lin, March 25, 2019 retrieved from: http://migrationinformation.org/USFocus/display.cfm?ID=790.

Missouri Office of Homeland Security, May 5, 2012 retrieved from: http://www.dps.mo.gov/dir/programs/ohs/initiatives/mop3/.

Mostafa, M.M., Sheall, R., Morris, M. and Ingham, V. (2004). "Strategic preparation for crisis management in hospitals: empirical evidence from Egypt". Disaster Prevention and Management.Vol. 13, No. 5, pp. 399-408.

NFPA® 99 (2012). Health Care Facilities Code, National Fire Protection Association.

Office of Homeland Security, July 2002, National Strategy for Homeland Security, May 5, 2012 retrieved from: http://www.dhs.gov/xlibrary/assets/nat_strat_hls.pdf.

Oliver, Willard M. (2007). Homeland Security for Policing. NJ: Upper Saddle River.

Ortmeier, P. J. (2005). Security Management-An introduction, 2nd ed., New Jersey: Pearson Prentice Hall.

Peek-Asa, C., Kraus, J. F., Bourque, L. B., Vimalachandra, D., Yu, J. and Abrams, J. (1998). "Fatal and hospitalized injuries resulting from the 1994 Northridge earthquake". International Epidemlological Association. Vol. 27, No. 27, pp. 459-465.

Redmond, P. J. (2011). The Challenges of Counterintelligence in Johnson, L. K. and Wirtz, J. J. *Intelligence: The Secret World of Spies.* New York: Oxford University Press.

Worcester Regional Research Bureau (2003). May 6, 2012 retrieved from: http://www.dhs.gov/xprepresp/committees/editorial-0566.Shtm.

Schanzer, David, Kurzman, Charles and Moosa, Ebrahim (2010). Anti-Terror Lessons of Muslim Americans, January 6, 2010 retrieved from: http://www.sanford.duke.edu/news/Schanzer_Kurzman_Moosa_Anti-Terror_Lessons.pdf.

Senneward, Charles A. (2003). Effective Security Management, 4th ed., NY: Butterworth Heinemann.

Senpinar-Brunner, N., Eckert, T. and Wyss, K. (2009). "Acceptance of public health measures by air travelers, Switzerland". Emerging Infectious Diseases. Vol. 15, No. 5, pp. 831-832.

The Environment of care Handbook (2012). The Joint Commission/Joint Commission Resource, 3rd ed.

The RAND Corporation, http://www.rand.org/.

Thibault, E. A., L. M. Lynch, & R. B. McBridge (1985). *Proactive Police Management,* 2nd ed., Englewood Cliffs, NJ: Prentice Hall.

Torr, James D. ed. (1999). Organized Crime-Contemporary issucs companion, Roy Godson & William J. Olson, "International Criminal Organizations", San Diego: Greenhaven Press.

U.S. Census Bureau, Total and Taiwanese Foreign-Born Populations, 1980 to 2008, March 6, 2012 retrieved from: http://www.census.gov/population/www/documentation/twps0029/tab03.html.

U.S. Customs and Border Protection, Global Entry, March 25, 2019 retrieved from: https://www.cbp.gov/travel/trusted-traveler-programs/global-entry.

U.S. Customs and Border Protection, CBP's Trusted Traveler Programs Reach New Milestone with 5 Million Members Enrolled, March 25, 2019 retrieved from: https://www.cbp.gov/newsroom/national-media-release/cbp-s-trusted-traveler-programs-reach-new-milestone-5-million.

U.S. Customs and Border Protection, Automated Passport Control (APC),

March 25, 2019 retrieved from: https://www.cbp.gov/travel/us-citizens/apc.

U.S. Department of Homeland Security (2010). Quadrennial Homeland Security Review- A Strategic Framework for a Security Homeland, March 20, 2019 retrieved from: http://www.dhs.gov/xlibrary/assets/qhsr_report.pdf.

U.S. Department of Homeland Security. National Response Plan, (web introduction), January 25, 2006 retrieved from: http://www.dhs.gov/dhspublic/interapp/editorial/editorial_0566.xml.

U.S. Department of state, Patterns of Global Terrorism 2002, March 20, 2019 retrieved from: http://www.state.gov/j/ct/rls/crt/2002/pdf/index.htm.

United Nations, Department of Economic and Social Affairs, Population Division, Total International Migrant Stock, Workbook: UN_MigrantStock_2017.xls, Table 1 - International migrant stock at mid-year by sex and by major area, region, country or area, 1990-2017, March 25, 2019 retrieved from: https://www.un.org/en/development/desa/population/migration/data/estimates2/estimates17.asp.

United States Department of Justice, the National Criminal Intelligence Sharing Plan October 2003, March 25, 2019 retrieved from: http://www.au.af.mil/au/awc/awcgate/doj/nat_crim_intel_share_plan2003.pdf.

United States Department of State, Bureau of Counterterrorism and Countering Violent Extremism, Annex of Statistical Information, Country Reports on Terrorism 2017, September 2018. March 21, 2019 retrieved from: https://www.state.gov/j/ct/rls/crt/2017/282853.htm.

United States Department of State, Bureau of Counterterrorism and Countering Violent Extremism, Who We are, March 21, 2019 retrieved from: https://www.state.gov/j/ct/about/index.htm.

Van Vactor, J. D. (2011). "Cognizant healthcare logistics management: ensuring resilience during crisis", International Journal of Disaster Resilience in the Built Environment. Vol. 2, No. 3, pp. 245-255.

Walker, Samuel & Katz, Charles M. (2011). The Police in America: An Introduction, 7th ed., McGraw-Hill Companies.

Ward, Richard H., Kiernan, Kathleen L., Mabery, Daniel (2006). Homeland Security-An Introduction, CT.: anderson publishing, a member of the LexisNexis Group.

White, Jonathan R. (2012). Terrorism and Home Security, 7th ed., Wadsworth Cengage Learning.

WHO (2009). "Save Lives-Make Hospitals Safe in Emergencies," WHO.

Wilkinson, S.M., Alarcon, J.E., Mulyani, R., Whittle, J. and Chian, S.C. (2012). "Observations of damage to buildings from MW 7.6 Padang earthquake of 30 September 2009". Natural Hazards. Vol. 63, No. 2, pp. 521-547.

Wikipedia, Non-interventionism, March 21, 2019 retrieved from: https://en.wikipedia.org/wiki/Non-interventionism.

Wikipedia, Patriot Act, March 21, 2019 retrieved from: http://en.wikipedia.org/wiki/USA_PATRIOT_Act.

Wikipedia, Intelligence- led policing, March 21, 2019 retrieved from: http://en.wikipedia.org/wiki/Intelligence- led_policing.

Wikipedia, InfraGard, March 21, 2019 retrieved from: http://en.wikipedia.org/wiki/InfraGuard.

Wikipedia, Global Entry, March 21, 2019 retrieved from: https://en.wikipedia.org/wiki/Global_Entry.

Wikipedia, Non-interventionism, March 21, 2019 retrieved from: https://en.wikipedia.org/wiki/Non-interventionism.

Wiktorowicz, Quintan (2005). Radical Islam Rising: Muslim Extremism in the West, Lanham, MD: Rowman and Littlefield Publishers, Inc.

Wirtz, J. J. (2011). The Intelligence-Policy Nexus in Johnson, L. K. and Wirtz, J. J. Intelligence: The Secret World of Spies. New York: Oxford University Press.

Woodie, Alex (2014). July 31, 2014, "Police Push the Limits of Big Data Technology", in Datanami, March 1, 2019 retrieved from: https://www.datanami.com/2014/07/31/police-push-limits-big-data-technology/.

Worcester Regional Research Bureau (2003). Compstat and Citistat: Should Worcester Adopt These Management Techniques? Worcester Regional Research Bureau Report No. 03-01, February 18. 2003, March 21, 2012 retrieved from: http://www.wrrb.org/reports/03-01compstat.pdf/2007.

三、網路參考資料

中華民國總統府網站：http://www.president.gov.tw

內政部移民署網站：http://www.immigration.gov.tw

內政部警政署網站：http://www.npa.gov.tw

全國法規資料庫網站：http://law.moj.gov.tw

海洋委員會網站：https://www.oac.gov.tw

海洋委員會海巡署網站：https://www.cga.gov.tw

法務部調查局網站：http://www.mjib.gov.tw

美國國土安全部網站：http://www.dhs.gov

美國國家情報總監辦公室網站：http://www.dni.gov

國防部政治作戰局網站：http://gpwd.mnd.gov.tw

國家安全局網站：http://www.nsb.gov.tw

憲兵指揮部網站：http://afpc.mnd.gov.tw

http://www.calhospitalprepare.org/category/content-area/planning-topics/healthcare-emergency-management/emergency-operations-plan

http://www.aha.org – American Hospital Association Web page

http://www.dhs.gov – Department of Homeland Security

http://www.hhs.gov/disasters – Department of Health and Human Services Web page on disaster topics

http://www.fema.gov/EMI – Emergency Management Institute

http:// www.jcaho.org - Joint Commission for Healthcare Organizations (JCAHO)

國家圖書館出版品預行編目資料

國土安全專論/陳明傳等著. -- 二版. -- 臺
北市：五南, 2019.07
　面；　公分
ISBN 978-957-763-448-1（平裝）

1.國土　2.國家安全　3.文集

579.1307　　　　　　　　　108008230

1PX3

國土安全專論

作　　　者 ─ 陳明傳（263.6）、駱平沂（508）、
　　　　　　　蕭銘慶（390.7）、曾偉文

發 行 人 ─ 楊榮川

總 經 理 ─ 楊士清

總 編 輯 ─ 楊秀麗

副總編輯 ─ 劉靜芬

責任編輯 ─ 蔡琇雀、呂伊真、許珍珍

封面設計 ─ 姚孝慈

出 版 者 ─ 五南圖書出版股份有限公司

地　　　址：106台北市大安區和平東路二段339號4樓

電　　　話：(02)2705-5066　　傳　　真：(02)2706-6100

網　　　址：http://www.wunan.com.tw

電子郵件：wunan@wunan.com.tw

劃撥帳號：01068953

戶　　名：五南圖書出版股份有限公司

法律顧問　林勝安律師事務所　林勝安律師

出版日期　2013年3月初版一刷
　　　　　2019年7月二版一刷

定　　價　新臺幣450元

經典永恆・名著常在

五十週年的獻禮——經典名著文庫

五南，五十年了，半個世紀，人生旅程的一大半，走過來了。

思索著，邁向百年的未來歷程，能為知識界、文化學術界作些什麼？

在速食文化的生態下，有什麼值得讓人雋永品味的？

歷代經典・當今名著，經過時間的洗禮，千錘百鍊，流傳至今，光芒耀人；

不僅使我們能領悟前人的智慧，同時也增深加廣我們思考的深度與視野。

我們決心投入巨資，有計畫的系統梳選，成立「經典名著文庫」，

希望收入古今中外思想性的、充滿睿智與獨見的經典、名著。

這是一項理想性的、永續性的巨大出版工程。

不在意讀者的眾寡，只考慮它的學術價值，力求完整展現先哲思想的軌跡；

為知識界開啟一片智慧之窗，營造一座百花綻放的世界文明公園，

任君遨遊、取菁吸蜜、嘉惠學子！